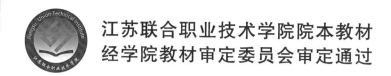

江苏联合职业技术学院院本教材
经学院教材审定委员会审定通过

五年制高等职业教育会计类专业精品课程系列教材

商贸认知与技术

(第二版)

◎ 张雪梅　主编

苏州大学出版社
Soochow University Press

图书在版编目(CIP)数据

商贸认知与技术 / 张雪梅主编. —2版. —苏州：苏州大学出版社,2018.8
 五年制高等职业教育会计类专业精品课程系列教材
 江苏联合职业技术学院院本教材　经学院教材审定委员会审定通过
 ISBN 978-7-5672-2462-9

Ⅰ.①商… Ⅱ.①张… Ⅲ.①贸易经济－高等职业教育－教材 Ⅳ.①F7

中国版本图书馆 CIP 数据核字(2018)第 169444 号

商贸认知与技术(第二版)

张雪梅　主编

责任编辑　王　亮

苏州大学出版社出版发行
（地址：苏州市十梓街1号　邮编：215006）
苏州市深广印刷有限公司印装
（地址：苏州市高新区浒关工业园青花路6号2号厂房　邮编：215151）

开本 787 mm×1 092 mm　1/16　印张 20.25　字数 506 千
2018 年 8 月第 2 版　2018 年 8 月第 1 次印刷
ISBN 978-7-5672-2462-9　定价：52.00 元

苏州大学版图书若有印装错误，本社负责调换
苏州大学出版社营销部　电话：0512-67481020
苏州大学出版社网址　http://www.sudapress.com

江苏联合职业技术学院院本教材出版说明

江苏联合职业技术学院自成立以来,坚持以服务经济社会发展为宗旨、以促进就业为导向的职业教育办学方针,紧紧围绕江苏经济社会发展对高素质技术技能型人才的迫切需要,充分发挥"小学院、大学校"办学管理体制创新优势,依托学院教学指导委员会和专业协作委员会,积极推进校企合作、产教融合,积极探索五年制高职教育教学规律和高素质技术技能型人才成长规律,培养了一大批能够适应地方经济社会发展需要的高素质技术技能型人才,形成了颇具江苏特色的五年制高职教育人才培养模式,实现了五年制高职教育规模、结构、质量和效益的协调发展,为构建江苏现代职业教育体系、推进职业教育现代化做出了重要贡献。

面对新时代中国特色社会主义建设的宏伟蓝图,我国社会主要矛盾已经转化为人民日益增长的美好生活需要和不平衡不充分的发展之间的矛盾,这就需要我们有更高水平、更高质量、更高效益的发展,实现更加平衡、更加充分的发展,才能全面建成社会主义现代化强国。五年制高职教育的发展必须服从服务于国家发展战略,以不断满足人们对美好生活需要为追求目标,全面贯彻党的教育方针,全面深化教育改革,全面实施素质教育,全面落实立德树人根本任务,充分发挥五年制高职贯通培养的学制优势,建立和完善五年制高职教育课程体系,健全德能并修、工学结合的育人机制,着力培养学生的工匠精神、职业道德、职业技能和就业创业能力,创新教育教学方法和人才培养模式,完善人才培养质量监控评价制度,不断提升人才培养质量和水平,努力办好人民满意的五年制高职教育,为决胜全面建成小康社会、实现中华民族伟大复兴的中国梦贡献力量。

教材建设是人才培养工作的重要载体,也是深化教育教学改革、提高教学质量的重要基础。目前,五年制高职教育教材建设规划性不足、系统性不强、特色不明显等问题一直制约着内涵发展、创新发展和特色发展的空间。为切实加强学院教材建设与规范管理,不断提高学院教材建设与使用的专业化、规范化和科学化水平,学院成立了教材建设与管理工作领导小组和教材审定委员会,统筹领导、科学规划学院教材建设与管理工作。制定了《江苏联合职业技术学院教材建设与使用管理办法》和《关于院本教材开发若干问题的意见》,完善了教材建设与管理的规章制度;每年滚动修订《五年制高等职业教育教材征订目录》,统一组织五年制高职教育教材的征订、采购和配送;编制了学院"十三五"院本教材建设规划，组织18个专业协作委员会和公共基础课程协作委员会推进院本教材开发，建立了一支院本教材开发、编写、审定队伍；创建了江苏五年制高职教育教材研发基地，与江苏凤凰职业教育图书有限公司、苏州大学出版社、北京理工大学出版社、南京大学出版社、上海交通大学出版社等签订了战略合作协议，协同开发独具五年制高职教育特色的院本教材。

今后一个时期，学院在推动教材建设和规范管理工作的基础上，紧密结合五年制高职教育发展新形势，主动适应江苏地方社会经济发展和五年制高职教育改革创新的需要，以学院18个专业协作委员会和公共基础课程协作委员会为开发团队，以江苏五年制高职教育教材研发基地为开发平台，组织具有先进教学思想和较高学术造诣的骨干教师，依照学院院本教材建设规划，重点编写出版约600本有特色、能体现五年制高职教育教学改革成果的院本教材，努力形成具有江苏五年制高职教育特色的院本教材体系。同时，加强教材建设质量管理，树立精品意识，制定五年制高职教育教材评价标准，建立教材质量评价指标体系，开展教材评价评估工作，设立教材质量档案，加强教材质量跟踪，确保院本教材的先进性、科学性、人文性、适用性和特色性建设。学院教材审定委员会组织各专业协作委员会做好对各专业课程（含技能课程、实训课程、专业选修课程等）教材进行出版前的审定工作。

本套院本教材较好地吸收了江苏五年制高职教育最新理论和实践研究成果，符合五年制高职教育人才培养目标定位要求。教材内容深入浅出，难易适中，突出"五年贯通培养、系统设计"专业实践技能经验积累培养，重视启发学生思维和培养学生运用知识的能力。教材条理清楚，层次分明，结构严谨，图表美观，文字规范，是一套专门针对五年制高职教育人才培养的教材。

学院教材建设与管理工作领导小组
学院教材审定委员会
2017年11月

序言

根据《江苏联合职业技术学院教材建设与使用管理办法》（苏联院〔2015〕11号）和《关于院本教材开发若干问题的意见》（苏联院研〔2016〕12号）精神，学院财务会计专业协作委员会于2017年对已开发出版使用的会计类专业院本教材的使用情况开展调研，组织有关专家和院本教材主编对教材的先进性、科学性、特色性、实用性进行再次论证和研讨，在此基础上，对现有院本教材进行整体修订、改版。本次修订的重点主要在以下几个方面：

一是适应"互联网+"背景下的职业教育课程信息化建设要求，推进课程信息化教学资源的建设。与苏州大学出版社合作，为本套教材开发了信息化教学资源支持系统，针对教材内容开发相应的信息化教学资源库，增强教材内容呈现的多样性，使教材的使用尽可能突破平面性教学，具有空间性、展示性、仿真性、愉悦性、时效性。

二是适应我国财税政策和会计制度的最新变革，加强教材的先进性、科学性建设。针对我国会计从业资格证取消，财政、税收、金融等相关制度变化，对教材内容进行了调整、修改、充实。改变教材内容编写思路，着重体现专业知识的基础性，对部分政策性变化较大、变化频率较快的教学内容，通过检索链接方式呈现，在培养学生专业基础知识、专业基本能力和专业素质的基础上，加强检索专业信息能力的培养。

三是体现五年制高职会计类专业课程建设实践成果，突出教材的基础性、特色性建设。江苏五年制高职课程改革和建设的实践取得了显著成效，形成了很好的课程改革和建设实践案例。院本教材在使用中也得到了很好的检验。本次教材修订吸收了江苏五年制高职会计类专业建设实践中的最新理论和方法成果，在教材内容编排上，更加注重深入浅出、理论联系实际，使理论阐述与实际工作一致。突出"五年贯通培养、系统设计"，特别注重会计专业实践技能积累性训练和职业精神的培养，重视启发学生思维和培养学生运用知识的能力。

修订后的本套教材和所属课程信息化教学资源符合教育部门对高职高专教育教学要求，深度适中，实际材料丰富，便于教学。教材更加注重对新时代会计专业创新性、应用性、发展性技术技能型人才综合素质的培养，基本理论和概念正确，在知识体系构建上有创新、有探索，理论与实践结合得比较紧密,内在逻辑关系清楚,编排合理,层次分明,结构严谨,文字规范,图表美观正确。

本套教材和所属课程信息化教学资源,主要适用于五年制高等职业教育会计类专业的课程教学,也适用于三年制高等职业教育、中等职业教育的财经类专业课程教学,还可以用于会计从业人员的学习、培训。

江苏联合职业技术学院财务会计专业协作委员会

2010 年 6 月

第二版前言

本书自2012年出版以来，使用已有六年。六年来，陆续收到一些使用反馈意见及建议，而这一时期，也是我国社会经济发展迅捷、信息技术应用普遍的时期。为更好地适应五年制高职教育教学需要，也为了适应原教材体现时代性、动态性的开发要求，现对本书进行修订再版。

此次修订，保有了原书的体系，书中各单元、项目及学习任务条目无太大变化，修订主要针对相关知识点，更换了一些较为陈旧的内容，选用了一些更能反映当今社会经济活动特征的案例，对某些企业经济活动中涉及较少的商贸知识做了删减。同时，针对学生认知水平的变化，对单元二做了一定调整，将原项目五作为学习任务三并入项目一，原项目六改为项目五。此外，为适应信息时代人们学习媒介多样化、学习时间碎片化的要求，此次修订增加了一些通过移动终端学习的课程资源。本次修订第一、二单元由扬州高等职业技术学校张雪梅执笔，第三单元由扬州高等职业技术学校王相林老师执笔。由于时间仓促，加之编者水平有限，难免存在不足，敬请广大同仁指正。

编　者
2018年3月

前言

　　本书是为适应五年制高等职业教育会计类专业课程改革和精品课程建设,由江苏联合职业技术学院财务会计专业协作委员会开发和编写的精品课程教材。编写组由江苏联合职业技术学院所属分院和办学点的骨干教师组成的财务会计专业协作委员会课程改革项目组成员组成。本书在编写过程中,力求以"能力本位"观课程论为主导,坚持理实一体化的原则,以知识和能力训练两条教学主线的融合为切入点,以重构课程知识体系和能力训练体系为要点,以体现时代性、立体性和动态性为要求,达到以学生为主体,有创新、有特色,适应高职财经专业教学的开发目标。

　　本书定位于五年制高职会计类专业的商贸知识基础课程,以"够用、适用、能用"为原则,采取单元模块模式对商贸基础知识与技能进行综合化组合,优化整合了商贸知识的学习内容,建立了综合、立体、层次性的教学内容体系。全书共分营销模块、电子商务模块和国际贸易实务模块三个单元,主要学习内容模块有营销理念认知、市场机会分析、营销战略及战术性要素的运用、网店开设及管理、电子支付安全、国际贸易认知及国际贸易基本技术等。其中,每一模块相对独立,可根据教学需要灵活选择运用。本书采用多样性的文本格式,运用案例导入、知识链接、即学即思、案例分析、议一议及做一做等形式将理论学习与实践串联起来,每一个学习任务均有相应的学习目标及检测练习,形式活泼,内容浅显,增加学生的自学能力和学习兴趣,丰富知识体系和提高商贸实践的能力。

　　本书由扬州高等职业技术学校张雪梅老师任主编,提出编写思路,制订教材编写方案,组织教材编写、论证工作,并为第一、二单元总纂定稿;第三单元由扬州高等职业技术学校的王相林老师总纂定稿。单元一项目二中的任务六、项目三,单元二中的项目一、项目二由张雪梅编写;单元一中的项目一由常州旅游商贸分院李志伟老师编写,项目二中的任务一至任务五由江阴中等专业学校谭晓红老师编写,项目四由扬州旅游商贸学校朱瑢艳老师编写;单元二中的项目三由扬州高等职业技术学校殷燕老师编写,项目四由扬州商务高等职业技术学校李跃进老师编写,项目五、项目六由扬州高等职业技术学校孙晶老师编写;单元三中的项目一由盐城机电分院周彩云老师编写,项目二由南京市财经学校王丽老师编写,项目三由无锡立信职教中心陈宜冰老师编写,项目四由连云港分院史灏琳老师编写,项目五由镇江机电分院艾文文老师编写,项目六由扬州高等职业技术学校王相林老师编写。全书由徐州财经分院郑在柏教授主审。

本书是在江苏联合职业技术学院马能和院长、金友鹏副院长的关心、支持和精心指导下立项编写的,在此一并表示衷心感谢。

本书主要适用于五年制高等职业教育,也可适用于三年制高等职业教育、中等职业教育会计类专业,还可以作为会计从业人员的学习参考用书。由于时间仓促,编写水平有限,不足之处,望广大同仁不吝赐教,在此深表谢意。

编 者

2012 年 1 月

CONTENTS 目录

单元一　市场营销认知与技术　001

　项目一　市场营销认知　001
　　学习任务一　营销观念认知　001
　　学习任务二　营销基本概念认知　012
　项目二　市场机会分析技术　017
　　学习任务一　市场营销环境认知　017
　　学习任务二　宏观营销环境的分析　021
　　学习任务三　消费者购买行为的分析　028
　　学习任务四　产业市场购买行为的分析　034
　　学习任务五　竞争者行为的分析　039
　　学习任务六　市场营销的调研　045
　项目三　市场细分与市场定位技术　054
　　学习任务一　市场细分认知　054
　　学习任务二　目标市场的选择　062
　　学习任务三　实施市场定位　066
　项目四　营销组合设计技术　070
　　学习任务一　产品策略　070
　　学习任务二　定价策略　080
　　学习任务三　分销策略　087
　　学习任务四　促销策略　092

单元二　电子商务认知与技术　096

项目一　电子商务的体验　096
- 学习任务一　体验电子商务　096
- 学习任务二　了解电子商务　099
- 学习任务三　认知电子商务法律环境　103

项目二　开设我的网店　124
- 学习任务一　网店规划　124
- 学习任务二　网上开店　129
- 学习任务三　网店推广　135

项目三　管理我的网店　139
- 学习任务一　客户管理　139
- 学习任务二　网络促销　149

项目四　网上支付安全保证　163
- 学习任务一　认知电子商务结算工具　163
- 学习任务二　熟悉网络银行　172
- 学习任务三　电子商务安全　180
- 学习任务四　网络安全保障技术　187
- 学习任务五　网络认证系统　193

项目五　物流管理认知　196
- 学习任务一　了解现代物流　196
- 学习任务二　认知电子商务物流　199

单元三　国际贸易实务认知与技术　214

项目一　国际贸易认知　214
- 学习任务一　国际贸易知识概要　214
- 学习任务二　国际贸易业务流程　221
- 学习任务三　国际贸易单证种类　228

项目二　商品品质、数量与包装的技术　237
- 学习任务一　商品品质与数量　237
- 学习任务二　商品包装　245

项目三　贸易术语和商品价格的技术　250
- 学习任务一　贸易术语　250
- 学习任务二　商品价格　257

项目四　商品装运、保险、检验与索赔的技术　266
　　学习任务一　商品装运与保险　266
　　学习任务二　商品检验与索赔　276

项目五　支付结算技术　281
　　学习任务一　汇付与托收　281
　　学习任务二　信用证　289

项目六　商订与履行合同的技术　294
　　学习任务一　合同商订环节　294
　　学习任务二　合同履行程序　301

单元一

市场营销认知与技术

项目一 市场营销认知

学习任务一 营销观念认知

王强和李明的创业故事(一):自谋出路

李明,扬州某校财会专业学生。即将毕业的他最近萌生了自己创业的想法,同学王强也有这样的想法,于是,一有空他们就商量起创业的事情。

李明说:"我喜欢数码产品,干脆我们开家卖数码产品的店。"王强却认为这样比较冒险,最好先了解一下市场行情,看情况再决定如何创业。

案例提示

如果你也想创业,你会赞同王强的做法还是李明的做法?你知道吗?在对这一问题的判断背后,需要你掌握一定的营销知识。案例中李明是从自身兴趣出发,而王强则考虑从市场着手,他们的做法恰恰体现了不同的营销理念。

1. 了解营销观念的演变历程。
2. 理解新旧营销观念的区别。
3. 能够选用恰当的营销理念指导实践。

一、营销观念的演变过程

营销观念是企业经营活动的基本指导思想,是一种经营理念,一种经营哲学。任何企业的营销管理都是在特定的思想或观念指导下进行的。确立正确的经营理念,对企业经营成败具有决定性的意义。

从市场营销学产生起,到20世纪80年代前,形成了五种营销观念。

(一) 生产观念

生产观念是一种传统的、古老的经营思想。它是在卖方市场的条件下产生的。20世纪20年代以前和第二次世界大战之后一段时期内,生产观念在企业中颇为流行并占支配地位。所谓生产观念,就是企业的一切经营活动以生产为中心,集中一切力量去发展生产。

生产观念产生和适用的条件是:(1) 市场商品需求超过供给,买方争购,选择余地不多;(2) 产品成本较高,只有提高生产效率、降低成本,从而降低价格才能扩大销路。因此,随着科学技术和社会生产力的发展,以及市场供求状况的变化,生产观念的适用范围呈现愈来愈小的趋势。

即学即思

20世纪初,美国福特汽车公司由于产品供不应求,便致力于不断扩大生产。该公司创始人福特曾说:"不管顾客需要什么颜色的汽车,我只生产一种黑色的。"

福特汽车公司的经营理念是什么?为什么会产生这种经营理念?

(二) 产品观念

产品观念是一种与生产观念类似的经营思想,都产生在供不应求的卖方市场形势下,都是以生产为中心。产品观念认为企业的主要任务就是要提高产品的质量,只要产品好,有特色,自然会客户盈门,即"以质取胜"。它认为企业的主要任务就是提高产品的质量,只要产品好,不怕卖不掉。我国有些谚语,如"酒香不怕巷子深""一招鲜,吃遍天",就体现了这种观念。

奉行产品观念的企业较容易导致"市场营销近视症",即不适当地把注意力放在产品质量上,而不是放在市场需求上,缺乏远见,只看到自己的产品质量好,看不见市场需求在变化,最终使企业经营陷入困境。

议一议

有一家办公用文件柜生产商抱怨他的文件柜不好销,他认为这种文件柜"货真价实,质量很好",应该是很好销的,因为它是世界上最好的,"把它们从四楼扔下去也不会损坏"。而他的市场营销经理回答说:"的确是这样,但我们的顾客并不打算把它们从四楼扔下去。"

你能说出该企业的问题出在什么地方吗?

（三）推销观念

推销观念是在卖方市场向买方市场转化过程中产生的，是生产观念的发展和延伸。这种观念认为，消费者一般不会因自身的需要和愿望主动找上门来选择和购买本企业的产品，通常表现出一种购买惰性和抵抗心理，企业必须通过各种推销手段的刺激，诱导其产生购买行为，促成交易。这种观念强调产品是被"卖出去的"，而不是被"买出去的"。

从生产观念、产品观念转变为推销观念，使销售工作在企业经营活动中的地位提高了一步。但从生产者与市场的关系看，推销观念仍然没有脱离以生产为中心、"以产定销"的范畴，它只是生产观念的发展和延伸，两者没有本质的区别。推销观念是在卖方市场向买方市场转化过程中产生的，它着眼于现有产品的推销，而不是生产能够销售出去的产品。

（四）市场营销观念

市场营销观念是指以市场为导向，以消费者需求为中心的经营思想。在这种观念指导下，企业的一切活动都是以消费者的需求为中心，在满足消费者需求的基础上实现企业的利润。

市场营销观念的形成，是企业营销观念发展史上的一次革命，也是一个质的飞跃。这从根本上改变了企业经营的指导思想，从原来的以产定销转变为以销定产，摆正了企业与消费者的位置，是消费者主权论在企业市场营销管理中的体现。

（五）社会营销观念

市场营销学与市场营销观念

社会营销观念产生于20世纪70年代，是对"市场营销观念"在新形势下的修正和补充，是对市场营销观念的新发展。

20世纪70年代，以美国学者为代表的一些营销学专家对市场营销观念产生了质疑：在环境恶化、资源短缺、人口急剧增长和全球经济紧缩的情况下，纯粹的"市场营销观念"是否仍然令人满意？那些了解、服务和满足个人欲望的企业，有的并不总是从消费者和社会的长远利益出发来行事。纯粹的市场营销观念忽视了消费者短期欲望与消费者的长期利益、社会的长远发展和社会福利之间可能存在的冲突。针对这些情况，有些学者提出了社会营销观念。

社会营销观念的基本论点是：企业在生产和提供产品或服务时，不仅要满足消费者的需要和欲望，符合本企业的利益，还要符合消费者和社会发展的长远利益，实现企业、消费者和社会利益三者的协调（如图1-1所示）。社会营销观念是对市场营销观念的补充与完善。

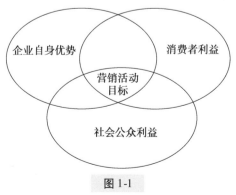

图 1-1

做一做

在中国刀剪行业中,"王麻子剪刀"厂声名远播,是著名的中华老字号。数百年来,王麻子刀剪产品以刃口锋利、经久耐用而享誉民间。在生意最好的20世纪80年代末,王麻子剪刀厂曾创造过卖7万把菜刀、40万把剪子的最高纪录。但从1995年开始,这种好日子一去不返,该厂陷入连年亏损的地步,甚至落魄到借钱发工资的境地。审计资料显示,截至2002年5月31日,北京王麻子剪刀厂资产负债率高达216.6%,积重难返的王麻子剪刀,只有向法院申请破产。

曾经是领导品牌的王麻子剪刀为什么会走到破产的境地?假如你现在被委任为该厂总经理,你将采取什么措施帮助该厂走出困境、重振雄风?

二、传统营销观念与现代营销观念的区别

营销理念是随着商品经济的发展而不断更新的,从其发展过程各个阶段的内容来看,有传统和现代之分。生产观念、产品观念、推销观念一般称为传统营销观念,这些观念都是以企业为出发点,强调"以产定销";市场营销观念与社会营销观念被称为现代营销观念,这些观念都是从市场需求出发,强调"以销定产"。

传统营销观念与现代营销观念的区别如表1-1所示。

表1-1 传统营销观念与现代营销观念比较

	出发点	中心	手段	目标
传统营销观念	从企业出发	产品	扩大生产、提高质量或注重推销	通过扩大销售量来获取利润
现代营销观念	从市场出发	顾客	整体市场营销	通过满足需求来获取利润

市场营销的关键在于理念。我国营销理念从引进、借鉴到创新,经历了不断发展的过程。面对21世纪的全球竞争,我国企业必须重视营销理念,针对我国国情及世界市场特点,在营销指导思想、营销价值观、营销道德等方面赋予营销理念新的内涵。

议一议

这个小卖部存在的主要问题

背景与情境:某日,水上乐园内游人如潮。小向和朋友一行几人高兴地来到水上乐园的小卖部准备买泳裤。他们走进店内,发现泳裤品种不少,买泳裤的顾客也很多,令

人遗憾的是在每个商品下面都没有标价签,而站在旁边的两位营业员也好像没"看"出顾客的烦恼,自顾自地站在一旁,没有理会他们。无奈之下,他们只好拿着两条看起来不太贵的泳裤走向收银台,试探着问:"两条30元吧?"话音还未落,就听见站在旁边的营业员不屑一顾地说:"什么30元,你现在到哪里去买15元一条的短裤?"听到这话,小向心里很不舒服,于是说道:"你这样说话就不对了,15就15,20就20,何必用这种语气和态度呢?"可营业员却狠狠地瞪了小向两眼,表现出一副很不服气的样子。

付完钱,小向对那位营业员说:"我觉得您的服务态度应该改进一下。"话还没说完,背后就传来一句:"我们还不想卖给你呢!"小向心中的无名火随着她这句话"腾"地一下就蹿了上来,走过去,要求看她的工作牌。正在这时,旁边一位一直未开口的营业员走上前来用手使劲推着小向说:"算了,算了,你快走吧!"这一举动把小向激怒了,强烈要求他们经理接见,受理投诉。这时一位经理来到小卖部,小向把事情的详细经过告诉了他,这位经理听完后一副"没有关系"的表情,不当回事,只是想快点把小向劝走,并且一再强调说:"我现在不能听你的一面之词,我一定要调查清楚。"至此,小向的好心情全给破坏了,他发誓再也不会来这个鬼地方购物。

问题:这个小卖部存在的主要问题是什么?请运用所学理论进行分析。

分析提示:这个小卖部存在的主要问题是没有树立现代市场营销观念,没有意识到顾客就是自己的"衣食父母"的道理,反而认为顾客是有求于自己,把自己看成是顾客的主人,从而出现这种违背职业道德与营销理念的现象也就不奇怪了。

企业为顾客服务的优劣,反映了企业对顾客的根本态度。一个企业如果尊重顾客,认识到顾客就是"上帝",那么它自然就会满腔热情、竭尽全力地为顾客服务,这样的企业在市场竞争中就会赢得信誉。反之,如果认为顾客是有求于自己,把自己看成是顾客的主人,那么它在市场竞争中就会失去信誉。因此,深刻理解并按照现代市场营销观念指导经营,加强职业道德与营销理念的教育,是取得市场竞争胜利的前提条件。

三、营销观念的变化趋向

20世纪80年代后,随着市场环境的进一步变化,营销观念又出现了新的变化。

(一)创造需求的营销观念

现代市场营销观念的核心是以消费者为中心,认为市场需求引起供给,每个企业必须依照消费者的需要与愿望组织商品的生产与销售。几十年来,这种观念已被公认,在实际的营销活动中也倍受企业家的青睐。然而,随着消费需求的多元性、多变性和求异性特征的出现,需求表现出了模糊不定的"无主流化"趋势,许多企业对市场需求及走向常感到捕捉不准,适应需求难度加大。另外,完全强调按消费者购买欲望与需要组织生产,在一定程度上会压抑产品创新,而创新正是经营成功的关键所在。为此,在当代激烈的商战中,一些企业总结现代市场营销实践经验,提出了创造需求的新观念,其核心是指市场营销活动不仅仅限于适应、刺激需求,还在于能否生产出对产品的需要。

日本索尼公司董事长盛田昭夫对此进行了表述:"我们的目标是以新产品领导消费大众,而不是问他们需要什么,要创造需要。"索尼公司的认识起码有三方面是新颖的:

其一,生产需要比生产产品更重要,创造需求比创造产品更重要;

其二,创造需要比适应需要更重要,现代企业不能只满足于适应需要,更应注重"以新产品领导消费大众";

其三,"创造需求"是营销手段,也是企业经营的指导思想,它是对近几十年来一直强调"适应需求"的市场营销观念的发展。

(二)关系市场营销观念

关系市场营销观念是较之交易市场营销观念而出现的,是市场竞争激化的结果。传统的交易市场营销观念的实质是卖方提供一种商品或服务以向买方换取货币,实现商品价值,是买卖双方价值的交换,双方是一种纯粹的交易关系,交易结束后不再保持其他关系和往来。在这种交易关系中,企业认为卖出商品赚到钱就是胜利,顾客是否满意并不重要。而事实上,顾客的满意度将直接影响到重复购买率,关系到企业的长远利益。由此,从20世纪80年代起美国理论界开始重视关系市场营销,即为了建立、发展、保持长期的、成功的交易关系而进行的所有市场营销活动。它的着眼点是与和企业发生关系的供货方、购买方、侧面组织等建立良好稳定的伙伴关系,最终建立起一个由这些牢固、可靠的业务关系所组成的"市场营销网",以追求各方面关系利益最大化。这种从追求每笔交易利润最大化转化为追求同各方面关系利益最大化是关系市场营销的特征,也是当今市场营销发展的新趋势。

所谓关系营销观念,是指为了建立、发展和保持长期的、成功的交易关系而进行市场营销活动的一种营销观念。

(三)绿色营销观念

绿色营销观念是在当今环境遭到破坏、污染加剧、生态失衡、自然灾害威胁人类生存和发展的背景下提出来的新观念。20世纪80年代以来,伴随着各国消费者环保意识的日益增强,世界范围内掀起了一股绿色浪潮,绿色工程、绿色工厂、绿色商店、绿色商品、绿色消费等新概念应运而生。不少专家认为,我们正走向绿色时代,21世纪将是绿色世纪。在这股浪潮冲击下,绿色营销观念也就自然而然地相应产生。

趣味讨论

> **索尼公司的新包装**
>
> 索尼公司基于"Reduce,Reuse,Recycle,Replace"的四原则来推进该公司的产品包装。他们不但遵循"减量化、再使用、再循环"的循环经济"3R"原则,还在"替代使用"上想办法。1998年该公司对大型号电视机的EPS缓冲包装材料进行改进,采用8块小的EPS材料分割式包装来缓冲防震,减少了40% EPS的使用;有的产品前面使用EPS材料,后面使用瓦楞纸板材料,并在外包装上采用特殊形状的瓦楞纸板箱,以节约资源;对小型号的电视机则采用纸浆模塑材料替代原来的EPS材料。

问题:索尼公司为什么要不断改进包装?

分析提示:索尼公司基于"减量化、再使用、再循环和替代使用"的原则来推进该公司的产品包装,应该说这是该企业具有高度社会责任感的表现。其行动表明他们正在本着对社会高度负责的态度,努力追求无毒、无害、无污染的生存环境。这种行为从短期看,企业利益可能会受到一些影响;但由于塑造了企业良好的公众形象,必将得到人们的称赞,知名度、美誉度必将大大提高。所以从长期看,是利大于弊的精明之举。

魏先生的特种果蔬

魏先生是一个潜心科研的农业专家,整天忙于他的实验基地。经过多年努力,他终于利用生物工程原理培育出160多种特种果蔬。其中:有紫色的、巧克力色的、象牙白色的辣椒;有像葡萄大小的红色的、黑色的、绿色的番茄;还有彩色玉米、彩色的小南瓜以及比鸡蛋还要大的草莓等。

这些特种果蔬不用化肥,不喷洒任何农药,自身具有抗病虫害能力,是一种安全的绿色食品,既有营养价值又有观赏价值。可是,这些特种果蔬如何走向市场,魏先生却没有办法,他不知道怎样才能让广大消费者认识这些特殊的果蔬产品,也不知道哪些人会先来尝试。魏先生首先尝试将自己种的黑色番茄送给隔壁邻居品尝,告诉人家这种番茄营养价值很高,在国际市场上非常贵重。邻居说,这东西很怪异,不敢吃。他也不知道怎样让这些特殊的果蔬产品从实验产品走向产业化,以便批量生产,否则人们消费不起。但这需要一大笔资金投入,农科院的科研经费本来就少得可怜,魏先生本人也没有什么积蓄,这样就很难冲出实验田。对此,魏先生一筹莫展。

问题:魏先生的特种果蔬为什么无人问津?如果现在魏先生问计于你,你打算如何帮助魏先生解决他的难题呢?

(四)文化营销观念

文化营销观念是指企业成员共同默认并在行动上付诸实施,从而使企业营销活动形成文化氛围的一种营销观念。它反映的是现代企业营销活动中,经济与文化的不可分割性。企业的营销活动不可避免地包含着文化因素,企业应善于运用文化因素来实现市场制胜。

在企业的整个营销活动中,文化渗透于其始终。一是商品中蕴含着文化。商品不仅仅是有某种使用价值的物品,同时,它还凝聚着审美价值、知识价值、社会价值等文化价值的内容。"孔府家酒"之所以能誉满海外,倍受海外华人游子的青睐,不仅在于它的酒味香醇,更在于它满足了海外华人思乡恋祖的文化需要。日本学者本村尚三郎曾说过,"企业不能像过去那样,光是生产东西,而要出售生活的智慧和欢乐""现在是通过商品去出售智慧、欢乐和乡土生活方式的时代了"。二是经营中凝聚着文化。日本企业经营的成功得益于其企业内部全体职工共同信奉和遵从的价值观、思维方式和行为准则,即所谓的企业文化。营销活动中尊重人的价值、重视文化建设、重视管理哲学及求新、求变精神,已成为当今企业经营发展的趋势。美国 IBM 公司"尊重个人,顾客至上,追求卓越"三位一体的价值观体系,日本松下公司"造物之前先造人"的理念,瑞士劳力士手表"仁心待人,严格待事"的座右铭,等等,充分说明了企业文化的因素是把企业各类人员凝集在一起的精神支柱,是企业在市场竞争中赢得优势的源泉和保证。

(五)整体营销观念

1992 年美国市场营销学界的权威菲利普·科特勒提出了跨世纪的营销新观念——整体营销,其核心是从长远利益出发,公司的营销活动应囊括构成其内、外部环境的所有重要行为者,它们是供应商、分销商、最终顾客、职员、财务公司、政府、同盟者、竞争者、传媒和一般大众。公司的营销活动,就是要从这十个方面进行。

(1)供应商营销:对于供应商,传统的做法是选择若干数目的供应商并促使他们相互竞争。现在越来越多的公司开始倾向于把供应商看作合作伙伴,设法帮助他们提高供货质量和及时性。为此,一是要确定严格的资格标准以选择优秀的供应商;二是积极争取那些成绩卓著的供应商使其成为自己的合作者。

(2)分销商营销:由于销售空间有限,分销商的地位变得越来越重要。因此,开展分销商营销,以获取他们主动或被动支持,成为制造商营销活动中的一项内容。具体来讲,一是进行"正面营销",即与分销商展开直接交流与合作;二是进行"侧面营销",即公司设法绕开分销商的主观偏好,而以密集广告、质量改进等手段建立并维持巩固顾客的偏好,从而迫使分销商购买该品牌产品。

(3)最终顾客营销:这是传统意义上的营销,指公司通过市场调查,确认并服务于某一特定的目标顾客群的活动过程。

(4)职员营销:职员是公司形象的代表和服务的真实提供者。职员对公司是否满意,直接影响着他的工作积极性,影响着顾客的满意度,进而影响着公司利润。为此,职员也应成为公司营销活动的一个重要内容。职员营销由于面对内部职工,因而也称"内部营销"。它一方面要求通过培训提高职员的服务水平,增强敏感性及与顾客融洽相处的技巧;另一方面要求强化与职员的沟通,理解并满足他们的需求,激励他们在工作中发挥最大潜能。

(5)财务公司营销:财务公司提供一种关键性的资源——资金,因而财务公司营销至关重要。公司的资金能力取决于它在财务公司及其他金融机构的资信。因此,公司需了解金融机构对它的资信评价,并通过年度报表、业务计划等工具影响其看法,这其中的技巧就构成了财务公司营销。

(6)政府营销:所有公司的经济行为都必然受制于一系列由政府颁布的法律。为此,开展政府营销,以促使其制订于己有利的立法、政策等,已成为众多公司营销活动中的内容。

(7)同盟者营销:因为市场在全球范围的扩展,寻求同盟者对公司来说日益重要。同盟者一般与公司组成松散的联盟,在设计、生产、营销等领域为公司的发展提供帮助,双方建立互惠互利的合作关系。如何识别、赢得并维持同盟者是同盟者营销需要解决的问题,需根据自身实际资源状况和经营目标加以选择,一旦确定,就设法吸引他们参加合作,并在合作过程中不断加以激励,以取得最大的合作效益。

(8)竞争者营销:通常的看法认为,竞争者就是与自己争夺市场和盈利的对手,事实上,竞争者可以转变为合作者,只要"管理"得当。这种对竞争者施以管理,以形成最佳竞争格局、取得最大竞争收益的过程就是"竞争者营销"。

(9) 传媒营销:大众传媒,如广播、报刊、电视等直接影响公司的大众形象和声誉,公司甚至得受它摆布。为此,传媒营销的目的就在于鼓励传媒做有利的宣传,尽量淡化不利的宣传。这就要求一方面与记者建立良好的关系;另一方面要尽量赢得传媒的信任和好感。

(10) 大众营销:公司的环境行为者中最后一项是大众,公司逐渐体会到大众看法对其生存与发展有至关重要的影响。为获得大众喜爱,公司必须广泛搜集公众意见,确定他们关注的新焦点,并有针对性地设计一些方案加强与公众的交流。如资助各种社会活动,与大众进行广泛接触、联系等。

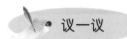

全聚德的文化营销

全聚德创建于1864年(清朝同治三年),不仅是中国餐饮类久负盛名的中华老字号,还是国际市场上独具特色的中国美食文化的代表。全聚德是成功开展品牌化经营的中华老字号之一,1999年"全聚德"被国家工商总局认定为"驰名商标"。在世界品牌实验室2015年中国品牌500强排行中,全聚德集团居195位,总价值122.38亿元。"2016最具价值中国品牌100强"排行中,全聚德以34.2亿美元品牌价值名列87位(年同比变化率9%),是进入该排行榜的唯一一家餐饮品牌。

菜品:传播独特的"鸭文化"

全聚德的"鸭文化"既是物质文化也是精神文化。数千年来,人们对鸭的饲养、繁育、食用的认识与实践不断深入,形成"鸭文化"。以鸭宴客之俗,在历代古籍中多有记载,最早可追溯至2000年前的《左传》。全聚德在"鸭文化"方面下功夫,其菜品从早年的"鸭四吃",20世纪30年代发展为有20多道菜品的"全鸭菜",20世纪50年代后又开发出一批新菜品,逐步形成著名的"全鸭席"。创建150余年来,经历代名厨传承创新,博采中华烹饪技艺之精粹,形成了以全聚德烤鸭为主,融川、鲁、淮、粤菜肴于一体的全聚德菜系。在全聚德,顾客每吃一只烤鸭就会得到鸭子的"身份证",这张"身份证"是一张印刷精美的明信片,记载着"您享用的是全聚德第×××只烤鸭",不仅每个顾客吃到的烤鸭都是独一无二的,还可以进行质量追溯。顾客进店后可以对鸭坯进行挑选,选好后用毛笔蘸上饴糖水在鸭坯上写上吉祥字或画上图案,待鸭子烤熟后,吉祥字或图案就会显现出来。这种"鸭文化"营销方式不仅传达了百年老店的历史底蕴,也让消费者亲身参与了全聚德的"美食旅程"。"烤鸭外交"中,"烤鸭"成为最亲和的跨文化传播媒介,在官方外交中充当"润滑剂"角色,使得沟通环境更加融洽;在公共外交中,作为中华文化的"使者",在国家和城市形象塑造中发挥重要作用。

门店:各具特色的文化营销载体

全聚德运用门店特色文化开展文化营销。目前,全聚德在北京拥有15家门店,各门店不同的特色主题为全聚德开展文化营销提供了助力。全聚德和平门店于20世纪

70年代为服务国家外交活动开展而兴建,是亚洲最大的单种菜餐馆,同时是接待外国元首、政要和举办国内外宴会的重要场所。"名品名店聚名人",故此门店以"名人文化"而著称,环境风格力求高雅、祥和,努力营造驰名品牌服务环境,日渐成为中国最负国际声誉的饮馔圣地。全聚德前门店作为起源店,有着许多其他门店所没有的优势和可利用资源,素有"天下第一楼"的美誉。该店在定位上主要突出"老店文化"的特色,店内装饰显示出古朴典雅的京韵,渗透着浓厚的传统文化底蕴。特别是店内立着一面斑驳古朴的灰色砖墙(俗称"老墙"),并于2011年被认定为北京市级文物保护单位,这面墙标志着"全聚德"的历史从权威的高度有了摸得着、看得见的"铁证",也成为前门店的"门脸儿"。消费者进店品尝菜品的同时,还可以体验"老店文化之旅"。全聚德王府井店定位于"王府文化",以王府盛宴系列宴席为特色。店内建筑以王府风格为主,融合了皇宫王府的庭、阁、轩、堂风格,尽显王府华贵文儒之气。全聚德奥运村店则体现了鲜明"体育文化"的定位,店内主色调采用北京奥运主色调如黄相间的亮色系,玻璃展柜中陈列着200余件奥运藏品,还开发了奥运主题菜品。同时,店内每一个包间的名称都是以举办过夏季奥运会的城市命名。店内展示出浓郁的"体育文化",通过"百年饮食文化与百年体育文化"的完美结合,使宾客在享受传统文化精髓的同时身临其境地感受着奥林匹克文化魅力。

全聚德除了在北京地区的门店独具一格,在外埠的延伸还包含着独特的北京地区文化。在上海这样的现代都市,流光溢彩是它的代名词,全聚德在繁华的购物中心中开辟了一个融合现代文化与传统文化的天地,给顾客带来老北京特有的"京韵"体验。2016年,全聚德继续南下入驻长沙,该店结合大型商业综合体的经营环境和就餐模式等因素,表现以互动性、娱乐性、便捷化、网络化为特征的新型综合体餐厅经营模式。长沙店的风格主要突出北京元素,大厅打造特色"北京小院"的京味文化。长沙店结合了购物中心经营模式和特色京味儿就餐环境,在传统中体现出年轻化与时尚化风格。

仪式:独特的文化体验传播

百年"炉火"传承。全聚德前门店的炉火据称百年不灭,"炉火"成为全聚德文化元素的重要组成部分,2007年,为了迎接第29届奥运会,前门大街进行了封街改造,全聚德前门店作为前门大街重要商户之一,也闭门谢客并进行为期半年的内部改造装修。在改造前经营的最后一天,老店从老炉铺中撷取百年炉火火种进行封存,这一火种保留仪式得到了众多媒体的关注和报道。

"敬匾"仪式。全聚德创始人杨全仁1864年请了一位对书法颇有造诣的秀才钱子龙,挥笔写下了"全聚德"三个大字,并制成金匾悬挂于门楣之上,从此伴随着全聚德的发展沉浮。据可查到的资料显示,全聚德集团分别在148、150和151周年庆典中举办了全国各成员企业统一参加的"敬匾"仪式。其实"敬匾"仪式已有百余年历史,特别是近年来,在每年的特定日期,全聚德品牌所有成员企业都会举行隆重的"敬匾"仪式。

"仪式化"消费文化体验。除了每年周年庆典举行大型的炉火传承和敬匾仪式外,全聚德为消费者提供的日常消费文化体验也充满了"仪式感"。例如:全聚德会为每一位购买烤鸭的顾客进行现场片鸭表演,给消费者带来一种仪式感的消费体验,这种行为潜移默化地影响着消费者对于烤鸭的认知,片鸭表演成为消费者在吃烤鸭之前的一种"仪式"体验。

媒体：多渠道开展文化营销

随着社会信息化的不断演进，传统的口碑传播已不足以支撑老字号进行营销，老字号企业必须灵活运用多种媒体渠道进行品牌文化传播。全聚德独具匠心、别具一格地编辑了一套《画说全聚德》的连环画，勾起了一代人的回忆。连环画和全聚德都已被列为非物质遗产，用连环画的形式来表现中国的非物质文化遗产，更加意义非凡。除了连环画之外，全聚德还用书籍(《嬗变之路——全聚德集团改革发展纪实》)的方式来记录、回忆全聚德的发展历程，讲述全聚德背后的故事，深思全聚德所蕴含的传统文化，全面展示了其一路走来的曲折历程与辉煌成就。

此外，全聚德还通过皮影、电影《老店》、话剧《天下第一楼》等多种艺术形式，开展文化营销推广。

全聚德还紧跟时代步伐，深化贯彻"互联网＋"重要指导思想，使用互联网进行文化传播。在移动手机客户端，全聚德利用微博、微信公众号等平台进行文化营销，推广品牌文化，为消费者提供快速、便捷的消费文化体验。消费者可以通过关注其官方微博或微信公众号了解到最新的全聚德资讯、在线进行订餐。

企业文博：线上线下品牌文化营销

企业文化博物馆是品牌多年积淀文化的浓缩，是开展品牌传播的重要窗口。早在2004年，全聚德就投资兴建了北京第一家餐饮企业展览馆，将全聚德的历史、文化、烤鸭工艺演变及品牌打造等通过故事全方位展现出来，供游人参观了解。目前，全聚德已上线网上展览馆，借助互联网超越时空的特性开展品牌文化的传播。在全聚德集团官方网站中，网上展览馆和线下展览馆一样分为四个厅，相较线下，线上的内容只是使用图片和文字的形式进行简单的介绍陈述，且内容较少。相对比线下，线上的吸引力较弱，不够吸引人眼球。不过，线上博物馆由于具有时空性、虚拟性，可以利用现代科技技术仿真线下博物馆，例如VR技术，使游览者足不出户也可以享受到实体博物馆的视觉体验。

美食外交：通过参加国内外重大活动开展文化营销

由于受到人力资源和国际规范的制约，全聚德在海外开店还存在很多困难。所以，全聚德通过参与国内外重大活动开展美食文化交流，通过"美食外交"的方式开展文化营销。全聚德先后服务2008年北京奥运会、2010年上海世博会、2013年北京园博会。2013年，全聚德十多位中国厨师随"中国美食走进联合国"活动赴美参加联合国总部举办的美食节。2014年，全聚德在APEC会议中作为合作伙伴为与会政要提供美食。2015年，全聚德烤鸭走入米兰世博会，在国家级非物质文化遗产"全聚德挂炉烤鸭技艺"(局部)的泥塑艺术品馆内展出，使中国餐饮在意大利产生了极大的反响，当地电视台还做了专门的报道，弘扬了中华传统文化。2016年，第八届中国烹饪大赛在荷兰鹿特丹举行，全聚德集团派出了以全聚德王府井店为代表的国宴级厨师团队参赛。全聚德不断参加各种大型活动，以"公司外交"方式向世界展示百年全聚德深厚的文化底蕴，将中华美食文化传向全世界。

(资料来源：张景云、张希，《中华老字号品牌的文化营销：以全聚德为例》，《商业经济研究》，2017年第16期)

请思考:
(1) 全聚德的营销理念是什么?
(2) 全聚德的文化是怎样的?

 职业能力训练

(1) 调研本市知名商场或生产企业,与主管人员交流,辨析主管人员的营销观念。
(2) 收集小天鹅洗衣机、海尔冰箱、格力电器等的广告语,通过对广告语进行分析,体验其蕴含的营销观念。

学习任务二　营销基本概念认知

 引导案例

王强和李明的创业故事(二):学习成长

王强和李明在讨论创业问题时,感觉到市场营销知识很有用,于是他到学校图书馆借了一本介绍市场营销的书,学习了起来。

 案例提示

在商品经济不断发展的今天,市场营销知识已成为指导企业经营管理的重要知识,如何高效掌握市场营销相关知识呢? 这就需要我们从认知市场营销的基本概念做起。

学习目标

1. 认知市场营销基本概念。
2. 学会从市场营销角度分析问题。

一、市场营销的含义

"市场营销"是从英文 marketing 一词翻译过来的,它包括两层含义:一是指一种经济行为,一种实践活动,即一个组织以消费者需求为中心,生产适销对路的产品,并且做好定价、

分销和实行有效促销的一整套经济活动,译为"市场营销"或"营销活动";二是指一门学科,指建立在经济科学、行为科学、现代管理理论基础上的应用科学,是以市场营销活动作为研究对象的科学,译为"市场营销学"或"市场学"。

(一) 美国市场营销协会的定义

美国市场营销协会(American Marketing Association)对市场营销分别于1960年、1985年和2004年下过三次定义:

1960年定义:"市场营销是引导货物和劳务从生产者流向消费者或用户所进行的一切商务活动。"这个定义实际上是把市场营销等同于销售。

1985年定义:"营销是计划和执行关于商品、服务和创意的概念、定价、促销和分销,以创造符合个人和组织目标的交换的一种过程。"这一定义比较全面地表述了市场营销的含义,指出市场营销是一种管理过程,目的在于实现个人和组织目标的交换。而且这种交换是买卖双方互利的交换,即所谓"赢-赢游戏"。

2004年定义:"市场营销既是一种组织职能,也是为了组织自身及利益相关者的利益而创造、传播、传递顾客价值,管理客户关系的一系列过程。"这一定义是关于市场营销定义的最新修订,引起了广大营销工作者的普遍重视。

新定义相比旧定义而言,不论是从表述的重点还是着眼点上都有了创新。具体表现为:着眼于顾客,明确了顾客的地位,承认了顾客的价值,强调了与顾客的互动;肯定了市场营销的特质,即市场营销是一个过程,是一项组织职能,其向导是为顾客服务。

(二) 菲利普·科特勒的定义

世界著名的市场营销学专家、美国西北大学教授菲利普·科特勒关于市场营销的最新定义为:"营销是通过创造和交换产品及价值,从而使个人或群体满足欲望和需要的社会与管理过程。"

当然,随着经济和科学的不断发展,市场营销的定义也还会出现不同的变化。

在理解市场营销这一概念时,国内外都有过许多误解,最常见的是把"市场营销"与"推销"混为一谈。尽管营销经常被描述为"推销产品的艺术",但是推销只不过是营销冰山的一角。著名管理学家彼得·德鲁克曾经这样说:"可以设想,某些推销工作总是需要的,然而,营销的目的就是要使推销成为多余。营销的目的在于深刻地认识和了解顾客,从而使产品或服务完全适合他的需要而形成产品的自我销售。理想的营销会产生一个已经准备来购物的顾客群体。剩下的事就是如何便于顾客得到这些产品或服务。"

二、市场营销的核心概念

为了更好地理解市场营销的含义,有必要弄清下列几组相互关联的概念:需要、欲望和需求,产品,价值和满意,交换、交易和关系,市场。这些关系如图1-2所示。

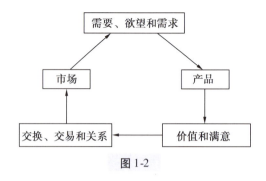

图 1-2

(一)需要、欲望和需求

(1)需要。在市场营销学中,最基本的概念就是人类的"需要"。需要是人们感到缺乏的一种状态,它描述了基本的人类要求,比如人们对衣食住行以及对知识、娱乐、安全和归属等的要求。这些需要是人类所固有的,而不是营销人员创造的。

(2)欲望。指满足需要的一种心理状态。如人有对交通工具的需要,但在不同社会和同一社会的不同发展时期满足这一需要的形式却不尽相同。在发达国家,多数人用来满足这一需要的主要是汽车,而在发展中国家,多数人用来满足这一需要的却可能主要是自行车。所以,欲望是由人们所在的社会决定的,由满足需要的东西表现出来。

(3)需求。人们的欲望几乎是无限的,但支付能力却是有限的。需求是指人们有能力并愿意购买某种产品的欲望。顾客总是用自己的钱去换取能够带给他们最大利益的产品。

☞ 知识链接

马斯洛需求层次论

消费者需求是多层次的,这决定了消费者购买行为的复杂多样。在需求层次的分析方面,美国心理学家马斯洛的需求层次理论最为典型、最有影响。

马斯洛把人类需求分为五个层次,即生理需求、安全需求、社会需求、尊重需求及自我实现需求。它们是依照由低到高的层次产生的。一般来说,当低层次的需求基本满足后,就会出现较高层次的需求。人们在不断的追求中,出现新的需求,产生新的行为动力。在五个层次需求中,前两种属于基本的物质需求,后三种是精神需求。这种需求层次如图1-3所示。

图 1-3

马斯洛的需求层次论,揭示了人的需求具有一定的发展规律,营销人员通过这种规律,可以预测市场需求发展变化的趋势,从而了解消费者的潜在需求,更好地把握可能出现的市场机会。

（二）产品

广义说来，产品是指能够在市场上买到的并能够满足人类需要和欲望的任何东西。产品可以分为有形的和无形的两种。有形的产品包括所有的实物，如衣服、食物、住房、汽车等；无形的产品包括服务、教育、旅游、娱乐等。

（三）价值和满意

消费者对多种能满足其需要的产品进行选择的基础是比较哪一种产品能给他带来最大的价值。这里的价值是指消费者所得到的与所付出的比率，可以看作是质量、服务和价格的组合。

消费者在获得利益的同时也要支付成本。利益包括功能利益和情感利益；成本包括金钱成本、时间成本、精力成本和体力成本。在利益和成本的比较中，如果利益大于成本，消费者就是满意的，否则就不满意。所以顾客满意取决于产品的感知使用效果，这种感知效果与顾客的期望密切相关。如果顾客的感知使用效果与顾客的期望一致，他们就满意；如果顾客的感知使用效果低于顾客的期望，他们就不满意。所以，对于公司来说，关键的问题是使顾客的期望与公司的活动相匹配。

近年来，许多公司都在开展全面质量管理活动，以提高产品质量、服务质量和整个营销过程的质量。由于质量对产品的使用效果有直接影响，因而，也就与顾客的满意密切相关。

（四）交换、交易和关系

交换是以提供某种东西作为回报换取所需之物的过程。交换的发生必须满足五个条件：① 至少有两方当事人；② 每一方都有被对方认为有价值的东西；③ 每一方都能沟通信息和传送货物；④ 每一方都能自由接受或拒绝对方的产品；⑤ 每一方都认为与另一方进行交易是适当的或称心如意的。

交换能否真正产生取决于是否具备以上的条件。如果具备了条件，双方就可以进行洽商，这就意味着双方正在进行交换，一旦达成了协议，交易也就达成了。所以交易是指双方价值的交换。交换可以看作是一个过程，而交易更侧重的是一个结果。

营销人员除了要创造短期的交易、获得短期利益外，还要与供应商、营销中介、顾客建立长期的关系，以期从这种关系中获得更大的利益。从趋势上看，营销正从每一次交易的利润最大化向与顾客和其他相关方共同获得最大利益转换。实际上，公司最终都希望建立自己独一无二的营销网络。该营销网络包括所有与企业利益相关的角色：供应商、批发商、零售商、企业员工、顾客、外部公众等。事实上，与利益相关者建立良好的关系就能获利，已成为一个简单的市场原则。

（五）市场

（1）狭义的市场是指买卖商品的场所，是指在一定的时间、一定的地点买卖商品的场所。它是一个古老的概念，经济学观点认为这是狭义概念，这一概念反映了以商品交换为市场活动中心及其表现的时间、空间概念，但没有反映出交换活动所体现的经济关系。

（2）广义的市场是指经济关系和经济现象的总和，是指一定经济范围内商品交换所反映的各种经济关系和经济现象的总和,这种交换关系主要表现为供给与需求的关系。这个概念反映商品买卖关系的实质。这里所说的市场不局限于商品流通领域,是从商品交换的宏观关系角度来考察市场的。

（3）现代市场营销学认为市场是比交换更为广泛和深远的领域。它是从卖主角度来研究买主市场的,它认为市场是企业生产经营的出发点和归宿,并不只是生产完成后才找市场,企业的一切活动都围绕着市场。从营销学观点看,"市场是某种商品所有实际的和潜在的购买者的需求总和"。比如卖主是制鞋厂,生产的商品是鞋子,它就要考虑市场需要什么样的鞋子、需求多少、每双鞋的售价、买鞋的人能否接受等。这些问题有了答案,才意味着潜在市场已经形成。至于市场的规模,就要分析有多少人想买该厂的鞋子,而且有钱买,即看他们对这种鞋子的需求程度的大小,以及价格是否合适。制鞋厂要想把这个潜在市场变为现实市场,而且能不断扩大,就要在鞋子的质量、数量、价格、促销以及服务等方面能满足潜在买主需求,使他们成为现实的买主。可见,市场营销学关于市场的概念是着重卖主的立场并着眼于买主行为来理解"市场"的。这里指的"买主"必须是有支付能力且有购买欲望的个人或组织。所以有的市场营销学家将市场概括地运用下列简单公式来表示：

市场 = 人口 + 购买力 + 购买动机(购买欲望)

对市场来说,人口、购买力、购买动机这三个要素相互制约,缺一不可。对于一个国家或地区来说,人口多少是市场大小的基本因素。如果人口虽多,收入却极低,市场将非常狭窄;相反,收入很高,但人口很少,市场也同样有限。有的国家人口很多,居民收入又高,这就是有潜力的市场。然而有了人口和购买力,假若货不对路,引不起消费者的购买欲望,对于卖主来说,也不能形成市场。当市场三要素同时具备时,我们称之为现实市场。潜在市场则既指现在经过努力可以争取到的市场,也指随着生产发展和消费水平提高可能达到的市场。

综上所述,市场营销学是站在卖方(商品生产经营者)的角度,作为供给一方来研究如何适应市场需要、如何使产品具有吸引力、如何使买方满意从而提高企业市场占有率和经济效益。因此,在这里,"市场"就等同于"需求",而不包括供给。它不是从社会的宏观角度来观察市场,而是从企业的微观角度来观察市场。在企业看来,有购买企业所生产经营的商品的消费者就有市场,没有购买企业所生产经营的商品的消费者就没有市场。当然,企业也有购买行为,并与另一些卖者发生交换行为,但这时的企业已从卖方变成买方,成为另一些企业的市场。

（1）通过询问等方式了解当地商业界人士或家长对市场含义的理解。
（2）到现场观察节日商场,感受节日商场气氛。

项目二 市场机会分析技术

学习任务一 市场营销环境认知

王强和李明的创业故事（三）：市场分析

在了解了他人的创业经历后,李明也认为王强的想法是对的,应该了解市场情况,那么,该了解哪些情况呢？

此案例中,李明和王强要了解的主要是影响未来企业发展的相关因素,而这些因素就是企业所面临的市场营销环境。

1. 认知市场营销环境的概念特点与分类。
2. 能结合营销环境的相关知识对企业进行环境威胁与市场机会的分析与评价,并采取相应的对策。

一、市场营销环境

市场营销环境是指与企业营销活动有关的所有力量和影响因素的集合,它是影响企业生存和发展的各种内外部条件,也是企业制定营销组合策略必须要考虑的因素。

企业的市场营销环境一般分为宏观环境因素和微观环境因素。

> ☞ **知识链接**
> 微观市场营销环境是指与企业紧密相连,直接影响企业营销能力和效率的各种力量和因素的总和。

017

影响企业营销活动的微观营销环境因素主要包括企业自身、营销渠道企业、企业面对的市场、竞争者及社会公众(如表1-2所示)。

表1-2 影响企业营销活动的微观营销环境因素

微观营销环境因素	具体内容
企业自身	企业内外部环境因子
营销渠道企业	供应商;经销商;代理商;辅助商(如仓储公司,运输公司,保险公司等)
市场	消费者市场;生产者市场;中间商市场;政府市场;国际市场
竞争者	愿望竞争者;普通竞争者;产品形式竞争者;品牌竞争者
社会公众	金融公众;政府公众;媒体公众;环境公众;消费者公众组织;内部公众

二、市场营销环境的特点

（1）多样性和复杂性。营销环境的构成因素多,涉及范围广,各种环境因素之间相互影响,并且经常存在矛盾关系。这些环境因素的相互关系,有的能够评价,有的却难以估计。

（2）动态性和多变性。随着社会、经济、技术的发展,营销环境始终处在一个不稳定的状态中,不断发生着变化。尽管各种环境因素变化的速度与程度不同,如市场竞争状态的变化可能瞬息万变,而社会环境的变化一般较慢,但变化是绝对的,而且从总体上说营销环境的变化速度越来越呈现出加快的趋势。因此,企业的营销活动必须与营销环境保持动态平衡,一旦环境发生变化,企业营销就必须积极反应,以适应环境的变化。

（3）不可控性和可影响性。一般来说,宏观营销环境企业无法控制,因为企业不能改变人口因素、政治经济制度、社会文化因素等。但企业可以通过改善自身条件和调整经营策略对营销环境施加影响,以促进某些营销环境朝着有利于企业产品营销的方向发展。

三、营销环境分析与企业对策

企业要想获得经营成功,必须要适应其所处的环境,并能根据环境条件的变化及时调整其经营战略,以把握市场机会,规避环境威胁。

（一）环境威胁与市场机会

环境发展趋势基本上分为两大类:一类是环境威胁;另一类是市场营销机会。

环境威胁是指环境中一种不利的发展趋势所形成的挑战,如果不采取果断的市场营销行为,这种不利趋势将威胁到企业的市场地位。企业应善于识别所面临的威胁,并按其严重性和出现的可能性进行分类,然后为那些严重性大、可能性也大的威胁制订应变计划。

市场营销机会,是指客观存在的、竞争对手尚未满足的、对企业的营销管理富有吸引力的需求或领域。在该需求领域内,企业将拥有竞争优势。这些机会可以按其吸引力以及每一个机会可能获得成功的概率来加以分类。企业在每一个特定机会中成功的概率,又取决于其业务实力是否与该行业所需要的成功条件相符合。

例如，我国现阶段加大了对酒后驾车的处罚力度，这对于酒类经销商来说就是一种环境威胁，但对于代驾这一行业来说则是一种市场机会。

假设某烟草公司通过其市场营销信息系统和市场营销研究了解到足以影响其业务经营的动向有以下五种：

（1）一些国家政府颁布法令，规定所有的香烟广告包装上都必须印上关于吸烟危害健康的严重警告；

（2）一些国家的某些地方政府禁止在公共场所吸烟；

（3）许多发达国家的吸烟人数下降；

（4）这家烟草公司的研究实验很快就发明了用莴苣叶制造无害烟叶的方法；

（5）发展中国家的吸烟人数迅速增加，据估计，中国目前有3亿多人吸烟，且青少年中的吸烟者所占比重提高。

上述前三个动向给这家公司造成了环境威胁，后两个动向则给这家公司带来了新的市场机会，使该公司有可能享有"差别利益"。

（二）威胁与机会的分析、评价

尽管现实中的企业面临着各种威胁与机会，但并不是所有的环境威胁都一样大，也并不是所有的市场机会都有同样的吸引力。企业可利用"环境威胁矩阵图"和"市场机会矩阵图"来进行分析、评价。如对上述烟草公司所面临的环境进行分析，其结果如图1-4所示。

喝瓶装水会咽下大量塑料颗粒？

图1-4

环境威胁矩阵图的横向代表出现威胁的可能性，纵向代表潜在的严重性，表示盈利减少的程度。上述烟草公司在环境威胁矩阵图上有三个"环境威胁"，即威胁1、2、3。其中，威胁2、3的潜在严重性大，出现威胁的可能性也大，所以，这两个威胁是主要威胁，公司应对这两个威胁特别重视。

环境机会矩阵图的横向代表成功的可能性，纵向代表潜在的吸引力，表示潜在的盈利能力。上述烟草公司在市场机会矩阵图上有两个"市场机会"，即机会4、5。其中5是最好的市场机会，其潜在的吸引力和成功的可能性都大，而机会4的吸引力虽然大，但成功的可能性却比较小。

用上述方法对企业的经营业务进行分析、评价，会出现四种不同的结果，如图1-5所示。

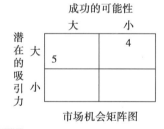

图1-5

从图1-5可以看出：理想业务属于高机会、低威胁的业务;冒险业务属于高机会、高威胁的业务;成熟业务属于低机会、低威胁的业务;困难业务属于低机会、高威胁的业务。

(三)企业对策

企业通过对环境因素的分析,可通过找出有利的市场发展机会和避开不利威胁来调整企业战略,以谋求企业的长足发展。对于企业所面临的市场机会,企业的决策者必须慎重地评价其质量。美国著名市场营销学者西奥多·莱维特曾警告企业家们:要小心地评价市场机会。他指出:"这里可能是一种需要,但是没有市场;或者这里可能是一个市场,但是没有顾客;或者这里可能有顾客,但目前实在不是一个市场。"而企业对所面临的主要威胁应通过以下三种对策来进行防范。

(1)反抗策略。企业试图限制或扭转不利状况,对贸易伙伴采取报复行动。例如,长期以来,日本的汽车、家用电器等产品源源不断地流入美国市场,而美国的产品却受到日本贸易保护政策的威胁。为对抗这一严重的环境威胁,美国政府多次与日本政府开展谈判,不断要求日本减少贸易壁垒,减少美国企业进入日本市场的障碍,甚至向有关的国际组织提出仲裁,要求日本开放市场。由于美国汽车业和电子业对国会和政府的游说及压力,美国政府开始对日本采取一系列贸易报复行动,如硬性规定进口配额等,迫使日本汽车厂商自动限制了对美出口。

(2)减轻策略。企业可通过调整市场营销组合来改善环境,以提高适应性,降低威胁的严重性。例如,当可口可乐的年销售量达到300亿瓶时,美国的饮料市场上突然杀出了百事可乐。它不仅在广告费用的增长速度上紧跟可口可乐,而且在广告方式上也针锋相对。可口可乐面对这种威胁,及时调整营销组合,来减轻环境威胁的严重性:一方面聘请社会名人,来对饮料市场的购买行为和消费走势进行分析;另一方面采取更加灵活的宣传方式和更加强势的广告促销,向百事可乐发起进攻,力求将更多的消费者吸引过来。经过各种积极有效的营销努力,取得了良好的效果。

(3)转移策略。企业决定转移到其他盈利更多、威胁更少的行业或市场,实行多角化经营。例如,创始于1901年的吉列公司,原来只生产剃须刀和刀片。二战结束后销售额已达到5 300万美元,国内市场份额已达90%,因此,在国内继续扩大销售已不大可能。在这种情况下,公司开始实行多角化战略,一是依托自己的技术优势推出新产品:女性健美产品和书写用具;二是大力开拓发展中国家市场。通过这一战略的实施,吉列公司得到了稳步发展,成为世界闻名的跨国公司。

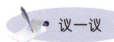

请查看所在城市政府部门近期出台的房地产相关政策,想一想,这些政策会对哪些企业造成威胁,又能给哪些企业带来机会?

 职业能力训练

支付宝的国际化

支付宝在国内第三方支付市场中所占份额较大,无论用户基数,还是交易笔数都堪称领袖。近年,支付宝开始逐步进入海外市场。试问,你觉得支付宝国际化之后会有机会和Paypal、Square、Visa等公司进行正面竞争么?

请根据"市场机会矩阵图"和"环境威胁矩阵图"对支付宝的市场环境进行分析和判断。

学习任务二 宏观营销环境的分析

 引导案例

王强和李明的创业故事(四):寻找机会

王强和李明联想到有些人在城市东郊买房,本来是考虑价格比较低,可是政府对城市东区进行了开发,导致所买住宅不断升值,于是,他们也决定了解一下政府的相关政策。

 案例提示

政府政策正是影响企业的重要因素之一,在市场营销中我们称之为宏观营销环境。

 学习目标

1. 认知宏观营销环境的概念。
2. 能根据各种影响因素的特点对企业宏观环境进行分析。

宏观营销环境是指对企业的营销活动或提供机会、或造成威胁的主要社会力量,是企业的外部环境。一般来说,宏观环境是企业的不可控因素。

影响企业营销活动的宏观营销环境因素主要有:人口环境、经济环境、政治法律环境、科学技术环境、社会文化环境和自然地理环境。

一、人口环境

市场营销学认为,市场是由那些想买东西、同时又具有购买力的人构成的。这种人越多,市场的规模就越大。同时,人口的年龄结构、地理分布、风俗习惯、文化教育等,又会使其在需求结构、消费习惯、消费方式等方面具有显著的差异,对市场需求格局产生深刻影响,并

直接影响企业的市场营销活动和企业的经营管理。

（一）人口数量与增长速度对企业营销的影响

据专家预测，世界人口将呈现出爆炸性增长趋势。众多的人口及人口的进一步增长，给企业带来了市场机会，也带来了威胁。首先，人口数量是决定市场规模和潜力的一个基本要素，人口越多，如果收入不变，则对食物、衣服、日用品的需要量就会增多。那么这类商品的市场也就越大。因此，按人口数目可大略推算出市场规模。我国人口众多，无疑是一个巨大的市场。其次，人口的迅速增多促进了市场规模的扩大。因为人口增加，其消费需求也会迅速增加，那么市场的潜力也就会加大。但是，另一方面，人口的迅速增加，也会给企业营销带来不利的影响。比如人口迅速增加会引起食品短缺、重要矿产资源枯竭、环境污染、交通拥挤、人们生活质量恶化等一系列问题，企业对此应予以关注。

（二）人口结构变化对企业营销的影响

人口结构主要包括人口的年龄结构、性别结构、家庭结构、社会结构以及民族结构等。

（1）年龄结构。目前，许多国家的人口正趋于老龄化。人口老龄化，一方面，对医疗、保健用品、助听器、旅游、娱乐等的市场需求会迅速增加，这样就给经营老年人用品的行业如旅游业、旅馆业、娱乐业提供了市场机会；另一方面，市场对摩托车、体育用品等青少年用品的需求将减少。

（2）家庭结构。在我国，"四代同堂"现象已不多见，三口之家、四口之家的小家庭则很普遍，并逐步由城市向乡镇发展。家庭数量的剧增必然会引起人们对炊具、家具、家用电器和住房等需求的迅速增长。

（3）性别结构。反映到市场上就会出现男性用品和女性用品市场。例如，在我国市场上，妇女通常购买自己的用品、杂货、衣服，男子购买大件物品等。

（4）社会结构。过去我国人口绝大多数在农村，农村人口约占人口总数的70%左右。现今我国城镇人口不断增加，截至2017年，我国城镇人口占总人口比重为58.52%，这一结构变化决定了国内市场营销对象发生了变化，企业应采取相应的对策。

（5）民族结构。民族结构不同，消费结构也有很大差异。如日本是一个单民族国家，几乎所有人都是日本民族，而新加坡则恰恰相反，人们的民族背景各不相同。企业要分析研究不同国家、不同人口结构，以便根据不同民族的宗教信仰、风俗习惯开展营销活动。

（三）人口的地理分布区间流动对企业营销的影响

地理分布是指人口在不同地区的密度。人口的这种地理分布表现在市场上，就是人口的集中程度不同，则市场的规模不同，购买力的大小也不同。此外，人口的流动性也是影响企业营销的一个重要因素。

即学即思

为什么在城市繁华地段总能找得到肯德基、麦当劳的身影？

二、自然环境

自然资源是指自然界提供的各种形式的物质财富,如土地资源、矿产资源、森林资源、水力资源等。自然资源环境对企业营销的影响主要表现在以下三个方面。

(一)某些自然资源短缺或即将短缺

自然资源有些属于不可再生资源,有些则属于可再生资源。我国耕地面积少,而且随着城镇化进程的加快,耕地面积将进一步减少,这一状况若不遏制,我国的粮食安全和其他土地密集型农产品的市场供应将会出现严重问题。另外,一些数量有限但不能更新的自然资源,如石油、煤、铀、锡、锌等矿物,必须寻找代用品,这也给企业带来新的市场机会。

(二)环境污染日益严重

随着工业化和城市化的发展,环境污染日益严重,公众对这一问题越来越关注,纷纷指责环境污染的制造者。这种动向一方面对那些造成污染的行业和企业是一种威胁;另一方面给防治污染、保护环境的企业及相关产业带来了新的市场机会。

(三)政府对自然资源管理的干预日益加强

随着经济的发展和科学的进步,许多国家的政府都加强了对自然资源的管理与干预。政府的干预更多的是为了社会的利益和长远利益,这往往与企业的经营战略和经营效益相矛盾。因此,企业要统筹兼顾地解决好这种矛盾,力争做到既能减少环境污染,又能保证企业发展,提高经营效益。

> **即学即思**
>
> 受经济大环境的影响,与前些年玉石市场的一片繁荣相比,如今的玉石市场处于寒冬之中,不少玉种价格腰斩。不过高端精品(严格意义上的和田玉籽料)依然保持了一定幅度的上涨态势。想一想,是什么因素导致这一现象的产生?

三、经济环境

经济环境是指企业营销活动所面临的外部经济条件,其运行状况和发展趋势会直接或间接地对企业的营销活动产生影响。

(1)消费者收入水平。消费者的购买力来自消费者的收入。消费者的收入一般包括工资、红利、租金、退休金、馈赠等收入,当然也包括第二职业取得的收入,且其比重呈上升趋势。消费者收入是影响社会购买力、市场规模大小以及消费者支出模式的一个重要因素。

> **知识链接**
>
> 消费者收入的研究具体包括个人收入、个人可支配收入和个人可随意支配的收入三个方面。个人可支配收入是指扣除消费者个人缴纳的各种税款(如所得税)和交给

政府的非商业性开支(公积金、党费、会费、罚款等)后可用于个人消费和储蓄的那部分个人收入。个人可支配收入是影响消费者购买力和消费者支出的决定性因素。

个人可随意支配的收入是指个人可支配收入减去消费者用于购买生活必需品的固定支出(如房租、保险费、分期付款、抵押贷款)所剩下的那部分个人收入。个人可随意支配的收入一般都用来购买奢侈品、汽车、大型器具及进行旅游度假等,所以,这种消费者个人收入是影响奢侈品、汽车、旅游等商品销售的主要因素。

(2) 消费者支出模式和消费结构。随着消费者收入水平的变化,消费者的支出模式会发生相应的变化,继而使一个国家或地区的消费结构也发生相应的变化。

知识链接

西方一些经济学家常用恩格尔系数来反映消费者支出模式和消费结构的变化。恩格尔系数的计算公式是:恩格尔系数=食品支出/总支出。食品支出占总支出的比重越大,恩格尔系数越高,则生活水平越低;反之,食品支出占总支出的比重越小,恩格尔系数越低,则生活水平越高。

目前,西方经济学家对恩格尔定律是这样解释的:① 随着家庭收入的增加,家庭用于购买食品的支出占家庭总支出的比重逐渐下降;② 随着家庭收入的增加,家庭用于住宅建筑和家务经营的支出占家庭总支出的比重变化不大(燃料、照明、冷藏等支出占家庭收入的比重会下降),但绝对值增加;③ 随着家庭收入的增加,家庭用于其他方面的支出(如服装、交通、娱乐、卫生保健、教育)和储蓄占家庭总支出的比重则会增加。

"二战"以来,联合国粮农组织规定了衡量各国生活水平的恩格尔系数。其标准是:恩格尔系数大于60%为贫困水平,50%～60%为温饱,40%～50%为小康水平,30%～40%为富裕水平,20%以下为最富裕。现在发达国家的恩格尔系数一般都在20%左右。我国根据城镇职工家庭收入抽样调查资料提供的数据,恩格尔系数1981年为56.66%,1983年为59%,1984年为58%,1987年为53.50%。到2000年,我国大部分城镇居民恩格尔系数已下降到45%,农村居民为50%左右,达到小康水平。到2010年,则分别达到35%及40%,达到富裕水平,进入中等收入国家行列。企业,特别是生产消费品的企业应注意这一数字的变化。

做一做

本月,给自己的家庭支出记一个明细账,计算一下自己家的恩格尔系数,并观察支出模式是否符合恩格尔定律。

(3) 消费者储蓄和信贷情况。储蓄来源于消费者的货币收入,其最终目的还是为了消费。但是,在一定时期内储蓄的多少将影响消费者的购买力和消费支出。当收入一定时,储蓄越多,现实消费量就越小,但潜在的消费量就越大;反之,储蓄越少,现实消费量就越大,但潜在消费量就越小。企业营销人员应当全面了解消费者的储蓄情况,尤其是要了解消费者储蓄目的的差异。另外，目前许多国家的消费者不仅以其货币收入购买他们需要的商品与劳务，而且还用消费者信贷的方式来购买商品与劳务，即消费者凭借信用先取得商品与劳务的使用权，然后再按期归还贷款。这就要求企业营销人员在调查、了解消费者储蓄与信贷动机的基础上，制定不同的营销策略，以便为消费者提供适宜的产品与劳务。

（4）经济发展水平。企业的市场营销活动要受到一个国家或地区整体经济发展水平的制约。经济发展阶段不同，消费者的收入、需求及消费信心也不一样，从而会在一定程度上影响企业的营销。因此，对于不同经济发展水平的地区，企业应采取不同的市场营销策略。

四、技术环境

科学技术是社会生产力中最活跃的因素，作为营销环境的一部分，技术环境不仅直接影响到企业内部的生产经营，而且还同其他环境要素相互依赖、相互作用，共同对企业的营销活动造成威胁。

（一）知识经济带来的机会与挑战

知识经济是以不断创新为特色和以对这种知识的创造性应用为基础而发展起来的新经济形态。它以不断创新为特色，新的超过旧的，旧的退出市场丧失效用，新的占领市场获得超额价值。

（二）新技术是一种"创造性的毁灭力量"

新技术本身创造出新的东西，同时也要淘汰旧的东西。每一种新的技术都会给某些企业带来新的市场机会，因而会滋生新的行业，同时还会给某个行业的企业造成环境威胁，使这个旧的行业受到冲击甚至被淘汰。例如，随着通信技术的发展、电话的普及，电报行业已完全退出市场。

（三）新技术会引起企业经营管理的变化

技术是管理变动的动力，它向管理提出新课题、新要求，又为企业改善经营管理、提高管理效率提供了物质基础。

（四）新技术革命将影响零售企业的结构和消费者的购物习惯

随着科学技术的发展，消费者的购物方式由原来实体零售店购买为主发展为"电视购物""网购"等多种形式并存的情况。此外，信息技术时代的大数据分析，使得精准营销成为可能，各类企业应积极顺应时代的发展，准确把握消费者购买的变化趋势，适时调整营销策略。

趣味讨论

是什么因素导致了网络购物、电视直销这种新型的销售模式得到越来越多人的追捧？

五、政治法律环境

政治法律环境是影响企业营销的重要宏观环境因素。政治因素调节着企业营销活动的方向,法律则为企业规定商贸行为准则。

(一)政治环境因素

政治环境因素是指企业市场营销活动的外部政治形势和状况以及国家方针政策的变化对市场营销活动带来的或可能带来的影响。一个国家的政局稳定与否会给企业营销活动带来重大影响。如果政局稳定,生产发展,人们安居乐业,就会给企业营造良好的营销环境。相反,政局不稳,社会矛盾尖锐,秩序混乱,就不仅会影响经济发展和人们的购买力,而且对企业的营销心理也有重大影响。另外,一个国家在不同时期,根据不同需要制定的经济政策、发展方针也会直接影响企业的营销活动。

(二)法律环境因素

对企业来说,法律是评判企业营销活动的准则,只有依法进行的各种营销活动,才能受到国家法律的保护。因此,企业开展营销活动,必须了解并遵守国家或政府颁布的有关法律、法规。如果从事国际营销活动,企业既要遵守本国的法律制度,还要了解和遵守市场国的法律制度和有关的国际惯例及准则。

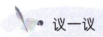

瓷器是我国传统的出口商品,尤其是江西景德镇瓷器,多年来是国际上公认的上乘佳品,但近年来对日本出口却越来越困难。经调查,原来,景德镇瓷器经日本一家保健所检验,产品含铅量高达30%,不符合日本食品卫生法安全标准。

是什么因素导致中国的瓷器无法进入日本市场?

六、社会文化环境

人类在一定的社会环境中生活,必然会形成某种特定的文化,包括一定的态度和看法、价值观念、宗教信仰、道德规范及世代相传的风俗习惯等。文化是影响人们欲望和行为(包括企业和顾客的欲望与行为)的一个很重要的因素。例如,我国人民在春节都要买年货、贴春联、相互拜年、欢度春节等;人们的这种行为就受其传统文化的影响,企业做市场营销决策时必须分析研究特定目标市场的文化环境因素。

悄然走红的
文创产品

（一）价值观念

价值观念就是人们对社会生活中各种事物的态度和看法，在不同的文化背景下，人们的价值观念具有很大的差别，消费者对商品的需求和购买行为深受价值观念的影响。

（二）宗教信仰

纵观历史上各民族消费习惯的产生和发展，可以发现宗教是影响人们消费行为的主要因素之一。某些国家和地区的宗教组织对教徒购买决策也有重大影响。所以，企业可以把影响大的宗教组织作为自己的重要公共关系对象，在经销活动中也要针对宗教组织设计适宜的方案，以避免由于矛盾冲突给企业营销活动带来不利影响。

（三）生活习惯

不同国家和地区的人们都有自己的风俗和生活习惯，不同的生活习惯具有不同的需求，研究风俗和生活习惯，不但有利于组织好消费用品的生产与销售，而且有利于积极主动地引导消费。

（四）审美观念

人们在市场上挑选、购买商品的过程，实际上是审美观念在日常生活中的实践与应用。

做一做

有一个小伙子为一种甜饮料在阿拉伯地区推出做了一项广告设计，自我感觉特棒。为消除语言障碍，该广告用三块竖立的板子加以说明：第一块板子上画的是一个人站在沙漠中，大汗淋漓；中间的板子上画的是他把甜饮料一饮而尽；第三块板子上画的是他神采奕奕的样子。但他忽略了阿拉伯人看东西的习惯是自右向左，结果产生了相反的效果，这名小伙子也因此丢了饭碗。

结合案例分析社会文化环境对企业开展市场营销活动的影响。

百事可乐成功进入印度

20世纪70年代后期，世界著名的两大饮料公司"可口可乐"和"百事可乐"，先后去敲印度市场的大门。开始，印度政府拒绝了两大公司进入印度的要求，意欲保护本国饮料产业。但之后又提出，如果进入，必须接受政府的一些条件，诸如规定产品出口份额等。两大公司辗转全球，十分兴盛，自然不愿接受印度政府的附加条件，于是掉头就走，给印度留下了骄横专断、不可一世、不愿真心帮助印度富强的极坏印象。

百事可乐为了进入印度市场，决心一改过去那种令人不快的形象。它向印度政府提出了三条保证，要求印度政府提供进入的机会：

第一,百事可乐公司在印度开分厂也好,建立合资企业也好,保证就地取材,以扶助当地农副产品生产。按计划,百事可乐公司将消费掉印度旁遮普邦生产的全部水果和四分之一的蔬菜。照百事可乐公司管理人员的话讲,公司向印度输出的是当地农副产品的加工能力与技术,而不是什么"可乐"。

第二,百事可乐公司还向印度政府保证,工厂开业,将全部雇用印度当地的工人或农民,工厂规模越大,提供的就业机会就越多。这一点,对于一个每年有百万失业人口和占人口总数70%的农民的国家来说,无疑是一个较大的贡献。庞大的职工培训计划,亦将有助于提高当地员工的文化水平和经营管理素质。

第三,成品的外销比重是印度政府最为关心的问题。百事可乐公司想其所想,主动提出食品加工50%的产品将出口外销,其中包括价值数百万美元的炸土豆片。大批的出口既为印度创了外汇收入,又在一定程度上保护了印度国内市场。同时,百事可乐公司还保证将努力帮助印度政府革新印度的食品加工技术。

百事可乐公司转变形象的努力获得了成功,印度政府正式批准百事可乐公司进入印度市场开设合资公司。

思考:请根据上述资料分析百事可乐进入印度市场所要面对的各种宏观环境。

学习任务三 消费者购买行为的分析

 引导案例

王强和李明的创业故事(五):学学生意经

王强的同学吴语与她的两个好姐妹在市中心繁华路段合资开了一家流行服装专营店。这天王强来找吴语取经,吴语便滔滔不绝地谈起了自己的开店经历。起先,她们以18~25岁的单身年轻女性作为重点服务的目标客户群体,她们认为这一消费群体对时尚流行元素比较敏感,跟风倾向明显,在服装服饰上舍得花钱,穿衣打扮注重张扬个性,对款式、颜色、质地、美感的要求较高,而对品牌、做工、价格等不太在乎。经销专为这一消费群体设计的服装服饰,她们感觉市场需求大,经营风险小,利润空间也要比大众化服装高。但她们在实际经营后才发现,这一行业的竞争仍然十分激烈,服装流行趋势变化很快,进货稍有不慎,就会造成积压滞销。一年下来,扣除各项开支和积压服装的进货成本后,没有多少盈余,稍有不慎还要亏本。吴语绞尽脑汁研究这一消费群体的购买行为,不断改善自己的营销模式,但经营仍没大的起色。后来,有人建议她们专做时尚韩版牛仔服装,原因是韩版牛仔服装在这一特定消费群体中的需要量大,而且相比较而言不会很快过时,批量进货进销差价大,利润率高,即便是因过时在城里卖不出去了,还可以进价转销到周边的农村市场,而不至于彻底砸在自己手里。吴语觉得有道理,便与她的两个姐妹商量,调整了经销流行服装的方向与类型,实践证明,她们的这一举措是非常明智的。

 **案例提示**

此案例中,吴语与她的姐妹们不断了解消费者的购买特点,积极调整经销策略,并重新确定经销产品,这一行为在市场营销学上称之为消费者购买行为分析。

 **学习目标**

1. 认知消费者市场的概念与特点。
2. 能准确剖析消费者市场目标客户的购买动机及其影响因素。
3. 会根据相关知识对消费者市场目标客户的购买决策过程加以鉴定。

一、消费者市场的概念与特点

(一)消费者市场的概念

消费者市场是指所有为了个人消费而购买商品或服务的个人和家庭所形成的市场,是消费者购买衣、食、住、行等方面的用于生活消费产品的场所或交换关系的总和。消费者市场是由消费者的生活需要引起的。这种需要有生理上的,也有心理上的。生理需要多属物质需要,心理需要多属精神需要。

(二)消费者市场的特点

(1)消费者人数众多,地区分布广泛。社会上的每一个人,首先就是消费者,都需要购买消费品。

(2)市场结构复杂,层次多变。这是由消费品市场上消费者之间的差异性决定的。消费者由于所处的消费环境和自身条件不同,不仅有民族、宗教、地区、性别之分,而且还有年龄、职业、经济收入、文化程度的差别。不同的消费者,其购买力、偏好和消费习惯不同,从而造成了消费品市场需求的多样性。

(3)消费者多属小型购买,购买次数频繁。由于许多消费品是人们长期需要的,加之每个家庭或个人的财力、储藏能力有限,以及有些商品不宜长期储藏等原因,形成了消费品市场每笔成交数量一般较小,购买次数频繁等特点。因此,消费品市场应尽量接近消费者,销售网点设置要合理,营业时间要长,以方便群众购买。

(4)消费者多属非专家购买。一般而言,多数消费者对商品没有专门知识,对于商品的性能、使用、保管及维修方法等均了解不多,有待经营者宣传、介绍和帮助。因此,消费者购买商品时往往容易受广告宣传和其他推销方法的影响,容易产生冲动性购买。

(5)购买力流动性比较大。因消费者的购买力有限,能否使其购买效用达到最大化,是商品能否销售出去的基本条件之一。消费者为了购买效用的最大化,购买商品时往往持慎重态度,有很大的挑选性,加之各企业所提供的商品的差异性,就造成了购买力在不同企业之间和不同地区之间的流动。同时,由于旅游事业的发展,在大中城市和旅游胜地,流动购买力占相当大的比重。此外,由于商品消费有替代性,随着供求状况与价格的变动,购买力也会在不同商品之间发生移动。

(6)需求价格弹性的差异性比较明显。需求价格弹性是指商品需求量对价格变动的反应敏感程度。在消费品市场上,生活必需品的需求弹性较小,非生活必需品的需求弹性较大。因此,对生活必需品,要保证充足的供应量,防止价格的大起大落,而对于非生活必需品,企业可以在国家价格政策允许的范围内,通过调整价格来调节供求关系,以搞活市场。

  小王是一名大学生,在毕业后选择了自主创业。经过一段时间的研究,他发现网络开店是一个不错的选择,于是他就开始了创业之路。然而,经过一段时间的经营,小王发现生意不是特别好。为了改变这一现象,他请教了相关专家。经过专家的点拨,小王发现自己没意识到网络消费者的特点。
  问题:网络消费者市场有哪些特点?

二、影响消费者市场目标客户购买行为的因素

影响消费者市场目标客户购买行为的因素如表1-3所示。

甜甜圈排队怪圈的故事

表1-3 影响消费者市场目标客户购买行为的因素

影响因素	因素内容
文化	社会阶层、社会组织、生活准则、价值观念、道德规范、风俗习惯、宗教信仰、审美观、语言文字等
社会	消费者的家庭、相关群体、社会角色和地位等
个人	年龄、家庭生命周期、职业、经济状况、生活方式、个性以及自我观念等
心理	动机、知觉、学习、信念和态度等

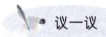

  日本丰田小吨位卡车,为了显示行车稳当,制作了一幅诙谐的广告画——在汽车的轮子下面装上了猪蹄。这种汽车出口到澳大利亚,销量很好,可是到南非却遇到了麻烦。
  原来,南非的黑人中有许多人信奉伊斯兰教,他们愤怒地聚集起来向丰田公司提出抗议,迫使公司花费巨额资金重新制作广告,将猪蹄换成了鸡脚。
  问题:你从本案例中获得哪些启示?谈一谈学习消费者行为学的重要性。

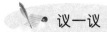

议一议

一个中国老太太与一个美国老太太去见上帝,上帝问她们生前最后实现的人生目标是什么。美国老太太说,她生前正好把年轻时分期付款购房的最后一期房款交完了;中国老太太说,她生前刚刚用自己一生的储蓄买了一套自己的房子。

问题:请依据社会文化与消费行为的观点分析此案例。

三、消费者市场目标客户的购买决策过程

(一) 消费者在参与购买中的角色

消费者在购买决策过程中可能扮演不同的角色。这包括:提议者,即最初提出购买某种商品或服务的人;影响者,指对评价选择、制定购买标准以及最初和最终决策有影响力的人;决策者,即在是否买、为何买、如何买、何处买等方面做出完全或部分最后决定的人;购买者,即实际购买产品的人;使用者,即实际消费或使用产品及服务的人。

(二) 消费者的购买行为类型

消费者的购买决策随其购买行为的不同而变化。较为复杂和花钱多的决策往往凝结着购买者的反复思考和众多人的参与决策。根据参与者的介入程度和品牌间的差异程度,可将消费者的购买行为分为四种类型,如表1-4所示。

表1-4 目标客户的购买行为类型

品牌差异 \ 介入程度	高度介入	低度介入
大	复杂购买行为	寻求多样化购买行为
小	化解不协调购买行为	习惯性购买行为

1. 复杂购买行为

复杂购买行为是指消费者对不经常购买的贵重产品需要有一个学习过程,该产品品牌差异较大,购买风险也大,需广泛了解该产品的性能、特点,从而对其产生某种看法,最后决定购买的消费者购买行为类型。营销者对这种复杂购买行为,应多采取有效措施(产品介绍、操作演示、上门服务等)帮助目标客户了解产品性能及其更多的效用价值,并介绍产品相对优势和给购买者带来的对比利益,从而影响购买者最终消费该产品。

2. 寻求多样化购买行为

寻求多样化购买行为是指消费者对于产品差异较明显的产品不愿花较长时间去选择和评价,而是不断变换所购产品的品牌的消费者购买行为类型。这样做,是从品牌多样化的消费中感受不同产品所带来的满意感和效用。市场营销者针对这种购买行为类型,可采用销

售促进和占据有利货架位置等办法来促销产品。

3. 化解不协调购买行为

化解不协调购买行为是消费者对于品牌差异不大的产品不经常购买,而购买时又存在一定的风险,在此情况下,消费者一般要互相比较、看货,只要价格合理、购买便捷、机会适当就会决定购买;购买之后,目标客户往往会感到有些不协调或不够满意,为了减轻、化解这种不协调,消费者在使用过程中,会更多了解情况,并寻求各种理由来证明自己的购买决定是正确的。从不协调到协调的潜化过程中,消费者会有一系列的心理变化。针对这种情况,营销者应选择最佳销售地点,注意运用价格和人员推销策略,并向消费者提供有关产品评价的信息,使其购买后满意感更强。

4. 习惯性购买行为

习惯性购买行为是指对于价格低廉、经常购买、品牌差异小的产品,目标客户不需要花更多的时间去选择,也不需要经过收集相关信息、评价产品特点等复杂过程,因而,其购买行为最简单。消费者只是被动地接收信息,出于熟悉而购买,也不一定进行购后评价。这类产品的营销者可以通过价格优惠、独特包装、电视广告、销售促进等方式鼓励目标客户试用、购买和续购产品。

(三)消费者的购买决策过程

在复杂购买行为中,消费者的购买决策过程一般由引起需要、收集信息、评价方案、决定购买和购后评价等五个阶段构成(如图1-6所示)。

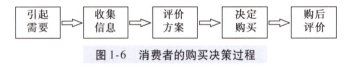

图1-6 消费者的购买决策过程

1. 引起需要

消费者的需要一般是由内部和外部两种刺激引起的,如口渴、寒冷等属于内部刺激;消费者收入的变化、消费偏好的变化等属于外部刺激。营销人员应注意两个方面的问题:一是有意识地了解那些与本公司产品(劳务)现实或潜在地有关联的驱使力;二是某种产品的需求强度会随着时间的推移而有所变动,且易被一些诱因所触发。因此,营销者要善于运用诱因,促使目标客户对公司的产品产生强烈的需求,并积极采取购买行为。

2. 收集信息

对于首次购买的较复杂商品,消费者一般都要收集有关信息。消费者的信息来源主要包括四个方面:密切相关群体来源(家庭、朋友、邻居、熟人等);商业来源(广告、推销员、经销商、包装、展览等);公共来源(如大众传播媒体、消费者评审组织等);实践来源(如操作、实验即使用产品)。营销人员应对目标客户的信息来源认真加以识别和评价,并询问其最初接触到品牌信息时的感觉。

3. 评价方案

目标客户在收集信息的过程中,就会对信息进行分析和"过滤",逐渐对市场上各种品牌的产品形成不同的看法,最后才决定购买,这就是品牌的评价。

消费者的评价行为一般要考虑以下几个问题:① 产品特性及特性的权重。特性即产品能够满足消费者需要的属性。如对计算机,其存储能力、图像显示能力、软件的适用性等是消费者感兴趣的属性。② 品牌信念,即目标客户对某品牌带来的效用和价值所持有的总的看法。如消费者会对进口冰箱、国产的不同品牌的冰箱有不同的信念,即品牌形象。③ 效用函数,即用来描述消费者所期望产品的满足感随其属性的变化而有所变化的函数关系。它与品牌信念强调的重心不一样,品牌信念是消费者对某品牌的某一属性已达到何种水平的评价,而效用函数则表明消费者要求该属性达到何种水平他才会接受。④ 评价模型,即目标客户对不同品牌进行评价和选择的程序和方法。

4. 决定购买

通过评价选择,消费者会对可供选择的品牌形成某种偏好,从而形成购买意图,进而购买所偏好的品牌。但是,在购买意图和决定购买之间,有两种因素会起作用:一是别人的态度,如家人、朋友的反对等;二是意外情况,如预期收入突然减少、家里有人突然生病、更符合"理想产品"的新产品新近上市等。也就是说,尽管偏好和购买意图对购买行为有直接影响,但两者并不一定导致实际购买。

5. 购后评价

产品被购买之后,就进入了购后评价阶段,此时营销人员的工作并没有结束。消费者在购买后会产生对某种产品满意或不满意的评价。如果消费者感到满意,他会再次购买同一品牌的商品,并且会对他周围亲朋好友的购买选择或多或少地起影响作用。而留住一个老客户比开发一位新客户,从时间和成本上看显然对企业更为有利。因此,了解消费者的购后评价,提高消费者购买后的满意程度,应成为企业营销人员的重要工作。

做 一 做

(1) 以自愿为原则,6~8人为一组,组建"×××模拟公司",公司名称自定。
(2) 以组为单位,调查走访模拟公司产品的特定目标客户群体,对其购买动机、购买行为、购买决策的影响因素及其购买决策过程进行深入分析。

买了一辆从没想到的车

女律师简妮·布洛菲尔特小姐一大早兴冲冲地来到一家经营汽车的大公司,她之前看中了这儿出售的海蓝色"西尔斯"牌小轿车。尽管价格贵一点,但她喜欢这种车的颜色和式样,而且"西尔斯"这个牌子和名称也叫喜欢。不巧,销售员正要去吃午饭。他对她说,如果简妮小姐愿意等待30分钟的话,他一定乐意立即赶回来为她服务。简妮小姐同意等一会儿,总不能让人不吃饭呀,就是再加上30分钟也没关系,要紧的是她特意挑选今天这个日子来买车,无论如何都必须把车开回去。她走出这家大公司,看见街对面也是一家出售汽车的公司,便信步走了过去。

销售员是个活泼的年轻人,他一见简妮进来,立即彬彬有礼地问:"我能为你效劳吗?"简妮微微一笑,告诉他自己只是来看看,消磨一下时间。年轻的售货员很乐意地陪她在销售大厅参观,并自我介绍说他叫汤姆。汤姆陪着简妮聊天,很快两人便变得很投机。简妮告诉他,自己来买车,可惜这里没有她想要的车,只好等那家公司的销售员回来。汤姆很奇怪简妮为什么一定要今天买到车。简妮说:"今天是我的生日,我特意挑选今天这个日子来买车。"汤姆笑着向简妮祝贺,并和身旁一个同伴低声耳语了几句。不一会,这个同伴捧着几支鲜艳的红玫瑰进来,汤姆接过来送给简妮:"祝你生日快乐!"简妮的眼睛亮了,她非常感谢汤姆的好意。他们越谈越高兴,什么海蓝色"西尔斯",什么30分钟,简妮都想不起来了。突然,简妮看见大厅一侧有一辆银灰色的轿车,色泽是那样的柔和诱人,她问汤姆那是辆什么牌子的轿车。汤姆热心地告诉了她,并仔细介绍了这辆车的特点,尤其是价格比较便宜。简妮觉得自己就是想要买这种车。

结果,简妮买了一辆自己原来根本没有想到的车回家了。车上插着几支鲜艳的红玫瑰。简妮的生日充满了欢乐。

简妮为什么买了一辆从没想到的车?请从影响消费者购买行为的因素及消费者购买决策过程两方面进行分析。

学习任务四　产业市场购买行为的分析

王强和李明的创业故事(六):了解不一样的客户

王强的父亲在一家国有大中型企业采购部工作,该企业主营新能源产业。由于客户需求不断变化,因此该企业采购部会定期召开各种会议,针对所需原材料、零配件等供应商的选择进行磋商,而选择的依据除了生产的需要外,还包括供应商的信誉、产能,以及市场反应等,只有在这一系列程序走完之后,企业才会正式与供应商订立合同。企业之所以这样做,是因为客户单位对所交付产品有极高的要求,且不允许有任何的瑕疵。王强和李明发现这些客户和消费者的特点不同。

上述案例中所提到的企业在市场营销学上被称为产业市场的目标客户,而众多的供应商则组成了产业市场。该企业的一系列行为即是产业市场目标客户的购买行为。

1. 认知产业市场的概念及特点。
2. 能识别产业市场购买决策的参与者。
3. 会根据相关知识对产业市场目标客户的购买行为进行深入分析。

企业的营销对象不仅包括众多的消费者,而且还包括各类组织机构。这些组织机构构成了组织市场,即原材料、零部件、机器设备、供给品和企业服务等市场。如果企业产品服务的目标客户群体主要是各类组织机构,则企业的目标市场就属于组织市场的范围。企业则要研究某一特定组织机构的购买行为特征和购买决策过程。

一、组织市场的类型

组织市场是由各种组织机构(如生产企业、商业企业、政府机构等)形成的对企业产品和服务需求的总和。一般分为产业市场、转卖者市场和政府市场三种类型。

(一)产业市场

产业市场又称生产者市场或企业市场,指一切购买产品或服务并将其用于生产别的产品或服务,以供销售、出租或供应给他人的个人或组织。它通常由农、林、牧、渔业,制造业,建筑业,通信业,公共事业,银行业、金融业和保险业,服务业等产业组成。

(二)转卖者市场

转卖者市场是指那些通过购买商品和服务并转售或出租给他人来获取利润的个人或组织。转卖者市场由各种批发商和零售商组成。批发商是指购买商品和服务并将之转卖给零售和其他商人以及产业用户和商业用户等,但不把商品大量卖给最终消费者的商业组织。

> ☞ 知识链接
>
> 零售商的主要业务则是把商品或服务直接卖给消费者。

(三)政府市场

政府市场是指那些为执行政府的主要职能而采购或租用商品的各级政府单位。政府机构是市场活动的最大买主,约占 20%～30% 的市场份额。由于各国政府通过税收、财政预算等手段,掌握了相当大的一部分国民收入,为使日常政务顺利开展,政府机构要经常采购物资和享用服务,因而形成了一个很大的市场。

由于在组织市场中,产业市场客户的购买行为与购买决策具有典型的代表意义,所以,在此仅对产业市场客户的购买进行阐述。

二、产业市场的特点

产业市场与消费者市场尽管在某些方面具有一定的相似性,但产业市场在市场结构与需求、决策类型与决策过程及其他各方面,又与消费者市场有着明显差异。

(1)产业市场的需求多为派生需求。产业市场的购买者对产业用品的需求,归根结底是由消费者对消费品的需求派生出来的。例如,服装厂之所以要购买布料、电视生产企业之所以要购买显像管是因为消费者对服装和电视的需求派生而来的。

（2）产业市场购买者的地理位置相对集中。例如，我国汽车工业的生产者主要集中在长春、北京、上海、天津这样一些大城市。

（3）产业市场购买者的数量较少，规模较大。产业市场的购买者绝大多数都是生产企业，其数量必然比消费者市场少，但每次购买的数量却要大得多。

（4）产业市场的需求缺乏弹性。在产业市场上，产业购买者对产业用品和劳务的需求受价格变动的影响不大。

（5）产业市场的需求波动较大。产业市场的购买者对于产业用品和服务的需求比消费者的需求更容易发生变化。根据乘数原理，消费者需求的少量增加能导致产业购买者需求多倍增加。有时消费者需求只增减一个百分点，就能使下期产业购买者需求增减几十个百分点。

（6）专家购买。产业用品的采购者一般经过专门的训练，具有丰富的商品知识和市场知识，是理智型的专家购头，其购头行为不易受人员推销和广告宣传的影响。

（7）短渠道购买。产业市场的购买者一般通过短渠道向生产者采购所需物品（特别是那些价值高、技术含量高的设备），而不通过中间商采购。

三、产业市场购买决策的参与者

作为产业市场的目标客户（厂商）在购买产业用品时，除了采购人员以外，还有其他一些人员也参与产业用品的购买决策过程。所有参与购买决策过程的成员构成了采购中心。企业采购中心的成员通常包括以下几种：

（1）使用者。即具体使用拟采购的某种产业用品的人员。使用者一般为初次提出购买意见的人，在拟购产品的品种、花色、规格中起着重要作用。

（2）影响者。即直接或间接在企业外部和内部影响购买决策的人员。他们对企业的决策者决定是否购买某种品种、规格的产品有影响作用，主要的影响者一般表现为企业的技术人员。

（3）采购者。即在企业中有组织采购工作的正式职权人员。在较复杂的采购工作中，采购者还包括参加谈判的企业高级人员。

（4）决定者。即在企业中有批准购买产品权力的人物。在标准品的常规采购中，采购者常常是决定者；而在较复杂的采购中，企业的领导人往往是决定者。

（5）信息控制者。即能在企业外部和内部控制市场信息流到使用者、决定者那里的人员，如企业的技术人员、购买代理商等。

当然，并不是任何企业采购任何产品都必须由以上五种人员参加购买决策过程。企业采购中心的规模大小和成员的多少会随着欲采购产品的不同而不同。若采购常用标准品，一般只有采购者和使用者参与购买决策过程，而且采购者往往就是决策者。在这种情况下，采购中心的成员较少。如果采购技术性较强且产品单价较高，参与购买决策过程的人员就会多些。若一个企业采购中心的成员较多，供货企业的营销人员就只能接触到其中少数几位成员。在此情况下，供货企业的营销人员必须了解谁是主要的决策者，以便对最有决策权的重要人物进行营销公关。

四、产业市场目标客户的购买行为类型

产业市场上目标客户购买者的行为类型一般有三种：直接采购、全新采购和修正采购。

（一）直接采购

直接采购就是目标客户的采购部门根据过去的采购经验，从供应商名单中选择供货企业，并直接重新订购过去采购的同类产业用品。这种购买行为一般是习惯化的，在这种情况下，列入名单内的供应商将尽力保持产品质量和服务质量，并采取其他有效措施来提高采购者的满意程度；未列入名单内的供应商要试图提供新产品或开展某种满意的服务，以便使采购者考虑从它们那里采购产品，同时设法先取得一部分订货，以后逐步增加订货份额。

（二）全新采购

全新采购是指目标客户第一次采购某种产业用品。这种行为类型最为复杂，其成本费用最高；风险越大，则需要参与购买决策过程的人数及掌握的市场信息就越多。因此，供应商要派出有经验的推销队伍，向目标客户及时提供信息，帮助其解决疑难问题。

（三）修正采购

修正采购是指目标客户的采购经理为了更好地完成采购任务，对某些产业用品的规格、价格等条件或供应商适当加以改变，促使供应商内部展开竞争。这种行为类型较复杂，因而参与购买决策过程的人数较多。

五、产业市场目标客户的购买行为分析

（一）影响产业市场目标客户的购买行为分析

产业市场上企业目标客户的购买行为决策受一系列因素的影响，如表1-5所示。

表1-5　企业目标客户的购买行为决策的影响因素

环境因素	指对目标客户生产经营活动产生各种影响的外部环境因素，主要包括一个国家的市场需求动态、经济前景、资金成本、技术变化率、市场竞争、政治与法律等。如果经济前景好，市场需求量大，市场需求旺盛，目标客户就会增加投资，增加原材料的采购量和库存量
人际关系	目标客户（企业）采购中心的成员都参与了购买决策过程。每个参与者的权力、地位、说服力以及他们之间的关系都会影响目标客户（企业）的购买行为决策
个人因素	指各参与者的年龄、受教育程度、个性、收入、工作职位、对待风险的态度等。这些个人因素会影响各个采购中心成员对所要采购的产业用品的感觉、态度和看法，从而影响目标客户（企业）的购买决策和购买行为

（二）产业市场目标客户的购买决策过程

供货企业要成为现实的卖主就需要了解其目标客户在购买过程中各个阶段的情况，并

采取适当措施,满足目标客户在各个阶段的需要。在直接采购的情况下,购买过程的阶段最少;在修正采购的情况下,购买过程的阶段较多一些;在全新采购的情况下,购买过程的阶段最多,一般要经过八个阶段。这种购买决策过程如表1-6所示。

表1-6　产业市场目标客户的购买决策过程

购买阶段	购买类型		
	直接采购	修正采购	全新采购
(1) 认识需要	否	可能	是
(2) 确定需要	否	可能	是
(3) 明确规格	是	是	是
(4) 物色供应商	否	可能	是
(5) 征求建议	否	可能	是
(6) 选择供应商	否	可能	是
(7) 选择订货程序	否	可能	是
(8) 检查、评价合同履约情况	是	是	是

做一做

(1) 请同学们每3～5人为一组,以组为单位选择自己比较熟悉的产业市场的目标客户群体,对所选择的产业目标客户进行走访调查,分析研究其购买行为特点和购买决策过程。

(2) 以组为单位对所调查的情况进行汇报交流,在此基础上,以书面形式总结提炼出所调查的某一特定目标客户群体的购买行为特点和购买过程。

职业能力训练

戴尔怎样采购

戴尔采购工作最主要的任务是寻找合适的供应商,并保证产品的产量、品质及价格方面在满足订单时有利于戴尔公司。采购经理的位置很重要。戴尔的采购部门有很多职位设计是做采购计划、预测采购需求、联络潜在的符合戴尔需要的供应商。因此,采购部门安排了较多的人。采购计划职位的作用是什么呢?就是尽量把问题在前端就解决。戴尔采购部门的主要工作是管理和整合零配件供应商,而不是把自己变成零配件的专家。戴尔有一些采购人员在做预测,确保需求与供应的平衡,在所有的问题从前端完成之后,戴尔在工厂这一阶段很少有供应问题,只是按照订单计划生产高质量的产品就可以了。所以,戴尔通过完整的结构设置,来实现高效率的采购,完成用低库存来满足供应的连续性。戴尔认为,低库存并不等于供应会有问题,但它确实意味着运作的效率必须提高。

戴尔可以形成相当于对手9个星期的库存领先优势,并使之转化为成本领先优势。在IT行业,技术日新月异,原材料的成本和价值在每个星期都是下降的。根据过去5年的历史平均值计算,每个星期原材料成本下降的幅度在 0.3%~0.9%。如果取一个中间值 0.6%,然后乘上 9 个星期的库存优势,戴尔就可以得到 5.5% 的优势,这就是戴尔运作效率的来源。

戴尔很重视与供应商建立密切的关系。"必须与供应商无私地分享公司的策略和目标",迈克尔说。通过结盟打造与供应商的合作关系,也是戴尔公司非常重视的基本方面。在每个季度,戴尔总要对供应商进行一次标准的评估。事实上,戴尔让供应商降低库存,他们彼此之间的忠诚度很高。从 2001 年到 2004 年,戴尔遍及全球的 400 多家供应商名单里,最大的供应商只变动了两三家。

戴尔也存在供应商管理问题,并已练就良好的供应链管理沟通技巧,在有问题出现时,可以迅速地化解。当客户需求增长时,戴尔会向长期合作的供应商确认对方是否可能增加下一次发货数量。如果问题涉及硬盘之类的通用部件,而签约供应商难以解决,就转而与后备供应商商量,所有的一切,都会在几个小时内完成。一旦穷尽了所有供应渠道也依然无法解决问题,那么就要与销售和营销人员进行磋商,立即回复客户,这样的需求无法满足。

"我们不愿意用其他人的方式来作业,因为他们的方法在我们的公司行不通",迈克尔说。戴尔通过自行创造需求的方法,并取得供应商的认同,已经取得了很好的成绩。戴尔要求供应商不光要提供配件,还要负责后面的即时配送。对一般的供应商来说,这个要求是"太高了",或者是"太过分了"。但是,戴尔一年 200 亿美元的采购订单,足以使所有的供应商心动。

供应商要按戴尔的订单要求,把自己的原材料转移到第三方仓库,这时原材料的物权还属于供应商。戴尔根据自己的订单确定生产计划,并将数据传递给本地供应商,让其根据戴尔的生产要求把零配件提出来放在戴尔工厂附近的仓库,做好送货的前期准备。戴尔根据具体的订单需要,通知第三方物流仓库,通知本地的供应商,让他把原材料送到戴尔的工厂,戴尔工厂在 8 小时之内把产品生产出来,然后送到客户手中。整个物料流动的速度是非常快的。

根据上述资料分析:

(1) 作为产业购买者,戴尔的购买行为有哪些特点?

(2) 假设你所在的公司是一家生产液晶显示器的大型企业,现在打算将戴尔由潜在客户变为现实客户,请你为自己的公司提出一套能够实现这一目标的方案。

学习任务五　竞争者行为的分析

王强和李明的创业故事(七):知己知彼

李明和王强在分析了数码产品购买者的主要特点以及该产品的经营环境后,发现他们所在的城市有许多数码产品专营店,他们还了解到数码产品更新非常迅速,新产品虽然利润高,但进价也高,以他们的实力恐怕很难经营这类产品,可是价格低的产品利润空间又小,而且竞争更加激烈。

案例提示

案例中,李明和王强所面临的问题,说明了企业在开展营销活动的过程中,仅仅了解其顾客是远远不够的,还必须了解其竞争者。

学习目标

1. 认知竞争者的概念和外延。
2. 能锁定顾客识别竞争者,分析竞争者的优劣势。
3. 会根据具体竞争者的特点得出其目标战略,判断竞争者的市场反应,在此基础上,选择企业的具体应对策略。

一、企业竞争者的界定与识别

(一)竞争者的界定

企业的竞争者一般是指那些与本企业提供类似产品及服务,并具有相似的目标消费者和相似价格战略的企业。例如,美国的可口可乐公司把百事可乐公司作为主要的竞争者;通用汽车公司把福特汽车公司作为主要的竞争者;四川长虹把康佳当作自己的主要竞争者,而不是其他经营性企业。乍看起来,识别竞争者是一件很容易的事,但事实上并不尽然。企业的现实竞争者和潜在竞争者的范围非常广泛,如果不能正确地识别,一个企业很有可能被潜在的竞争者,而不是当前的主要竞争者吃掉。

从理论上分析,企业的竞争者有狭义竞争者与广义竞争者之分。确定竞争者的关键是如何把握"竞争者"的概念。广义上,一个企业可以把凡是生产相似或同类产品的企业都可以看作是自己的竞争者。在更广泛的意义上,还可以把所有提供类似功能和服务产品的企业,都看作是自己的竞争者。如春兰集团不仅把其他冰箱生产企业看作竞争者,还把冰柜、空调制造者也都看作是竞争者。甚至范围还可更宽一些,把所有与本企业争夺顾客购买力的企业,都纳入竞争者的范围之内。

(二)竞争者的识别

1. 从产业竞争的角度识别竞争者

从产业方面来看,提供同一类产品或可相互替代产品的企业,构成一个产业,如汽车产业、医药产业、食品产业等。如果一种产品价格上涨,就会引起另一种替代产品的需求增加。产业经济学认为,一个产业的竞争强度主要是由产业结构决定的。决定产业结构的主要因素有:销售商的数量,产品差异化程度,进入和退出,流动性和退出障碍,成本结构,垂直一体化的程度,全球化的程度。企业要想在整个产业中处于有利地位,就必须全面了解本产业的竞争模式,以确定竞争者的范围。

2. 从市场竞争的角度识别竞争者

从市场方面来看,竞争者是那些满足相同市场需要或服务于同一目标市场或消费者群体的企业。我们可以把企业的竞争者分为四种类型:品牌竞争者、产品形式竞争者、普通竞争者和愿望竞争者。

品牌竞争者是指生产相同规格、型号、款式的产品,但品牌不同的竞争者。如电视机品牌——夏普、索尼、康佳、长虹等就互为品牌竞争者。

产品形式竞争者是指生产同类但规格、型号、款式不同的产品的竞争者。如自行车中的山地车与城市车,男式车与女式车,就构成产品形式竞争者。

普通竞争者是指提供不同的产品以满足相同需求的竞争者。如摩托车、轿车、自行车都是交通工具,在满足需求方面是相同的,它们就是普通竞争者。

愿望竞争者则是指提供不同功能效用的产品以满足消费者不同需求的竞争者。如消费者有一万元可以用来消费,他所面临的选择就可能有豪华电视、笔记本电脑、摄像机、出国旅游等,这时豪华电视、笔记本电脑、摄像机及出国旅游之间就存在着竞争关系,成为愿望竞争者。

> 哈雷·戴维斯,作为最后留下来的美国摩托车品牌,被视为自由和冒险的象征,其拥有者是"富有的城市骑车人"。在他们眼中,哈雷不是交通工具,而是一种生活方式和社会地位的象征。因此,在美国哈雷·戴维斯与其他摩托车生产商仅有非常间接的竞争,而那些"富有的城市人"同样热衷的产品——游艇和游泳池却成为它主要的竞争者。
>
> 问题:哈雷·戴维斯摩托车与游艇、游泳池之间是哪种类型的竞争者?

3. 从企业所处竞争地位的角度识别竞争者

(1) **市场领导者**:指在某一行业的产品市场上占有最大市场份额的企业。如柯达公司曾是摄影市场的领导者,宝洁公司是日化用品市场的领导者,可口可乐公司是软饮料市场的领导者等。市场领导者通常在产品开发、价格变动、分销渠道、促销力量等方面处于主宰地位。市场领导者的地位是在竞争中形成的,但不是固定不变的。

(2) **市场挑战者**:指在行业中处于次要地位(第二、第三甚至更低地位)的企业。如富士是摄影市场的挑战者,高露洁是日化用品市场的挑战者,百事可乐是软饮料市场的挑战者等。市场挑战者往往试图通过主动竞争扩大市场份额,提高市场地位。

(3) **市场追随者**:指在行业中居于次要地位,并安于次要地位,在战略上追随市场领导者的企业。在现实市场中存在大量的追随者。市场追随者的最主要特点是跟随。在技术方面,它不做新技术的开拓者和率先使用者,而是做学习者和改进者。在营销方面,不做市场培育的开路者,而是搭便车,以减少风险和降低成本。市场追随者通过观察、学习、借鉴、模仿市场领导者的行为,不断提高自身技能,不断发展壮大。

（4）市场补缺者：多是行业中相对较弱小的一些中、小企业，它们专注于市场上被大企业忽略的某些细小部分，在这些小市场上通过专业化经营来获取最大限度的收益，在大企业之间的夹缝中求得生存和发展。因此，市场补缺者是指那些精心服务于总体市场中的某些细分市场，避开与占主导地位的企业进行竞争，只是通过发展独有的专业化经营来寻找生存与发展的企业。

台湾啤酒市场是一个非常成熟且饱和的市场，市场调查分析现实市场容量为53万吨。瓜分这块市场的30多个品牌中，喜力啤酒作为当地市场的领导品牌，拥有30%以上的市场占有率。在这样激烈的市场竞争下，任何企业不降价而想增加销量几乎没有可能。啤酒市场基本分为两大块：非即饮和即饮市场。非即饮市场包括商场、超市等，这些场合竞争者关注度高，广告和促销激烈。即饮市场如酒吧、夜市、KTV等，这些场合的消费者是感性消费，销售量还有向上开发的余量，而且这些市场也没有成为竞争者的主要战场。喜力啤酒找到了这个市场空白点展开营销，放弃传统媒体的广告宣传而选择了通路媒体，最终实现了销售量翻三番的不俗业绩。

问题：从企业所处竞争地位的角度来看，喜力啤酒属于什么类型的竞争者？

二、竞争者的分析

（一）竞争者的目标分析

在识别了主要竞争者之后，企业经营者接下来要回答的问题是：每个竞争者在市场上寻求什么？什么是竞争者行动的动力？最初经营者推测，所有的竞争者都追求利润最大化，并以此为出发点采取各种行动。但是，这种假设过于简单。不同的企业对长期利益与短期利益各有侧重。有些竞争者更趋向于获得"满意的利润"而不是"最大利润"。尽管有时通过一些其他的战略可能使他们取得更多利润，但他们有自己的利润目标，只要达到既定目标就满足了。

也就是说，竞争者虽然无一例外地关心其利润的增加，但他们往往并不把利润作为唯一的或首要的目标。在利润目标的背后，竞争者的目标是一系列目标的组合，对这些目标竞争者各有侧重。所以，我们应该了解竞争者对目前盈利的可能性、市场占有率的增长、资金流动、技术领先、服务领先和其他目标所给予的重要性权数。了解了竞争者的这种加权目标组合，我们就可以了解竞争者对目前的财力状况是否感到满意，他对各种类型的竞争性攻击会做出什么样的反应，等等。如一个追求低成本领先的竞争者对于他的竞争者因技术性突破而使成本降低所做出的反应，比对同一位竞争者增加广告宣传所做出的反应强烈得多。

（二）竞争者的优势与劣势分析

在市场竞争中，企业需要分析竞争者的优势与劣势，做到知己知彼，才能有针对性地制定正确的市场竞争战略,以避其锋芒、攻其弱点、出其不意,利用竞争者的劣势来争取市场竞争的优势,从而实现企业营销目标。

1. 竞争者优劣势分析的内容

(1) 产品。竞争企业产品在市场上的地位;产品的适销性;产品系列的宽度与深度。

(2) 销售渠道。竞争企业销售渠道的广度与深度;销售渠道的效率与实力;销售渠道的服务能力。

(3) 市场营销。竞争企业市场营销组合的水平;市场调研与新产品开发的能力;销售队伍的培训与技能。

(4) 生产与经营。竞争企业的生产规模与生产成本水平;设施和设备的技术先进性与灵活性;专利与专有技术;生产能力的扩展;质量控制与成本控制;区位优势;员工状况;原材料的来源与成本;纵向整合程度。

(5) 研发能力。竞争企业内部在产品、工艺、基础研究、仿制等方面所具有的研究与开发能力;研究与开发人员的创造性、可靠性、简化能力等方面的素质与技能。

(6) 资金实力。竞争企业的资金结构;筹资能力;现金流量;资信度;财务比率;财务管理能力。

(7) 组织。竞争企业组织成员价值观的一致性与目标的明确性;组织结构与企业策略的一致性;组织结构与信息传递的有效性;组织对环境因素变化的适应性与反应程度;组织成员的素质。

(8) 管理能力。竞争企业管理者的领导素质与激励能力;协调能力;管理者的专业知识;管理决策的灵活性、适应性、前瞻性等。

2. 竞争者优劣势分析的基本步骤

第一步,收集每个竞争者的情报信息。主要是收集有关竞争者的数据,诸如销售量、市场份额、利润率、投资收益、现金流量、新的投资方向、生产能力的利用情况、成本情况、综合管理能力等。

第二步,分析评价。根据已收集的信息综合分析竞争者的优势与劣势。

第三步,定点超越。找出竞争者在管理和营销方面的最好做法作为基准,然后加以模仿、组合和改进,力争超过竞争者。施乐公司向美国运通公司学习账单处理技术,向卡明斯工程公司学习生产计划技术。施乐公司实行定点超越减少了它成为行业领导者的时间。福特汽车公司总裁曾指示公司的设计师根据顾客认为最重要的400个特征组合新汽车,模仿和改进竞争者的最佳特征,如座位、外形、发动机、操作系统等,造出了当时最先进的、最受顾客欢迎的新汽车。

定点超越的步骤为:① 确定定点超越项目;② 确定衡量关键绩效的变量;③ 确定最佳级别的竞争者;④ 衡量最佳级别竞争者的绩效;⑤ 衡量公司绩效;⑥ 制订缩小差距的计划和行动;⑦ 执行和监测结果。

在定点超越中,公司必须明确定点超越的对象,即评价最好的公司。方法是调查客户、供应商和分销商,请他们对本行业主要的公司加以排序,也可询问咨询公司,他们可能有本行业公司各项业绩的档案。公司定点超越应当集中在影响顾客满意度和成本的关键项目上。

（三）竞争者的市场反应分析

1. 迟钝型竞争者

某些竞争企业对市场竞争措施的反应不强烈，行动迟缓。这可能是因为竞争者受到自身在资金、规模、技术等方面的能力的限制，无法做出适当的反应；也可能是因为竞争者对自己的竞争力过于自信，不屑于采取反应行为；还可能是因为竞争者对市场竞争措施重视不够，未能及时捕捉到市场竞争变化的信息。

沃尔玛停用支付宝，腾讯陷新零售焦虑？

2. 选择型竞争者

某些竞争企业对不同的市场竞争措施的反应是有区别的。例如，大多数竞争企业对降价这样的价格竞争措施总是反应敏锐，倾向于做出强烈的反应，力求在第一时间采取报复措施进行反击，而对改善服务、增加广告、改进产品、强化促销等非价格竞争措施则不大在意，认为不构成对自己的直接威胁。

3. 强烈反应型竞争者

竞争企业对市场竞争因素的变化十分敏感，一旦受到来自竞争者的挑战就会迅速地做出强烈的市场反应，这些强烈反应型竞争者通常都是市场上的领先者，具有某些竞争优势。一般企业轻易不敢或不愿挑战其在市场上的权威，尽量避免与其作直接的正面交锋。

4. 不规则型竞争者

这类竞争企业对市场竞争所做出的反应通常是随机的，往往不按规则出牌，使人感到不可捉摸。例如，不规则型竞争者在某些时候可能会对市场竞争的变化做出反应，也可能不做出反应；他们既可能迅速做出反应，也可能反应迟缓；其反应既可能是剧烈的，也可能是柔和的。

职业能力训练

三大电商约战"6·18"

有节过节，无节造节，在电商风生水起的今天，电商发起的节日营销规模、促销活动声势、影响力甚至超越传统节日，最典型的就是京东6·18和天猫双十一。进入6月，京东的6·18大促一触即发，阿里与苏宁也是强强联合前来参战，这个6月的电商大战较往年更加精彩。

集中6月1日这一天，京东、阿里与苏宁纷纷发布新的发展战略和年中大促计划。6月1日，以"品质狂欢节"为主题的京东6·18年中大促火爆上线；阿里巴巴和苏宁在北京召开了战略发布会，高调宣布将向合作伙伴开放用户资源、流量资源、大数据资源，与品牌巨头结成"王者联盟"。这不仅仅是简单的促销活动，在此背后是三者对于家电行业更大的野心。仔细观察今年的电商大战，与往年有些不同，合纵连横的态势越来越明显。

每年6月18日是京东雷打不动的年度店庆日，被京东视为上半年最大的网络购物节，由于年中是空调、冰箱消费以及婚庆装修和家电购买的旺季，又与阿里主导的"双11"相隔5个月，正好可以借机抢占市场。今年的6·18对于京东而言，意义更加非同寻常，2016年以来家电市场整体低迷，更多企业将6月作为上半年收官之战，京东的目标与家电企业的目的不谋而合。

今年的 6·18,京东势在必得,从以下五个方面对抗竞争对手:充足的货源和历史最低价;高端品牌和产品更多;全面开发农村市场;6·18 期间将穿插大量的品牌节,包括格力、美的、海尔、海信等一线品牌,为其提升整体的销量;延续 30 天价保政策。

敌人的敌人就是朋友。2015 年 8 月,苏宁与阿里化敌为友,阿里巴巴宣布斥资 283 亿元入股苏宁,成为其第二大股东,这揭开了两者合力"围剿"京东的序幕。

2016 年的 6 月 1 日注定又是电商发展史上不平凡的一天,阿里和苏宁在北京召开双方战略合作 10 个月发布会,宣布未来 3 年的一系列大手笔之作。作为新成立的"王者联盟",阿里和苏宁将在 6·18、8·18、双 11、春节等电商狂欢节日有更大的行动,阻击京东 6·18 意图不言而喻。

(资料来源:艾肯家电网,http:∥www.abi.com.cn/news/htmfiles/2016-6/172916.shtml)

根据上述资料分析:
(1) 京东、天猫和苏宁各属于什么类型的竞争者?(可从多个角度分析)
(2) 试从京东和天猫、苏宁的相关战略中分析各方的优劣势。

学习任务六　市场营销的调研

王强和李明的创业故事(八):借来慧眼

正所谓"兵马未动,粮草先行",李明和王强在学习、交流的过程中感觉到确定创业方向需要很多信息做支撑,比如哪些商品会有比较好的销路?哪些行业竞争相对不太激烈?

如何获取对你有用的信息?也许你会想到向身边的亲朋好友打听,也许你会去街上看看,或者你还可以通过报纸、广播获取一些资讯。你知道吗?你正在做的就是市场营销调研。

1. 认知市场营销调研的作用。
2. 了解实施市场营销调研活动的方法和程序。
3. 学会整理和分析调研数据。

一、市场营销调研（Marketing Research）

市场营销调研是针对企业特定的营销问题，采用科学的研究方法，系统地、客观地收集、整理、分析、解释和沟通有关市场营销各方面的信息，为营销管理者制定、评估和改进营销决策提供依据。

"管理的重点在经营，经营的中心在决策。"企业的经营决策正确与否，关系到企业的兴衰存亡，正确的决策源自科学的市场营销调研。营销调研的作用是让企业了解顾客，了解竞争态势，用信息将企业与外部环境连接起来。同时，企业也可以通过营销调研了解营销策略的效果等，以期监督营销策略和计划的执行情况，用调查反馈的信息对营销策略和计划进行必要的、及时的调整。

☞ 知识链接

理解市场营销调研的概念要掌握以下三点：

第一，市场营销调研是一项市场营销活动，其目的是要了解市场。

第二，市场营销调研要求客观性和广泛性。客观性是市场营销调研的本质，但客观性是建立在广泛性基础上的。没有市场调研的广泛性，就谈不上市场调研的客观性。

第三，市场营销调研的手段是系统性地收集、记录、分析有关情报资料和数据。没有系统性就很难避免主观性、片面性，甚至有可能给企业决策者带来完全错误的市场信息。

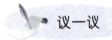

日本汽车制造商的制胜法宝

20世纪60年代，影响汽车工业的因素有两个：一是第三世界的石油生产被工业发达国家所控制，石油价格低廉；二是轿车制造业发展很快，豪华车、大型车盛行。但是擅长市场调查和预测的日本汽车制造商，首先从发达国家消耗能量的增加，以及石油输出国与发达国家垄断企业之间的利益争夺中预见到石油价格会很快上涨。因此，必须改产油耗小的轿车来适应能源短缺的环境变化。其次，随着汽车数量增多，马路上车流量增多，停车场的收费会提高，只有造小型车才能适应拥挤的马路和停车场。再次，发达国家家庭成员主妇上超级市场，主人上班，孩子上学，一个家庭只有一辆汽车显然不能满足需要，因此，小巧玲珑的轿车会得到家庭主妇的喜爱。于是日本在调研的基础之上做出生产小型低能耗汽车的决策。在70年代世界石油危机中，日本物美价廉的小型节油轿车横扫欧美市场，市场占有率不断提高，而欧美各国生产的传统豪华车因耗油大、成本高，销路大受影响。

（1）在日美轿车大战中，造成美国汽车工业失败的原因是什么？

（2）你能说出日本制造商的市场营销调研结果在其后汽车工业发展中的作用吗？

二、市场营销调研的内容

市场营销调研的内容是根据企业的营销目标而制定的,不同的企业,不同的情况,市场营销调研的内容也不一样。一般来说,在进行市场营销调研时,可以把握以下原则:一是以产品为中心进行资料收集,力求翔实具体;二是透过市场表面寻找能表明市场变化趋势的实质性资料。就市场营销调研内容而言,通常包括以下几个方面。

(一)市场营销环境

市场营销环境是影响市场需求和企业营销的重要因素。企业的市场研究必须了解市场环境的变化及其对企业营销的影响。市场环境的调查主要包括政策法令的变化、经济和科技的发展、市场基本状况调查、销售可能性调查、消费者以及消费者行为调查、竞争对手调查等。

(二)市场需求调查

市场需求调查主要包括市场需求总量及其构成的调查、各细分市场及目标市场的需求调查、市场份额及其变化情况的调查等。

(三)产品状况研究

从市场营销的角度看,产品要满足市场的需要,一是要注重产品的性能、质量;二是要注重产品的外形、品牌及包装;三是要注重产品的服务。因此,产品状况的调研主要包括:产品实体研究、产品形体研究及产品服务研究等。

(四)产品价格研究

产品价格研究主要包括:消费者价格心理研究、产品成本及售价研究、价格与供求关系的研究、定价效果调查等。

(五)销售渠道研究

销售渠道的研究主要包括现有销售渠道的研究、经销单位调查及渠道调整的可行性分析等。

(六)广告及促销状况研究

广告及促销状况研究主要包括广告及促销客体的研究、广告及促销主体的研究、广告及促销媒体的研究、广告及促销受众的研究、广告及促销效果的研究等。

(七)企业形象研究

企业形象是指企业及其产品在社会公众心目中的地位和形象。企业形象的研究主要包括企业理念形象、企业行为形象、企业视觉传达形象的研究等。

做一做

请根据王强和李明准备创业这一情况，为他们确定需要进行调研的内容。

三、市场营销调研的方法

确定了市场营销调研的内容和目的，我们就可以运用一定的方法开展市场调研。市场营销调研的方法大致可分为三类，即资料分析、市场调查和市场实验。

（一）资料分析法

这是一种对现有资料进行收集和分析，并以此解决市场营销课题的方法。通常现有资料可以分为以下几种类型：

1. 一手资料和二手资料

一手资料是指企业必须通过市场实际调查、收集等才能获得的资料。二手资料是指由外部各种机构收集并广泛提供的、谁都能较容易获取的资料，如政府部门提供的统计年鉴就是一种二手资料。

2. 内部资料和外部资料

根据资料是由企业内部还是企业外部获得的，将其分为内部资料和外部资料。内部资料，一是通过企业实际的市场活动而取得的宝贵的实际体验资料，其中既有成功经验也包含了失败的教训；二是企业平时收集、掌握储存的一些有关市场、产品、顾客、竞争企业及其他数据资料。外部资料是指从外部获取的数据资料，其来源主要有国家和地方的统计年鉴、政府职能部门的有关统计资料、行业团体的有关资料、报纸和杂志等。

通常成为收集和分析对象的资料一般是指内部资料和外部资料中的二手资料。

（二）市场调查法

市场调查一般是指市场实际调查，即把实际要调查的市场和顾客抽出来作为样本，并对这些样本进行问卷调查或直接访问或观察其行为，然后分析由此取得的调查结果，并按调查的要求统计整理。

市场实际调查可以分为两类：询问法和观察法。

1. 询问法

这种方法通过具体的直接访问、电话调查、邮寄问卷调查等形式从回答者（被访问者）中获得数据资料。该方法广泛用于第一手资料的收集，是一种富有柔性的调查法。为全面把握消费者情况而进行的调查几乎都采用这种方法。

（1）个别访问法。调查人员访问被调查者，用直接提问的方式进行调查。这种方法在市场调查和社会调查中使用得最为广泛。

这种方法的优点有四个：一是能直接接触回答者；二是因为直接提问调查，所以能确认回答者是否做错误或不正当回答；三是如果调查人员优秀的话，还可以在调查过程中指出调查问卷中不足之处或者听取调查问卷中未记入的重要信息；四是问卷回收率较高。这种方法也有缺点,一是需要较大的费用投入;二是难以招集高素质的调查人员;三是调查人员对被调查者的影响往往难以避免。

(2)电话调查法。这是一种从电话持有者中采集样本,用电话进行访问的方法。该方法在美国采用普遍,一般所说的调查实际上就是指电话调查。

这种方法的优点是:费用不太高,得出结果快,调查人员容易管理。其缺点有三个:一是样本的局限性,如果电话普及率不高,则样本代表性不强;二是只能询问一些简单内容;三是未事先通知的情况下,其拒绝率较高。

(3)问卷调查法。也称问卷法,是调查者运用统一设计的问卷向被选取的调查对象了解情况或征询意见的调查方法。这种方法能够突破时空限制,在较大范围内对众多调查对象同时进行调查。这种调查具有匿名性,能够节省人力、时间和经费。如果设计的问卷为封闭式问题,则调查结果很容易进行定量研究。随着网络时代的到来,一些专门开展问卷调查的网站使得这种调查方法的使用变得更加便利。

问卷调查法

2. 观察法

所谓观察法,就是调研人员不直接向调查对象提出问题,而是亲临现场观察事情发生的过程,或者通过电子设备等来观察消费者行为,如通过单视玻璃或店内摄像机来观察消费者的谈话姿态和在零售店的购买行为等。

观察法既有费用投入少的优点,也有只了解消费者购买行为的表面,而不知其究竟的缺点。为此,在市场调查中,我们可以采用先观察、然后再拜访提问的方案,以弥补各种调查方法的不足。

(三)市场实验法

实验法是为了解原因而收集信息的最佳调查法,即这种方法可以了解原因和结果的关系。

例如,设定 A 和 B 两个实验地域,第一步,通过事前调查来了解两地域特定产品的销售额和知名度。第二步在 A 地域做一定时间的广告。第三步再在两地域调查特定产品的销售额和知名度,以此了解广告前后的变化情况。如果两者之间有明显的差异,就可将其测定为广告的效果。

市场实验也可以称作试销,是新产品导入市场时常采用的一种检验产品、了解市场反应的重要方法。当新产品上市时,企业将产品投放到实际的市场,并从市场获取与其产品有关的信息、数据资料。根据这些信息、数据资料预测新产品的市场性,测定上市时所采用的各种营销策略的效果,还可用它来决定向全国市场拓展的销售计划、生产计划和市场营销组合。

此外,从市场实际获取的信息也可为确定更有效的市场营销战略,如目标市场的确定、产品的改善、设计变更、包装变更等发挥重要作用。

议一议

国内某化妆品有限责任公司于20世纪80年代初开发出适合东方女性需求特点的具有独特功效的系列化妆品,并在多个国家获得了专利保护。营销部经理初步分析了亚洲各国和地区的情况,首选日本作为主攻市场。为迅速掌握日本市场的情况,公司派人直赴日本,主要运用调查法搜集一手资料。调查显示,日本市场潜在需求量大,购买力强,且没有同类产品竞争者,使公司人员兴奋不已。在调查基础上又按年龄层次将日本女性化妆品市场划分为15～18岁、18～25岁(婚前)、25～35岁及35岁以上四个子市场,并选择了其中最大的一个子市场进行重点开发。营销经理对前期工作感到相当满意,为确保成功,他正在思考再进行一次市场试验。另外公司经理还要着与他讨论应采取的定价策略。

该公司可运用的搜集一手资料的调查法有哪几种方式?各有何特点?

四、市场营销调研的程序

市场营销调研是一项十分复杂的工作,要顺利地完成调查任务,必须有计划、有组织、有步骤地开展此项工作。通常,根据市场营销调研活动中各项工作的自然顺序及逻辑关系,市场营销调研程序分为以下几个阶段。

(一)规定调研课题,明确调研目的

确认和规定调研课题是市场营销调研过程中的第一步。当公司出现销售疲软、市场占有率下降等现象时,无论是市场营销管理者还是市场调研负责人都希望探明造成问题的原因,如果诊断出了差错,问题就无法解决。日本朝日啤酒公司市场占有率连年下跌,1985年跌到了9.6%。他们不从销售努力上做文章,而是着眼于产品本身,于是进行了大规模的啤酒消费者口味调查,准确地决定了至关重要的调研课题。

调研课题规定好后就要设定调研目的。市场营销调研可根据不同的调研目的分为三大类。

第一类目的是探测,为此目的开展的调研称为探索性调研。其主要目的在于收集一些可用于发现有意义的调研对象的数据资料。具体来说,一般用在以下几种情况:一是面对问题需要更多的信息;二是有必要进一步明确规定试验性假设;三是需要新的假设;等等。

第二类目的是描述,即描述性调研。描述性调研是对所要解决的问题做出如实的反应和具体的回答。如对消费者需求的调查,要回答是什么消费者,需要什么样的产品,何时何地需要,为何需要这种品牌,喜欢什么样的购买方式,有什么特殊要求及对产品改进的希望等(常用6W2H表示)。描述性调研的特点是掌握资料具体、生动、真实。

第三类目的是探究原因,即因果关系调研。因果关系调研,是指通过调研了解清楚一种因素的变化对另一种因素的变化起多大作用,掌握事物的因果关系或相关关系。如价格水

平与销售量之间的因果关系,价格上升或下降会在多大程度上影响销量。

一般来说,市场营销管理者会从探索性调研出发,向描述性调研,再向因果性调研逐步推进。

(二) 制订调研计划

调研计划中应包括调研对象、调研内容、调研方法、调研报告项目、调研日程和调研费用预算等内容。值得注意的是,这些都必须根据前述调研课题和调研目的来确定。

(三) 调研实施的策划

调研计划决定后还要制订一个实施计划,即要决定实际调查方法、抽样方法、调查问卷设计、统计方法等。

1. 调查问卷

关于调查问卷的设计,应注意以下事项:

(1) 询问什么,提什么样的问题? 这取决于调研目的。调查问卷中不应有与调研目的不相符的提问。引起不信任感和不快感的提问也不适合。另外回答者不想回答或难以回答的提问也必须避免。

(2) 以什么样的形式提问? 提问的形式和回答的形式应该一致,提问的形式左右回答的形式,相反,回答形式也自然决定提问形式。提问形式主要有:① 自由回答法(自由提问法);② 单项选择法;③ 多项选择法;④ 顺序提问法。

(3) 提问以什么样的表现方式进行? 换句话说,提问必须简单明了,对调查项目的内容要一目了然,为此必须注意以下各点:① 一个提问,询问一件事情;② 提问要尽量简短;③ 使用一般人都懂的词语;④ 使用简洁明了的语言;⑤ 不要使用易产生歧义的词语;⑥ 条件要表达清楚;⑦ 避开诱导性提问。

(4) 提问的顺序如何排列? 提问顺序排列得好坏很大程度上左右着回答者对调查的热情和协作程度。提问顺序的决定最重要的是不让回答者产生心理上的抵抗,也就是要让回答者心情愉快地回答提问。具体地说,需要注意下列各点:① 最初的问题应该是容易回答且能引发兴趣的问题;② 一般性问题在先,特殊性问题放后;③ 询问事实的问题放在前面,询问意见和态度的问题排列在后面;④ 容易的问题在前,难度大的问题在后;⑤ 成为调查主体的问题排列在前半部分;⑥ 根据调查内容把相关问题组成问题群;⑦ 有关私人的提问放在最后,或者和好回答的问题放在一起。

2. 抽样方法

抽样的基本方法主要有三种:随机抽样、系统抽样、定额抽样。

(1) 随机抽样。这是指在作为调查对象的全体成员中用抽签方式抽选样本。其特点是每个成员都有均等入选机会。要注意的是,采用这种方法首先必须全面准确地确定抽样范围,使选取的样本具有代表性和准确性。

(2) 系统抽样。系统抽样与随机抽样的主要差异在于随机抽样是从作为调查对象的全体成员中抽取样本,给各自提供了均等入选机会,而系统抽样是每隔几位数取样,没能提供同等入选机会。

(3) 定额抽样。在进行定额抽样前,事先必须了解有关调查对象整体的特征,如年龄、性别、居住地区、社会经济团体等,然后再进行抽样。这里有两点值得注意:一是所有抽选的样本要包含调查对象整体的全部特点;二是各种特点在其中所占的比例也要与"整体"中的比例相同。

(四) 数据统计和分析

调研结束后要对所回收的调查问卷进行确认,看是否有错误,然后转记在便于统计的编码卡上。人工统计时由编码卡按目的进行统计,而使用计算机时则记入穿孔卡进行统计。

市场营销
调研案例

统计好的资料要进行分析。如何进行数据资料的分析,一般来说是作为调研计划的一环在资料收集之前计划好的。如利用计算机统计时,就要研究决定为获取分析所需要的资料,将组合哪些要素进行交叉统计的问题。

在这一阶段调研人员的主要工作就是分析、评价数据资料,并将其转换成经营者和市场营销管理者所需要的信息。具体地说,就是要通过数据资料分析来弄清问题的原因。

(五) 撰写市场调研报告

市场调研报告是整个调研成果的表现形式,是衡量整个市场调研质量和水平的重要标志,更是研究者与调研项目委托者进行沟通的有效方式。对企业和客户来说,开展市场调研活动的目的就是为了获得包含决策所需信息和依据的调研报告。因此,在进行了大量艰苦细致的调研工作之后,撰写调研报告就成为整个调研过程中最重要的工作。

市场营销调研报告通常包含以下要点:

1. 调研背景描述

简单表述调研项目所在行业的宏观背景、所在企业的微观背景,以及做这个调研项目的目的和原因。

2. 项目执行情况

项目执行情况在调研报告中通常进行概述即可,在进行概述时,要包含两部分内容:一部分是调研项目的具体实施情况(实施方法、实施时间、实施地点、人员安排、问卷回收情况等);另一部分为有关本次调研被访者基本情况的描述(如性别、年龄、职业和收入等)。

3. 调研基本结论

该部分是调研报告中篇幅最长的部分。在这部分中,要对调研中发现的基本事实资料进行有组织、有重点、层次分明的陈述。为了便于客户理解有关文字说明,可选择重要且简单明了的数据分析图表插入相应的叙述内容中,过于复杂冗长的数据和图表则列入附录部分。

4. 小结与建议

小结是对调研基本结论的总结和提炼。建议则是在每个小结的基础上给出的,它是关于项目下一步改进和实施过程中将要运用的一些营销策略和方法。建议的提炼和撰写一定要体现出可操作性,要与项目的可执行性相吻合。从调研性质方面看,研究报告是不提供建议和对策的,所以是否撰写这部分内容,完全由研究人员自己决定。但是,随着市场调研业务竞争越来越激烈,研究人员主动提出建议以提高用户满意度的情况越来越普遍,因此,这一部分内容正在逐步成为研究报告的构成内容之一。

5. 制作附录

附录是对报告正文的补充或更为详细的专题性说明,这部分内容通常包括调研报告中引用的数据资料、统计报表、资料的分类统计数据、研究方法的详细说明以及获取二手资料的参考文献等。

做一做

以创办数码产品专营店为目的,做一次市场需求调研。

检查一下调研问卷填写是否合格

尊敬的女士/先生:

您好!我们是 Y 市调研公司的访问员。我们正在进行一项有关 Y 市居民投资状况的调研,想了解您的一些看法,请客观陈述您的观点。我们保证对您的个人资料完全保密,敬请放心。请您在百忙之中抽出一点时间,给予合作,非常感谢!

开始时间:<u>9:10</u>　　　结束时间:<u>9:50</u>

访问时长:<u>40 分钟</u>　　　访问地点:<u>Y 市中心购物广场</u>

甄别问题

S1. 请问您在 Y 市的居住时间超过一年了吗?

　<u>①</u> 是(继续访问)　　② 否(结束访问,表示感谢)

正式问题

01. 请问您目前在哪些方面有投资?(限选 2 项)

　① 储蓄　　　　<u>② 保险</u>　　　③ 外汇

　<u>④ 股票</u>　　　⑤ 期货　　　　⑥ 各种债券

　<u>⑦ 房地产</u>　　⑧ 实业投资　　⑨ 基金　　　⑩ 其他_____

02. 请问您的投资在您家庭总资产中所占的比例大约是_____

03. 您在投资时比较关注的信息有哪些?(最多 3 项)

　① 市场机遇　　<u>② 政策条例</u>　　③ 行情走势　　<u>④ 利润回报情况</u>

　<u>⑤ 宏观经济形势报告</u>　　⑥ 咨询机构的信息　　⑦ 其他_____

04. 您是从哪些途径搜集投资信息的?(最多 3 项)

　① 报纸杂志　　<u>② 电视</u>　　　③ 网络

　<u>④ 各种专业投资机构</u>　　<u>⑤ 亲戚朋友介绍</u>　　⑥ 其他_____

05. 您认为影响您做出投资决策的主要因素有哪些?(最多 3 项)

　<u>① 投资管理能力</u>　　<u>② 投资环境</u>　　③ 个人偏好

　<u>④ 预期利润回报</u>　　⑤ 自有资金状况　　⑥ 其他

06. 您在投资中主要遇到的问题有哪些?(最多 3 项)

　① 政策的了解　　<u>② 个人理财能力</u>　　③ 投资服务事项

④ 投资信息是否及时以及可信度问题　　　　⑤ 其他相关问题_____

07. 您对目前投资的效益是否满意？

① 是（跳答第九题）　　　② 否（继续回答）

08. 如果让您重新进行投资，会选择什么投资方向？

① 储蓄　　　　　② 保险　　　　　③ 外汇
④ 股票　　　　　⑤ 期货　　　　　⑥ 各种债券
⑦ 房地产　　　　⑧ 实业投资　　　⑨ 基金　　⑩ 其他_____

09. 请对您了解的各种投资方式做一个评价（由低到高分别用 1～5 分表示，根据投资的收益与风险综合评价）。

资料来源：许春燕、孟泽云：《新编市场营销》，电子工业出版社 2009。

项目三　市场细分与市场定位技术

学习任务一　市场细分认知

引导案例

王强和李明的创业故事（九）：抓住机遇

这天，李明发现家门前的街道开始改造，一打听才知道，这次市政府除了对老城区主要街道进行改造外，还将对老城区的旅游资源进行开发，接下来老城区的游客就会越来越多，他们在吃、住、购物方面有很大需求。李明一下子有了主意，可以利用自家房屋开办饭店，这样可以节省房租等一大笔支出。可是，开一家什么样的饭店呢？是价廉物美的风味小吃店，还是有一定品位的中高档饭店？李明决定找王强商量一下。

案例提示

案例中，李明想到顾客有价廉物美的需求，也有其他需求，你知道吗？这在市场营销学中称为市场细分。

学习目标

1. 认知市场细分的概念和标准。
2. 能把握市场细分过程的操作步骤和方法。
3. 会根据具体产品的特点选择有效变量，并能对产品进行市场细分。

一、市场细分（Market Segmentation）

市场细分是指企业根据消费者需求的差异性，将不同需求的消费者划分为不同的消费群体，每一个群体就形成一个相对同质的细分市场。

各个细分市场都是由需求和愿望大致相同的消费者组成的，因而方便企业选择营销目标，有效制订营销计划，不断开拓市场。

> **知识链接**
>
> 温德尔·斯密是美国著名营销学家，他在1956年提出了市场营销学的一个重要概念——市场细分。温德尔·斯密认为一个市场的顾客是有差异的，他们有不同的需要，寻求不同的利益。他要求公司对市场进行细分，而不是仅停留在产品差异上。温德尔·斯密把市场细分视作一种战略。市场细分概念的提出，表明人们对市场营销的研究又向前迈进了一步。

二、市场细分与"STP"（Segmenting Targeting Positioning）营销

任何一家实力强大的企业要想拓展整体市场，满足所有消费者的全部需求，都是不可能的。但是根据消费者需求的差异性，将整体大市场细分为若干不同质的专门化市场，然后根据自身的优势选择几个细分市场作为营销目标，集中优势力量开拓目标市场，一般都能获得成功，夺取很高的市场份额。因此，现在一般把在对市场需求进行测量和预测的基础上，实行市场细分化（Segmenting）、目标化（Targeting）和定位（Positioning）的战略看作企业营销战略的核心。

> **知识链接**
>
> **市场细分的产生和发展**
>
> | 阶段 | 时间 | 标志 |
> | --- | --- | --- |
> | 大量营销阶段 | 19世纪末20世纪初 | 中心是速度和规模，企业市场营销的基本方式是大量营销（Mass Marketing），即大批量生产品种规格单一的产品和通过大众化的渠道推销。在当时的市场环境下，大量营销方式降低了成本和价格，获得了较丰厚的利润，企业没有必要也不可能重视市场需求的研究，市场细分战略不可能产生。 |
> | 产品差异化营销阶段 | 20世纪30年代 | 发生了震撼世界的资本主义经济危机，西方企业面临产品严重过剩的现实，市场迫使企业转变经营观念，营销方式从大量营销向产品差异化营销转变，即向市场推出许多与竞争者产品不同的，具有不同质量、外观、性能的，品种各异的产品。 |

续表

阶　段	时　间	标　志
目标营销阶段	20世纪50年代以后	由产品差异化营销转向以市场需求为导向的目标营销（Target Marketing），即企业在研究市场和细分市场的基础上，结合自身的资源与优势，选择其中最有吸引力和最能有效地为之提供产品和服务的细分市场作为目标市场，设计与目标市场需求特点相互匹配的营销组合等。
"市场同合化"的理论阶段	70年代以后	主张从成本和收益的比较出发适度细分。这是对过度细分的反思和矫正，使市场细分理论又有了新的内涵，适应了20世纪90年代全球化营销趋势的发展。

三、市场细分的作用

（一）有利于选择目标市场和制定市场营销策略

市场细分后的子市场比较具体，比较容易了解消费者的需求，企业可以根据自己经营的思想、方针及生产技术和营销力量，确定自己的服务对象，即目标市场。

（二）有利于发掘市场机会，开拓新市场

可以对每一个细分市场的购买潜力、满足程度、竞争情况等进行分析对比，探索出有利于本企业的市场机会，使企业及时做出投产、异地销售决策或根据本企业的生产技术条件编制新产品开拓计划，进行必要的产品技术储备，掌握产品更新换代的主动权，开拓新市场，以更好适应市场的需要。

（三）有利于集中使用人力、物力资源

任何一个企业的人力、物力、资金都是有限的。通过细分市场，选择适合自己的目标市场，企业就可以集中人、财、物，去争取局部市场上的优势，然后再占领自己的目标市场。

（四）有利于企业提高经济效益

通过市场细分后，企业可以面对自己的目标市场，生产出适销对路的产品，既能满足市场需要，又可增加企业的收入；产品适销对路可以加速商品流转，加大生产批量，降低企业的生产销售成本，提高生产工人的劳动熟练程度，提高产品质量，全面提高企业的经济效益。

议一议

联想的产品细分策略打破了传统的"一揽子"促销方案，围绕"锋行""天骄""家悦"三个品牌面向的不同用户群需求，推出不同的"细分"促销方案。选择"天骄"的用

户,可优惠购买让数据随身移动的魔盘、可精彩打印数码照片的3110打印机、SOHO好伴侣的M700多功能机以及让人尽享数码音乐的MP3;选择"锋行"的用户,可以优惠购买"数据特区"双启动魔盘、性格鲜明的打印机以及"新歌任我选"MP3播放器;钟情于"家悦"的用户,则可以优惠购买"电子小书包"魔盘、完成学习打印的打印机、名师导学的网校卡以及成就电脑高手的XP电脑教程。

问题:联想产品细分策略体现了市场细分的哪些作用?

四、市场细分的依据

(一)消费品市场的细分依据

消费品市场的细分标准可以概括为地理因素、人口统计因素、心理因素和行为因素四个方面,每个方面又包括一系列的细分变量,如表1-7所示。

表1-7 消费品市场细分标准及变量一览表

细分标准	细分变量
地理因素	地理位置、城镇大小、地形、地貌、气候、交通状况、人口密集度等
人口统计因素	年龄、性别、职业、收入、民族、宗教、教育、家庭人口、家庭生命周期等
心理因素	生活方式、性格、购买动机、态度等
行为因素	购买时间,购买数量,购买频率,购买习惯(品牌忠诚度),对服务、价格、渠道、广告的敏感程度等

做一做

1. 请按地理因素细分(Geogarphical Segmentation)说一说消费者对自行车的选购,城市和农村有何不同需求?
2. 请按人口统计因素细分(Demographic Segmentation)举例说明年龄、性别、职业、收入、家庭人口、家庭生命周期、民族、宗教、国籍等因素,对服装、食品、保健品、药品、健身器材、书刊、香烟、饮料、体育用品、美容美发、化妆品、珠宝首饰、钢琴、汽车、空调、豪华家具、饮茶、猪肉等商品选择偏好的影响。
3. 按心理因素细分(Psychographic Segmentation)举例说明消费者按其生活方式、性格、购买动机、态度等因素细分成不同的群体。如"传统型""新潮型""节俭型""奢侈型"等对服装、化妆品、家具、娱乐等行业的影响。
4. 按行为因素细分(Behavioural Segmentation)举例说明按照消费者购买或使用某种商品的时间、购买数量、购买频率、对品牌的忠诚度等因素来细分市场。如烟花爆竹、月饼、旅游、文化用品、化妆品、铅笔的集中使用者。

按照购买习惯(对品牌忠诚度),能否将消费者划分为坚定品牌忠诚者、多品牌忠诚者、转移的忠诚者、无品牌忠诚者？你属于哪种类型？

即学即思

如果你经营的产品是手表,你会选择哪些标准来进行市场细分？

(二) 产业市场的细分依据

生产资料市场有它自身的特点,企业还应采用其他一些标准和变量来进行细分,最常用的有最终用户要求、用户规模、用户地理位置等变量。

做一做

下列企业是按照哪种依据细分的？

(1) 晶体管厂可根据晶体管的用户不同将市场细分为军工市场、工业市场和商业市场。

(2) 钢铁公司把他们的客户分为大用户、中用户、小用户。大用户户数虽少,但其生产规模、购买数量大,注重质量、交货时间等；小客户数量多,分散面广,购买数量有限,注重信贷条件等。

(3) 江浙两省的丝绸工业区,以山西为中心的煤炭工业区,东南沿海的加工工业区等。

重要提示：以上从消费品市场和生产资料市场两方面介绍了具体的细分标准和变量。

为了有效地进行市场细分,有这样几个问题应引起注意：

第一,动态性。细分的标准和变量不是固定不变的,如收入水平、城市大小、交通条件、年龄等,都会随着时间的推移而变化。因此,应树立动态观念,适时进行调整。

第二,适用性。市场细分的因素有很多,各企业的实际情况又各异,不同的企业在细分市场时采用的细分变量和标准不一定相同,究竟选择哪种变量,应视具体情况加以确定,切忌生搬硬套和盲目模仿。如牙膏可按购买动机细分市场,服装按什么细分市场合适呢？

第三,组合性。要注意细分变量的综合运用。在实际营销活动中,一个理想的目标市场是有层次或交错地运用上述各种因素的组合来确定的。如化妆品的经营者将18～45岁的城市中青年妇女确定为目标市场,就运用了四个变量：年龄、地理区域、性别、收入(职业妇女)。

五、市场有效细分的要求

企业进行市场细分的目的是通过对顾客需求差异予以定位,以取得较大的经济效益。产品的差异化必然导致生产成本和推销费用的相应增长。所以,企业必须在市场细分所得

收益与市场细分所增成本之间权衡。由此,我们得出有效的细分市场必须具备以下特征:

(1) 可衡量性。用来细分市场的标准和变量及细分后的市场是可以识别和衡量的,即有明显的区别,有合理的范围。如果某些细分变量或购买者的需求和特点很难衡量,细分市场后无法界定,难以描述,那么市场细分就失去了意义。

(2) 可进入性。企业能够进入所选定的市场部分,能进行有效的促销和分销,实际上就是考虑营销活动的可行性。一是企业能够通过一定的广告媒体把产品的信息传递到该市场众多的消费者中去,二是产品能通过一定的销售渠道抵达该市场。

(3) 可营利性(规模性)。细分市场的规模要大到能够使企业足够获利的程度,使企业值得为它设计一套营销规划方案,以便顺利地实现其营销目标,并且有可拓展的潜力,以保证按计划能获得理想的经济效益和社会服务效益。

> **案例**
> 一个普通大学的餐厅,如果专门开设一个西餐馆满足少数师生酷爱西餐的要求,可能由于这个细分市场太小而得不偿失;但如果开设一个回族饭菜供应部,虽然其市场仍然很窄,但从细微处体现了民族政策,有较大的社会效益,值得去做。

(4) 差异性。细分市场在观念上能被区别并对不同的营销组合因素和方案有不同的反应。

(5) 相对稳定性。细分后的市场能否在一定时间内保持相对稳定,直接关系到企业生产营销的稳定性。特别是大中型企业以及投资周期长、转产慢的企业,更容易造成经营困难,严重影响企业的经营效益。

六、市场细分的步骤

市场细分作为一个比较、分类、选择的过程,应该按照一定的程序来进行,通常有这样几步:

(1) 正确选择市场范围。企业根据自身的经营条件和经营能力确定进入市场的范围,如进入什么行业,生产什么产品,提供什么服务。

(2) 列出市场范围内所有潜在顾客的需求情况。根据细分标准,比较全面地列出潜在顾客的基本需求,作为以后深入研究的基本资料和依据。

(3) 分析潜在顾客的不同需求,初步划分市场。企业将所列出的各种需求通过抽样调查进一步搜集有关市场信息与顾客背景资料,然后初步划分出一些差异最大的细分市场,至少从中选出三个分市场。

(4) 筛选。根据有效市场细分的条件,对所有细分市场进行分析研究,剔除不合要求、无用的细分市场。

(5) 为细分市场定名。为便于操作,可结合各细分市场上顾客的特点,用形象化、直观化的方法为细分市场定名。如某旅游市场分为商务型、舒适型、好奇型、冒险型、享受型等。

(6) 复核。进一步对细分后选择的子市场进行调查研究,充分认识各细分市场的特点,本企业所开发的细分市场的规模、潜在需求,还需要对哪些特点进一步分析研究等。

（7）决定细分市场规模，选定目标市场。企业在各子市场中选择与本企业经营优势和特色相一致的子市场，作为目标市场。没有这一步，就没有达到细分市场的目的。

做一做

1. 如果你打算开店，请依据上述步骤对你所涉及的市场进行市场细分。
2. 搜集资料并分析维维豆奶是如何进行市场细分的。

汇源果汁的果蔬汁饮料市场开发

在碳酸饮料横行的20世纪90年代初期，汇源公司就开始专注于各种果蔬汁饮料市场的开发。虽然当时国内已经有一些小型企业开始零星生产和销售果汁饮料，但大部分由于起点低、规模小而难有起色；而汇源是国内第一家大规模进入果汁饮料行业的企业，其先进的生产设备和工艺是其他小作坊式的果汁饮料厂所无法比拟的。"汇源"果汁充分满足了人们当时对于营养健康的需求，凭借其100%纯果汁专业化的"大品牌"战略和令人眼花缭乱的"新产品"开发速度，在短短几年时间内就跃升为中国饮料工业十强企业，其销售收入、市场占有率、利润率等均在同行业中名列前茅，从而成为果汁饮料市场当之无愧的引领者。其产品线也先后从鲜桃汁、鲜橙汁、猕猴桃汁、苹果汁扩展到野酸枣汁、野山楂汁、果肉型鲜桃汁、葡萄汁、木瓜汁、蓝莓汁、酸梅汤等，并推出了多种形式的包装。应该说这种对果汁饮料行业进行广度市场细分的做法是汇源公司得以在果汁饮料市场竞争初期取得领导地位的关键成功要素。

但当1999年统一集团涉足橙汁产品后，一切就发生了变化。在2001年，统一仅"鲜橙多"一项产品销售收入就近10亿，在第四季度，其销量已超过"汇源"。巨大的潜力和统一"鲜橙多"的成功先例吸引了众多国际和国内饮料企业的加入，可口可乐、百事可乐、康师傅、娃哈哈、农夫山泉、健力宝等纷纷杀入果汁饮料市场，一时间群雄并起、硝烟弥漫。根据中华全国商业信息中心2002年第一季度的最新统计显示，"汇源"的销量同样排在"鲜橙多"之后，除了西北区外，华东、华南、华中等六大区都被"鲜橙多"和康师傅的"每日C"抢得领先地位，可口可乐的"酷儿"也表现优异，显然"汇源"的处境已是大大不利。尽管汇源公司把这种失利归咎于可能是因为"PET包装线的缺失"和"广告投入的不足"等原因，但在随后花费巨资引入数条PET生产线并在广告方面投入重金加以市场反击后，其市场份额仍在下滑。显然，问题的症结并非如此简单。

原来，在市场的导入初期，由于客户的需求较为简单直接，市场细分一般是围绕着市场的地理分布、人口及经济因素（如年龄、性别、家庭收入等）等广度范围展开的，与行业分类方法有点相似[注：行业细分一般只是把业已存在的哪怕很小的市场或潜在的市场用容易区分或识别的标准（如年龄、性别、性能、原料、产地等单一要素，最多为二维变量）来划分成更小的子行业，以便于统计、分析和归纳其特性]。各细分的子行业由于有易于识别的有形标准，相互间往往不交叉，且这种分类标准一经确定后往往多年不变。其一般应用在政府、行业协会及社会研究机构等,主要目的是为了从行业整个产业链的角度加以引导和规范使其健康发展。其特征表现在目标细分市场的形象化。也就是说,通过市场的广度细分,其目标细分市场可以直接形象地描写出来。比如说,当企业把市场分割为中老年人、青年人以及儿童等几个目标细分市场时,人们都能形象地知道这些细分市场的基本特征。由于这种"分类"方法简单、易于操作、费用低,大部分企业都可掌握且也乐于采用。但只有在市场启动和成长期的恰当时机率先进行广度市场细分的企业才有机会占有更大的市场份额。这时候品牌竞争往往表现得不够明显,竞争一般会表现在产品、质量、价格、渠道等方面,有人称之为产品竞争时代,"汇源"果汁就是在此期间脱颖而出的一个专业品牌,并成为数年来果汁业的领跑者。

但当客户的需求多元化和复杂化,特别是情感性因素在购买中越来越具有影响力的时候,市场竞争已经由地域及经济层次的广度覆盖向需求结构的纵深发展了,市场也从有形细分向无形细分(目标市场抽象化)转化,即细分后的目标市场,无法通过形象的描述来说明。例如,我们可以通过市场的深度细分,找到"追求时尚"这一目标细分市场。但这个目标细分市场在哪里?它是由哪些顾客组成?这些顾客是否有着共同的地理、人口及经济因素特征?企业应该采取什么样的方法与这个目标细分市场人群沟通?显然,这时的目标细分市场已经复杂化和抽象化了,企业对消费者的关注也已从外在因素进入心理层面因素。同时,企业也无法用传统的方法去接近所选择的目标细分市场,这时运用科学的市场研究方法来正确地细分市场就显得尤其重要了。而这时仍然运用市场竞争初期的浅度市场细分方法甚或"行业细分"的方法对市场进行细分已根本无法适应市场竞争的要求。以统一"鲜橙多"为例,其通过深度市场细分的方法,选择了追求健康、美丽、个性的年轻时尚女性作为目标市场,首先选择的是 500mL、300mL 等外观精致、适合随身携带的 PET 瓶,而卖点则直接指向消费者的心理需求:"统一鲜橙多,多喝多漂亮。"其所有的广告、公关活动及推广宣传也都围绕这一主题展开,如在一些城市开展的"统一鲜橙多 TV - GIRL 选拔赛""统一鲜橙多阳光女孩""阳光频率统一鲜橙多闪亮 DJ 大挑战"等,无一不是直接针对以上群体,从而极大地提高了产品在主要消费人群中的知名度与美誉度。再看可口可乐专门针对儿童市场推出的果汁饮料"酷儿","酷儿"卡通形象的打造再次验证了可口可乐公司对品牌运作的专业性,相信没有哪一个儿童能抗拒"扮酷"的魔力,年轻的父母也对小"酷儿"的可爱形象大加赞赏。而"汇源"果汁饮料从市场初期的"营养、健康"诉求到现在仍然沿袭原有的功能性诉求,其包装也仍以家庭装为主,根本没有具有明显个性特征的目标群体市场。只是运用广度(也是浅度)市场细分的方法切出"喝木瓜汁的人群""喝野酸枣汁的人群""喝野山楂汁的人群""喝果肉型鲜桃汁的人群""喝葡萄汁的人群""喝蓝莓汁的人群"等在果汁市场竞争中后期对企业而言已不再具有细分价值的市场。即使其在后期推出了 500mL 的 PET 瓶装的"真"系列橙汁和卡通造型瓶装系列,但也仅是简单的包装模仿,形似而神不似。

请根据上述资料分析:
(1) 汇源果汁市场下滑的真正原因。
(2) 请说出汇源公司与统一、可口可乐等公司市场细分的不同。

学习任务二　目标市场的选择

王强和李明的创业故事（十）：选准市场

王强和李明对开什么样的饭店一时拿不定主意，于是他们相约一起到街上转转。通过几天的走访、调查，他们发现游客对富有本地特色的风味小吃特别感兴趣。李明和王强决定开一家特色小吃店，一方面满足游客品尝当地特色小吃的需求，另一方面还可以满足周边居民购买早餐的需求。

在进行市场细分后，通常会得到众多的子市场，这时企业还应进一步对各子市场做评估分析，从中选择出自己的目标市场。企业选择目标市场实际上就是明确自己的顾客究竟是谁。案例中，王强和李明根据饭店地址等多种因素，将游客及周边居民作为他们将要服务的顾客群，这一过程也就是选择目标市场的过程。

1. 理解目标市场的概念。
2. 能正确认识三种目标市场营销策略的优缺点及使用条件。
3. 会根据相关因素正确选择目标市场营销策略。

一、目标市场及选择条件

所谓目标市场（Target Market）就是企业决定要进入的那个市场部分，也就是企业决定为之服务的顾客群。

在现代市场经济条件下，任何产品的市场都有许多顾客群，他们的需求各不相同，且分散在不同地区。一般来说，任何企业都不可能很好地满足所有顾客群的不同需要。为了提高企业的经营效益，企业必须细分市场，并且根据自己的任务目标、资源和特长等，权衡利弊，最终决定进入哪个或哪些市场部分，为哪个或哪些市场部分服务，即选择目标市场。

并不是所有的子市场都可以成为企业的目标市场，一个可行的目标市场应具备以下几个条件：

（1）要有适当的规模和发展潜力。企业经营的根本目的是追求利润，因此，作为目标市场的子市场应有足够数量的顾客和购买力,能达到一定的需求量、销售量,从而保证企业有利可图。一个细分市场是否有价值开发,除了考察其当前的规模,还要看其市场规模未来的发展状况,一般应选择未来发展潜力大的子市场作为企业的目标市场。

(2) 竞争者未完全控制。企业应选择竞争对手较少,或竞争对手较弱的子市场作为自己的目标市场。需注意的是,有时可能出现各竞争企业遵循同一思维逻辑,争抢同一子市场的现象,这也是企业应竭力避免的。

(3) 符合企业经营目标和资源能力。在衡量和考虑前面两个因素的基础上,企业还须结合自身条件做进一步的分析。所选子市场的经营应与企业总的经营目标相协调,并且是企业现有资源条件和能力所擅长的或能胜任的。

即学即思

结合目标市场选择的条件,你认为李明、王强对目标市场的选择是否恰当。

不在中国开店的中餐馆

二、目标市场营销策略

企业通过市场细分,从众多的细分市场中,选择出一个或几个具有吸引力、有利于发挥企业优势的细分市场作为自己的目标市场,这时还要考虑应采取怎样的营销策略以取得满意的经济效益。为此,企业需综合考虑产品特性、竞争状况和自身实力等因素,选择不同的目标市场营销策略。通常,企业可供选择的目标市场营销策略有三种:

(一) 无差异性营销(Undifferentiated Targeting Strategy)

企业不考虑各子市场间的差异性,而只注重子市场需求的共性,决定只推出单一产品,运用单一的营销方案,力求在一定程度上适合尽可能多的顾客需求。可口可乐公司早期就采取了这种策略,以"可口可乐"一种产品,行销全世界许多国家,经营十分成功。

无差异性营销的优点是产品单一,有利于标准化与大规模生产,从而有利于降低研究开发、生产、储存、运输、促销等成本费用,能以低成本取得市场竞争优势。缺点是忽视了各子市场需求的差异性,企业难以长期采用。一旦竞争者采取差异性或集中性的营销策略,企业必须放弃无差异性营销,否则,顾客会大量流失。

(二) 差异性营销(Differentiated Targeting Strategy)

企业针对不同的子市场,推出不同的产品,推行不同的营销方案,以最大限度地满足各个子市场的需要。例如,欧莱雅、宝洁公司等通过多种产品满足不同顾客的需求。

差异性营销的优点是由于企业在产品设计、推销宣传等营销策略方面能针对不同的子市场,有的放矢,从而有利于提高产品的竞争力,提高市场占有率;此外还有利于建立企业及品牌的知名度,有利于提高企业威望,树立良好的企业形象。缺点是多品种生产,势必增加生产及营销成本,增加管理的难度。因此,该策略多为实力雄厚的大公司所采用。

（三）集中性营销（Concentrated Targeting Strategy）

企业将所有的资源进行集中，以一个或少数几个性质相似的子市场作为目标市场，进行专业化经营，力图在较少的子市场上获得较大的市场占有率。如丽华快餐，仅选择工作快餐市场作为自己的目标市场，采取的就是集中性营销策略。

集中性营销的优点是目标市场集中，企业资源集中，能快速开发适销对路的产品，树立和强化企业与产品形象，也有利于降低生产成本，节省营销费用，增加企业盈利。缺点是目标市场狭小，经营风险较大。一旦市场需求突然发生变化，或出现更强的竞争对手，企业就可能陷入困境。该策略适用于实力弱、资源少的小型企业。

做一做

请你给李明和王强参谋一下，他们该选用何种目标市场营销策略？

二、选择目标市场营销策略的依据

由于无差异性营销策略、差异性营销策略和集中性营销策略各有利弊，各有其适应性，企业在选择目标市场营销策略时就不能随心所欲，必须考虑企业本身的特点及产品和市场状况等因素，在对主客观条件全面衡量后才能加以确定。具体来说，企业在选择目标市场营销策略时，通常应考虑以下几个因素：

（一）企业资源

企业资源包括企业的人力、物力、财力及企业形象等。如果企业规模较大，实力雄厚，有能力占领更大的市场，可采用差异性营销策略或无差异性营销策略；如果企业资源有限，实力不强，无力兼顾整体市场或几个细分市场，可采用集中性营销策略。

（二）市场同质性

市场同质性是指市场上消费者需求和偏好所具有的类似性。如果消费者的需求和偏好十分相近，购买数量和方式也大体相同，说明市场同质性较高，可采用无差异性营销策略。如果市场需求的差别较大，就宜采用差异性营销策略或集中性营销策略。

（三）产品同质性

产品同质性主要表现在一些未经加工的初级产品上，如水力、电力和石油等，虽然产品在品质上或多或少存在差异，但用户一般不加区分或难以区分。因此，同质性产品竞争主要表现在价格和提供的服务条件上，该类产品适宜采用无差异性营销策略。而对于服装、家用电器和食品等异质性需求产品，则可根据企业资源力量，采用差异性营销策略或集中性营销策略。

（四）产品生命周期

一般而言，产品所处市场生命周期的不同阶段，采用的营销策略也有规律可循。若产品处于导入期,竞争者少,宜采用无差异性营销策略,以便探测市场的需求。产品进入成长期和成熟期,市场竞争加剧,同类产品增加,再用无差异性营销策略就难以奏效,而采取差异性营销策略和集中性营销策略效果会更好。

(五) 竞争者数目

当竞争者数目少时,一般采用无差异性营销策略;当竞争者数目多、竞争激烈时,宜采用差异性或集中性营销策略。

(六) 竞争者的营销策略

企业在选择目标市场营销策略时,必须考虑到竞争对手所采取的营销策略。一般来说,企业应采取与竞争对手不同的营销策略,以避免与竞争者直接抗衡。当然,究竟采用什么样的营销策略,在实践中要根据不同时期双方的具体情况做出抉择。如遇到强有力的竞争者实施无差异性营销策略时,因可能有较次要的市场被冷落,企业可乘虚而入,应采用差异性营销策略予以占领;如果实力较强的竞争对手已经采用了差异性营销策略,企业难以与之抗衡,则应进行更有效的市场细分,实行集中性营销策略;如果竞争对手的力量较弱,而自己的力量较强,则可完全根据自己的情况确定营销策略。

职业能力训练

上海通用汽车的市场布局

在上海通用汽车进入市场的时候,中国汽车市场正处于一个大变革的前夕。从长远来看,中国汽车市场潜力巨大。随着中国汽车市场的快速发展,中国已经成为全球第三大汽车消费市场,中国的消费者对于汽车产品的需求与日俱增。世界汽车诸强逐步进入中国。面对日趋激烈的竞争,上海通用确定了自己的目标市场定位:

凯迪拉克:"敢为天下先"。品牌定位:"美国派"的豪华车;消费群体:具有胆识、远见、开拓领先的高收入阶层。

萨博:强调个性且崇尚内敛。品牌定位:个性化产品;消费群体:低调的成功人士,为高档进口车消费群中强调个性且崇尚内敛生活方式的消费者提供另一种选择。

欧宝:锁定年轻新贵。品牌定位:"欧洲精品车";消费群体:事业比较成功,追求生活品质的年轻新贵并且偏好精湛工艺且口味时髦、乐于张扬个性的消费群体。

别克:"大气沉稳,激情进取"。品牌定位:"大气沉稳,激情进取";消费群体:企业的成功人士及白领阶层的工作用车。

雪佛兰:打造大众化的国际品牌。品牌定位:适合中国普通老百姓的、值得信赖的大众化的国际品牌;消费群体:买得起车的人群。

上海通用的几大品牌个性鲜明,并分别针对需求区别明晰的不同消费对象群,从基础品牌到高档豪华品牌形成了一金字塔形品牌构架。处于"金字塔"顶部的是凯迪拉克所代表的高档豪华车品牌;在"金字塔"的中上部,则是为主流社会精英推出的高档别克品牌;立足于"金字塔"基础部分的当属雪佛兰;而"金字塔"的底端则为上海通用五菱旗下的五菱品牌所覆盖。

根据以上资料回答下列问题:
(1) 通用是如何进行市场细分的?它选取的主要细分变量是什么?
(2) 请分析上海通用采用了何种目标市场营销策略,说说这种策略的优缺点。
(3) 选取另一个你所熟悉的汽车公司,比较一下它和上海通用目标市场策略的异同。

学习任务三　实施市场定位

 引导案例

王强和李明的创业故事(十一):树立形象

王强和李明市场调查回来,对开小吃店更有信心了。他们计划对房子进行改造并着手装修。李明发挥他的特长,粗略估算了两人的开店资金,扣除房屋改造费用,还有不少剩余可用于装修和购买桌椅、餐具等。王强说:"钱比较宽裕,店面可以装修得上档次些。"李明却有着不同的看法:"我们只是开一家风味小吃店,要让顾客感觉到花不了多少钱,顾客才愿意来,如果装修太高档,大多数游客都不敢光顾了。所以我倒觉得小店应该装修得舒适、整洁,让顾客吃得放心。"

案例提示

你知道吗?李明和王强讨论的问题,实际上就涉及市场定位问题。

学习目标

1. 理解市场定位的概念。
2. 了解市场定位的步骤。
3. 能区分各类市场定位策略的优缺点并学会正确运用。

企业在选定了目标市场之后,就应该考虑如何为自己的产品在竞争激烈的市场上树立独特的形象,以便使目标消费者了解和赏识本企业所传达的与竞争对手不同的特点,这就是市场定位的过程。

一、市场定位(Marketing Positioning)

市场定位就是树立企业产品在目标市场即目标顾客心目中的形象,使企业所提供的产品具有一定的特色,适应一定顾客的需要和偏好,并与竞争者的产品区分开来。市场定位的实质就是差异化。

☞ **知识链接**

定位这一概念是人类传播沟通发展史的必然产物。在20世纪70年代的美国，广播电视媒体的发展使得广告铺天盖地，其结果是每个消费者每天约接触到上千条各种信息。过多的信息使广告主和广告公司感到传统广告方式的效果越来越差，于是在争抢注意力的角逐中，美国两位资深广告公司领导人阿尔·里斯和杰克·特劳特首创了"定位"这一竞争战略概念。他们于1981年出版了名为《定位——攻心战略》(Positioning—The Battle for Your Mind)的专著，使得市场定位的概念和战略思想很快被世界各地的企业经理和学者们接受，成为企业必须考虑的营销战略之一。

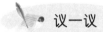

你认为李明和王强的小吃店应确立什么样的特色比较适宜？

重要提示：市场定位可分为对现有产品的再定位和对潜在产品的预定位。对现有产品的再定位可能导致产品名称、价格和包装的改变，但是这些外表变化的目的是为了保证产品在潜在消费者的心目中留下值得购买的形象。对潜在产品的预定位，要求营销者必须从零开始，使产品特色确实符合所选择的目标市场。企业在进行市场定位时，一方面要了解竞争对手的产品具有何种特色，另一方面要研究消费者对该产品的各种属性的重视程度，然后根据这两方面进行分析，再选定本公司产品的特色和独特形象。

二、市场定位的内容

通常情况下，市场定位包括产品定位、企业定位、竞争定位和消费者定位等内容。

（1）产品定位：侧重于产品实体定位，如对产品质量、成本、特征、性能、可靠性、款式等进行定位。

（2）企业定位：即企业形象的塑造。主要通过员工能力、知识、仪表和可信度等要素来进行形象塑造。

（3）竞争定位：即确定企业相对于竞争者的市场位置。如"七喜"汽水在广告中称它是"非可乐"饮料，暗示其他可乐饮料中含有咖啡因，对消费者健康有害。

斯沃琪集团总部位于瑞士伯尔尼，是世界上最大的手表生产商和分销商。Swatch为该集团旗下手表品牌之一。

Swatch的故事始于1978年，当年瑞士的钟表业受到日本竞争的巨大压力。Ernst Thomke博士受命做出对策，要他的技术员研制一款比日本表性能更佳、外形更纤细的石英表。六个月后，SMH集团的表芯部门造了一款只有2毫米厚的原型，是当时世上最薄的石英表。最后的生产型号，更减去51个零件，表面藏于一个防水的胶壳内，而且防震、耐用。最重要的是表的价钱便宜，他们称之为Swatch，该表自此成为世上最畅销的手表之一。

Swatch（斯沃琪），名字中的"S"不仅代表它的产地瑞士，而且含有"Second-Watch"即第二块表之意，表示人们可以像拥有时装一样，同时拥有两块或两块以上的手表。它不仅是一种新型的优质手表，同时还将带给人们一种全新的观念：手表不再只是一种昂贵的奢侈品和单纯的计时工具，而是一种"戴在手腕上的时装"。即Swatch电子表的品牌定位为时尚的、运动的、音乐的、艺术的……用激情去创造。

问题：斯沃琪集团进行市场定位时，涉及哪些市场定位内容？

三、市场定位的步骤

市场定位的关键是企业要设法在自己的产品上找出比竞争者更具有竞争优势的特性。竞争优势一般有两种基本类型：一是价格竞争优势，就是在同样的条件下比竞争者定出更低的价格。这就要求企业采取一切努力来降低单位成本。二是偏好竞争优势，即能提供确定的特色来满足顾客的特定偏好。这就要求企业采取一切努力在产品特色上下功夫。因此，企业市场定位的全过程可以通过以下三大步骤来完成：

（一）分析目标市场的现状，确认潜在的竞争优势

这一步骤的中心任务是要回答以下三个问题：一是竞争对手产品定位如何？二是目标市场上顾客欲望满足程度如何以及确实还需要什么？三是针对竞争者的市场定位和潜在顾客的真正需要的利益要求企业应该及能够做什么？要回答这三个问题，企业市场营销人员必须通过一切调研手段，系统地收集、分析并报告有关上述问题的资料和研究结果。通过回答上述三个问题，企业就可以从中把握和确定自己的潜在竞争优势在哪里。

市场定位分析

（二）准确选择竞争优势，对目标市场初步定位

竞争优势表明企业能够胜过竞争对手的能力。这种能力既可以是现有的，也可以是潜在的。选择竞争优势实际上就是一个企业与竞争者各方面实力相比较的过程。通常的方法是分析、比较企业与竞争者在经营管理、技术开发、采购、生产、市场营销、财务和产品等七个方面究竟哪些是强项，哪些是弱项。

（三）显示独特的竞争优势和重新定位

这一步骤的主要任务是企业要通过一系列的宣传促销活动，将其独特的竞争优势准确传播给潜在顾客，并在顾客心目中留下深刻印象。为此，企业首先应使目标顾客了解、知道、熟悉、认同、喜欢和偏爱本企业的市场定位，在顾客心目中建立与该定位相一致的形象。其

次,企业通过各种努力强化目标顾客形象,保持对目标顾客的了解,稳定目标顾客的态度和加深目标顾客的感情来巩固与市场相一致的形象。最后,企业应注意目标顾客对其市场定位理解出现的偏差或由于企业市场定位宣传上的失误而造成的目标顾客模糊、混乱和误会,及时纠正与市场定位不一致的形象。企业的产品在市场上定位即使很恰当,但在下列情况下,仍应考虑重新定位:

(1) 竞争者推出的新产品定位于本企业产品附近,侵占了本企业产品的部分市场,使本企业产品的市场占有率下降。

(2) 消费者的需求或偏好发生了变化,使本企业产品销售量骤减。

四、市场定位策略

市场定位作为一种竞争战略,显示了一种产品或一家企业同类似的产品或企业之间的竞争关系。定位方式不同,竞争态势也不同。通常市场定位的策略有以下三种:

(一) 避强定位

这是一种避开强有力的竞争对手的市场定位。其优点是能够迅速在市场上站稳脚跟,并能在消费者或用户心目中迅速树立起一种形象。由于这种定位方式市场风险较少,成功率较高,常常为多数企业所采用。但这种策略也存在缺点:避强往往意味着企业必须放弃某个最佳的市场位置,很可能使企业处于最差的市场位置。

(二) 迎头定位

这是一种与市场上占据支配地位的、亦即最强的竞争对手"对着干"的定位方式。显然迎头定位有时会是一种危险的战术,但不少企业认为这是一种更能激励自己奋发向上的可行的定位尝试,一旦成功就会取得巨大的市场优势。在国外,这类事例屡见不鲜。如可口可乐和百事可乐之间持续不断的争斗,"汉堡包王"与"麦当劳"的对着干,等等。实行迎头定位,必须知己知彼,尤其应清醒估计自己的实力;不一定试图压垮对方,只要能够平分秋色就已是巨大的成功。迎头定位的优点在于:竞争过程中往往相当惹人注目,甚至产生所谓轰动效应,企业及其产品可以较快地为消费者或用户所了解,易于达到树立市场形象的目的。缺点是具有较大的风险性。

(三) 重新定位

通常是指对销路少、市场反应差的产品进行二次定位。很明显,这种重新定位旨在摆脱困境,重新获得增长与活力。这种困境可能是企业决策失误引起的,也可能是对手有力反击或出现新的强有力竞争对手造成的。不过,也有的重新定位并非因为企业已经陷入困境,相反,却是因为产品意外地扩大了销售范围而引起的。例如,专为青年人设计的某种款式的服装在中老年消费者中流行开来,该服装就会因此而重新定位。

实行市场定位应与产品差异化结合起来。如上所述,定位更多地表现在心理特征方面,它产生的结果是潜在的消费者或用户对一种产品的认识,对一种产品形成的观念和态度。产品差异化是在类似产品之间造成区别的一种战略。因而,产品差异化是实现市场定位目标的一种手段。没有产品差异化,在同一目标市场上就不会有竞争的产品,不会有替代的产品,不会有互为补充的产品。如此,也就没有了市场定位。

职业能力训练

万科的市场定位

万科公司组建于 1984 年,最初从事录像机进口贸易,接着"什么赚钱就干什么"。到 1991 年年底,万科的业务已包括进出口、零售、房地产、投资、影视、广告、饮料、机械加工、电气工程等 13 大类。在企业发展方向上,其创始人王石曾提出,把万科建成一个具有信息、交易、投资、融资、制造等多种功能的大型"综合商社"。1992 年前后,万科通过增资扩股和境外上市筹集到数亿元资金,一方面将业务向全国各个地区、多个领域扩展,另一方面向国内 30 多家企业参股,多元化发展的速度和程度达到其历史顶点。虽然万科的每一项业务都是盈利的,但是,从 1993 年开始,万科的经营战略发生了重大改变:

第一,在涉足的多个领域中,万科于 1993 年提出以房地产为主业,从而改变过去的摊子平铺、主业不突出的局面;

第二,在房地产的经营品种上,万科于 1994 年提出以城市中高档民居为主,从而改变过去的公寓、别墅、商场、写字楼什么都干的做法;

第三,在房地产的投资地域分布上,万科于 1995 年提出回师深圳,由全国 13 个城市转为重点经营京、津、沪、深四个城市,其中以深圳为重中之重;

第四,在股权投资上,万科从 1994 年开始,对在全国 30 多家企业持有的股份进行分期转让。

问题:

(1) 结合本案例,说说万科市场细分的标准是什么。

(2) 在市场定位上,你认为万科做出调整的依据是什么。

(3) 结合本案例,你认为在市场细分和市场定位上应注意哪些问题。

项目四 营销组合设计技术

学习任务一 产品策略

引导案例

王强和李明的创业故事(十二):精益求精

王强和李明的小吃店即将开业,在确定经营品种时,王强想到有些游客游玩时间较紧,快捷、方便携带的小吃也许会更受欢迎,于是他和李明商量,特地定制了一些方便食品携带的包装物。

你知道吗？案例中王强和李明想到以便携包装来更好地满足消费者需求，正是产品策略的灵活运用。

1. 理解产品整体概念。
2. 能恰当运用产品组合策略。
3. 能针对产品市场寿命周期的不同阶段灵活运用营销策略。
4. 掌握新产品开发技术。

企业的一切生产经营活动都是围绕着产品进行的，即通过及时、有效地提供消费者所需要的产品而实现企业的发展目标。企业如何开发满足消费者需求的产品，并将产品迅速、有效地传送到消费者手中，构成了企业营销活动的主体。但随着科学技术的快速发展，社会的不断进步，消费者需求特征的日趋个性化，市场竞争程度的加剧，导致了产品的内涵和外延也在不断扩大。

一、产品的概念

人们通常理解的产品是指具有某种特定物质形状和用途的物品，是看得见、摸得着的东西。这是一种狭义的定义。而市场营销学认为，广义的产品是指人们通过购买而获得的能够满足某种需求和欲望的物品的总和，它既包括具有物质形态的产品实体，又包括非物质形态的利益。例如，消费者要购买汽车，目的除了满足交通上的需要外，还需要满足安全、潇洒、品位等一些心理、精神上的需要，而这些需要必须通过汽车的外形、颜色、品牌和各种服务来得到满足，这些才是消费者对各种车型、牌号等进行比较并加以选择的关键，也是企业之间开展竞争的焦点。

因此，从市场营销角度来看，产品是一个广义的概念，消费者购买任何一种产品，不仅要求从产品的质量水平、外观式样得到满足，而且还要通过品牌名称、附加服务等实现自我。所以，企业应根据不同消费者的需求差异，使产品与消费者需求的整体性相适应，把构成产品及与产品相关的非物质形式的各种因素有机地结合起来，形成一个完整的产品整体。

案例
奔驰汽车公司的整体产品

奔驰汽车公司认识到提供给顾客的产品不仅是一个交通工具，还应包括汽车的质量、造型、功能与维修服务等，以整体产品来满足顾客的系统要求，不断创新，从小轿车到255吨的大型载重车共160种,3 700多个型号,"以创新求发展"是公司的一句流行口号,推销网络与服务站遍布世界许多大中城市。

奔驰汽车公司依靠一流的产品、一流的技术、一流的质量、一流的服务为其赢得了整个世界。

二、产品整体概念

现代市场营销理论认为,产品整体概念包含核心产品、有形产品、附加产品和心理产品四个层次,如图1-7所示。

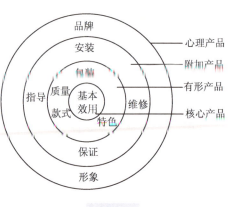

图1-7

(一)核心产品

核心产品指消费者购买某种产品时所追求的利益,是顾客真正要买的东西,因而在产品整体概念中也是最基本、最主要的部分。消费者购买某种产品,并不是为了占有或获得产品本身,而是为了获得能满足某种需要的效用或利益。如买自行车是为了代步,买汉堡是为了充饥,买化妆品是希望美丽、体现气质、增加魅力等。因此,企业在开发产品、宣传产品时应明确确定产品能提供的利益,这样产品才具有吸引力。

(二)有形产品

有形产品是核心产品借以实现的形式,即向市场提供的实体和服务的形象。如果有形产品是实体品,则它在市场上通常表现为产品质量水平、外观特色、式样、品牌名称和包装等。产品的基本效用必须通过某些具体的形式才得以实现。市场营销者应首先着眼于顾客购买产品时所追求的利益,以求更完美地满足顾客需要,从这一点出发再去寻求利益得以实现的形式,进行产品设计。如冰箱,有形产品不仅仅指电冰箱的制冷功能,还包括它的质量、造型、颜色、容量等。

(三)附加产品

附加产品是顾客购买有形产品时所获得的全部附加服务和利益,包括提供信贷、免费送货、质量保证、安装、售后服务等。附加产品的概念来源于对市场需要的深入认识,因为购买者的目的是为了满足某种需要,因而他们希望得到与满足该项需要有关的一切。美国学者西奥多·莱维特曾经指出:"新的竞争不是发生在各个公司的工厂生产什么产品,而是发生在其产品能提供何种附加利益(如包装、服务、广告、顾客咨询、融资、送货、仓储及具有其他价值的形式)。"

由于产品的消费是一个连续的过程,既需要售前宣传产品,又需要售后持久、稳定地发挥效用,因此,服务是不能少的。可以预见,随着市场竞争的激烈展开和用户要求的不断提高,附加产品越来越成为竞争获胜的重要手段。

（四）心理产品

心理产品指产品的品牌和形象提供给顾客心理上的满足。产品的消费往往是生理消费和心理消费相结合的过程，随着人们生活水平的提高，人们对产品的品牌和形象看得越来越重，因而它也是产品整体概念的重要组成部分。

即学即思

近年来，中国出境旅游的人数不断增长，这些境外游的消费者有一个共同的特征：买、买、买。而他们所购的多为奢侈品。目前，中国消费者已成为全球奢侈品市场的主力军。

请从产品整体概念的角度对上述现象进行分析。

三、产品组合与产品组合策略

一个企业不可能只经营单一的产品，需要同时经营多种产品，但所经营的产品不是无条件地越多越好，应该生产和经营哪些产品才是有利的，这些产品之间应该有些什么配合关系，这就是产品组合问题。

（一）产品组合的概念

产品组合是指一个企业生产或经营的全部产品线、产品项目的组合或结构。产品线是指产品组合中的某一产品大类，是一组密切相关的产品。产品项目是指每一个具体的产品品种。例如，海尔集团冰箱、空调、洗衣机、电视机、热水器、电脑等产品大类构成了该集团的产品组合，其中冰箱、空调、洗衣机等每一产品大类则为产品线，洗衣机大类中的小小神童波轮洗衣机则为产品项目。

海尔集团产品组合

产品组合包括四个因素：宽度、长度、深度和关联度。产品组合的宽度，是指产品组合中的产品线的多少。产品线越多则表明产品组合的宽度越宽。一般来说，增加产品组合的宽度，有利于扩展企业的经营范围，分散企业的经营风险。产品组合的深度是指每条产品线上的产品项目数，即每条产品线有多少个品种。产品线中包含的产品项目越多，产品组合的深度则越深，产品组合的深度反映了一个企业在同类细分市场中满足不同顾客需要的程度。产品组合的关联度，是指每条产品线之间在最终用途、生产条件、销售渠道以及其他方面相互关联的程度。产品组合的相近程度越大，其关联度也越高。企业产品组合的关联度高，有利于实现企业资源的共享，充分发挥协同作用，提高企业竞争能力。

议一议

你认为王强和李明刚刚创办的企业在产品组合的宽度、深度、关联度上该如何把握。

（二）产品组合策略

在经营过程中，企业应根据企业资源、市场需求和市场竞争状况，对产品组合进行适时调整，以达到最佳产品组合。优化调整产品组合有以下几种决策可供选择：

（1）扩大产品组合策略。扩大产品组合的方法主要有两种：一是在原产品组合中增加产品线，扩大企业的经营范围；二是加强产品组合的深度，即在原有的产品线内增加新的产品项目。扩大产品组合有利于企业充分利用现有资源，分散经营风险，增强竞争能力。

（2）缩减产品组合策略。缩减产品组合策略是削减产品线或产品项目，特别是要取消那些获利小甚至无利可图的产品线或产品项目，以便集中力量经营获利大的产品线和产品项目，使总利润上升。缩减产品组合策略的方式有：减少产品线数量，实现专业化生产经营；保留原产品线，削减产品项目，停止生产某类产品，外购同类产品继续销售等。

（3）产品线延伸。产品线延伸是指企业突破原有经营档次的范围，改变企业原有产品市场定位的方法。产品线延伸的策略有三种，即向下延伸、向上延伸和双向延伸。向下延伸是指原来定位于高档市场的企业逐渐增加一些中、低档次的产品；向上延伸是指原来定位于中、低档市场的企业增加高档产品的生产；双向延伸是指原来定位于中档市场的企业，在具备一定实力后，将产品线逐渐向高档和低档两个方向同时延伸。

案例

华龙面在产品组合上的成功经验

（1）在发展初期，华龙将目标市场定位于河北省及周边几个省的农村市场。由于农村市场本身受经济发展水平的制约，不可能接受高价位的产品，华龙一开始就推出适合农村市场的"大众面"系列。该系列产品由于其超低的价位，一下子为华龙打开了进入农村市场的门槛，随后"大众面"系列红遍大江南北，抢占了大部分低端市场。

（2）在企业发展几年后，华龙积聚了更大的资本和更足的市场经验，又推出了面向全国其他市场的大众面的中、高档系列：如中档的"小康家庭""大众三代"，高档的"红红红"等。华龙由此打开了广大北方市场。1999年，华龙产值达到9亿元人民币。这是华龙根据市场发展需要和企业自身状况而推出的又一阶段性产品策略，同样取得了成功。

（3）从2000年开始，华龙的发展更为迅速，它也开始逐渐丰富自己的产品系列，面向全国不同市场又开发出了十几个产品品种和几十种产品规格。2001年，华龙的销售额猛增到19亿元。这个时候，华龙主要抢占的仍然是中、低档面市场。

（4）2002年起，华龙开始走高档面路线，开发出第一个高档面品牌——"今麦郎"。华龙开始大力开发城市市场中的中、高价位市场，此举在北京、上海等大城市大获成功。

说说华龙采用了哪种产品组合策略，你能说出这种策略运用时的利弊吗？

（三）产品组合分析评价

市场是一个动态的变数，任何产品组合的策略都应随着企业内部和外部环境的不断变化而变化。因此，企业必须经常分析、评价和调整产品组合，判断和评价各产品在市场上的生命力、发展潜力和趋势，并不断进行产品组合的最佳优化。

常用的产品组合优化分析方法有很多，这里主要介绍美国波士顿咨询集团的波士顿矩阵法。波士顿矩阵法又称为四象限评价法，是 20 世纪 70 年代由美国著名的管理咨询企业波士顿咨询集团创立的，如图 1-8 所示。

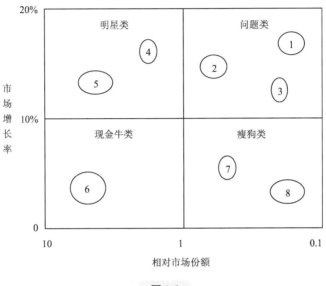

图 1-8

图 1-8 中，纵坐标市场增长率表示该业务的销售量或销售额的年增长率，用数字 0～20% 表示，并认为市场增长率超 10% 就是高速增长。横坐标相对市场份额表示该业务相对于最大竞争对手的市场份额，用于衡量企业在相关市场上的实力。用数字 0.1（该企业销售量是最大竞争对手销售量的 10%）～10（该企业销售量是最大竞争对手销售量的 10 倍）表示，并以相对市场份额 1.0 为分界线。需注意的是，这些数字范围可能在运用中根据实际情况的不同进行修改。

矩阵图中的八个圆圈代表公司的八个业务单位，它们的位置表示这个业务的市场增长率和相对市场份额的高低；面积的大小表示各业务的销售额大小。波士顿矩阵法将一个公司的产品分成四种类型：问题类产品、明星类产品、现金牛类产品和瘦狗类产品。

问题类产品是指高市场增长率、低相对市场份额的产品。这往往是一个公司的新业务。为发展问题类业务，公司必须建立工厂，增加设备和人员，以便跟上迅速发展的市场，并超过竞争对手，这些意味着大量的资金投入。问题类产品非常贴切地描述了公司对待这类业务的态度，因为这时公司必须慎重回答是否继续投资发展该业务这个问题。只有那些符合企业发展长远目标，企业具有资源优势，能够增强企业核心竞争能力的业务才能得到肯定的回答。图中所示的公司有三项问题业务，不可能全部投资发展，只能选择其中的一项或两项，集中投资发展。

明星类产品是指高市场增长率、高相对市场份额的产品,这是由问题类产品继续投资发展起来的,可以视为高速增长市场中的领导者,它将成为公司未来的现金牛类产品。但这并不意味着明星业务一定可以给企业带来滚滚财源,因为市场还在高速增长,企业必须继续投资,以保持与市场同步增长,并击退竞争对手。企业没有明星业务,就失去了希望,但群星闪烁也可能会耀花了企业高层管理者的眼睛,导致做出错误的决策。这时必须具备识别行星和恒星的能力,将企业有限的资源投入在能够发展成为现金牛的恒星上。

现金牛类产品指低市场增长率、高相对市场份额的产品,是成熟市场中的领导者,它是企业现金的来源。由于市场已经成熟,企业不必大量投资来扩展市场规模,同时作为市场中的领导者,该业务享有规模经济和高边际利润的优势,因而给企业带来大量财源。企业往往用现金牛类产品来支付账款并支持其他需大量现金的业务。图1-8中所示的公司只有一个现金牛类产品,说明它的财务状况是很脆弱的。因为市场环境一旦变化导致该项业务的市场份额下降,公司就不得不从其他业务单位中抽回现金来维持现金牛的领导地位,否则这个强壮的现金牛可能就会变弱,甚至成为瘦狗。

瘦狗类产品是指低市场增长率、低相对市场份额的产品。一般情况下,这类产品常常是微利甚至是亏损的。其实,瘦狗业务通常要占用很多资源,如资金、管理部门的时间等,多数时候是得不偿失的。图1-8中该公司有两项瘦狗业务,可以说,这是沉重的负担。

波士顿矩阵法可以帮助我们分析一个公司的产品业务组合是否合理。如果一个公司没有现金牛业务,说明它当前的发展缺乏现金来源;如果没有明星业务,说明在未来的发展中缺乏希望。一个公司的业务投资组合必须是合理的,否则必须加以调整。在明确了各项业务单位在公司中的不同地位后,就需要进一步明确战略目标。通常有四种战略目标分别适用于不同的业务。

发展战略:继续大量投资,目的是扩大战略业务单位的市场份额,主要针对有发展前途的问题类产品和明星类产品。

维持战略:投资维持现状,目标是保持业务单位现有的市场份额,主要针对强大稳定的现金牛类产品。

收割战略:实质上是一种榨取策略,目的是在短期内尽可能地得到最大限度的现金收入,主要针对处境不佳的现金牛类产品及没有发展前途的问题类产品和瘦狗类产品。

放弃战略:通过出售和清理某些业务,将资源转移到更有利的领域。这种战略适用于无利可图的瘦狗类产品和问题类产品。

值得注意的是,矩阵图中各种产品的地位会随着环境的变化而变化。比如问题类产品,一旦经营成功就可以成为明星类产品,但会因为销售增长率下降而成为现金牛类产品,最后沦为瘦狗类产品。因此,企业必须不断开发推广新产品,并使之发展成明星类或现金牛类业务,从而保持产品的最佳组合。

四、产品市场生命周期

(一)概念

产品市场生命周期是指产品从研制成功投入市场开始,到被市场淘汰为止所经历的时间。产品的市场寿命不等于产品的使用寿命,产品使用寿命是指产品的耐用寿命时间,即产品从投入使用到损坏为止所经历的时间。有的产品使用寿命很短,但市场寿命却很长,如某些食品和一次性消耗品。而有些产品,如时装,使用寿命较长,但产品市场寿命却很短,可能是几个月,甚至只有几个星期。

一个产品在市场上能够被顾客认可和接受的时间越长,给企业带来的市场回报就越大。所以,企业更加关心产品的市场寿命。不同的产品市场寿命是不一样的,但是不管怎么样,新产品代替老产品是一种社会经济发展的必然现象。新产品代替老产品——产品市场生命这种周期性的变化,也是竞争的必然结果。

根据产品生命周期,可以了解产品处于什么阶段,进而采取相应的市场营销策略。常用的预测产品市场周期阶段的方法,是根据一定时期该产品销售额的升降情况来确定。产品销售额增长率在 0.1% 以下的属投入阶段,在 10% 以上的属成长阶段,在 0.1%~10% 的属成熟阶段,增长率低于 0 时属衰退阶段。产品市场生命周期阶段如图 1-9 所示。

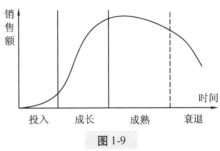

图 1-9

(二)产品市场生命周期各阶段的特点及其营销策略

产品所处市场生命周期的阶段不同,其特点也不同,企业在制定市场营销策略时,要根据不同阶段的特点,采取不同的市场营销策略,如表 1-8 所示。

表 1-8 产品市场生命周期各阶段的特点及其营销策略

	产品特点	市场状况	营销重点	效益	策略宗旨
投入期	产品设计往往不够完善,性能上还有缺点,批量生产条件不具备	消费者对产品的性能不够了解,只有少数人尝试购买,销售量较低;同类型产品竞争者尚未介入	产品初入市场,需制定全面的有针对性的营销策略;营销重点围绕刺激需求展开	销量低,制造成本和营销成本高,一般处于亏损状态	缩短投入期
成长期	产品定型,市场销量增加,形成批量生产条件	销售额迅速增加,竞争对手相继进入;市场竞争局面形成	强化产品品牌、商标,使之成为名牌;渗透和扩大市场占有率;扩大销量,提升增长势头	销量增大,营业费用仍然较高,产品开始获利	加速成长期
成熟期	产品被目标市场所确认,但特色逐渐消失,缺点开始暴露	销售额平稳,本企业产品部分顾主转向竞争对手,市场竞争激烈	需改进产品和服务,推出更新换代产品,强化市场细分和差异营销策略	销量稳定,营销投入产生效果,产品成为企业支柱,利润额高	延长成熟期
衰退期	产品缺陷明显,同类新产品竞相问世	销售额下降,仍有惠顾者购买该产品	需预测该产品营销前景,或收缩或撤退市场,并采用相应策略	销量少,利润低,需适时收回投资	决策衰退期

五、新产品开发的策略

产品生命周期理论告诉我们,在不同的产品生命周期阶段,应采用不同的营销策略;同时,产品生命周期理论要求企业不断开发新产品。

> ☞ **知识链接**
>
> **新 产 品**
>
> 产品整体概念中任何一部分的创新、变革和改良,都可以认为是新产品。据此,新产品可以分为全新产品、换代新产品、改进新产品和模仿新产品。全新产品也称新发明的产品;换代新产品是指在原有产品的基础上,部分采用新技术、新材料、新工艺,使产品的性能有显著提高的产品;改进新产品是指对原有产品的规格、式样、功能、包装等进行改进,使其具有新特点和新用途的产品;模仿新产品是指市场上已经存在而企业没有生产过的产品。

新产品开发过程由八个阶段构成,即寻求创意、甄别创意、形成产品概念、制定市场营销战略、营业分析、产品开发、市场试销、批量上市。

(一)寻求创意

新产品开发过程是从寻求创意开始的。所谓创意,就是开发新产品的设想。虽然并不是所有的设想或创意都能变成产品,寻求尽可能多的创意却可为开发新产品提供较多的机会。所以,现代企业都非常重视创意的开发。新产品创意的主要来源有:顾客、科学家、竞争对手、企业推销人员和经销商、企业高层管理人员、市场研究公司、广告代理商等。除了以上几种来源外,企业还可以从大学、咨询公司、同行业的团体协会那里寻求有用的新产品创意。

(二)甄别创意

取得足够创意之后,要对这些创意加以评估,研究其可行性,并挑选出可行性较高的创意,这就是创意甄别。创意甄别的目的就是淘汰那些不可行或可行性较低的创意,使公司有限的资源集中于成功机会较大的创意上。甄别创意时,一般要考虑两个因素:一是该创意是否与企业的战略目标相适应,表现为利润目标、销售目标、销售增长目标、形象目标等几个方面;二是企业有无足够的能力开发这种创意。这些能力表现为资金能力、技术能力、人力资源、销售能力等。

(三)形成产品概念

经过甄别后保留下来的产品创意还要进一步发展成为产品概念。在这里,首先应当明确产品创意、产品概念和产品形象之间的区别。所谓产品创意,是指企业从自身角度考虑它能够向市场提供的可能产品的构想。所谓产品概念,是指企业从消费者的角度对这种创意所做的详尽的描述。而产品形象,则是消费者对某种现实产品或潜在产品所形成的特定形象。

（四）制定市场营销战略

形成产品概念之后，需要制定市场营销战略，企业的有关人员要拟定一个将新产品投放市场的初步的市场营销战略报告书。它由三个部分组成：① 描述目标市场的规模、结构、行为，新产品在目标市场上的定位，头几年的销售额、市场占有率、利润目标等；② 略述新产品的计划价格、分销战略以及第一年的市场营销预算；③ 阐述计划长期销售额和目标利润以及不同时间的市场营销组合。

（五）营业分析

在这一阶段，企业市场营销管理者要复查新产品将来的销售额、成本和利润的估计，看看它们是否符合企业的目标。如果符合，就可以进行新产品开发。

（六）产品开发

如果产品概念通过了营业分析，研究与开发部门及工程技术部门就可以把这种产品概念转变成为产品，进入试制阶段。这一阶段应当搞清楚的问题是，产品概念能否变为技术上和商业上可行的产品。如果不能，除在全过程中取得一些有用副产品即信息情报外，所耗费的资金则全部付诸东流。

（七）市场试销

如果企业的高层管理对某种新产品开发试验结果感到满意，就着手用品牌、包装和初步市场营销方案把这种新产品装扮起来，把产品推上真正的消费者舞台进行试验。这是新产品开发的第七个阶段。其目的在于了解消费者和经销商对于经营、使用和再购买这种新产品的实际情况以及市场大小，然后再酌情采取适当对策。市场试验的规模决定于两个方面：一是投资费用和风险大小，二是市场试验费用和时间。投资费用和风险越高的新产品，试验的规模应越大一些；反之，投资费用和风险较低的新产品，试验规模就可小一些。从市场试验费用和时间来讲，所需市场试验费用越多、时间越长的新产品，市场试验规模应越小一些；反之，则可大一些。不过，总的来说，市场试验费用不宜在新产品开发投资总额中占太大比例。

（八）批量上市

经过市场试验，企业高层管理者已经占有了足够信息资料来决定是否将这种新产品投放市场。如果决定向市场推出，企业就须再次付出巨额资金：一是建设或租用全面投产所需要的设备。这里工厂规模大小是至关重要的决策，很多公司为了慎重起见都把生产能力限制在所预测的销售额内，以免新产品的盈利收不回成本。二是花费大量市场营销费用。

☞ **知识链接**

品牌策略与包装策略

品牌是销售者给自己的产品规定的商业名称，通常由文字、标记、符号、图案和颜色等要素或这些要素的组合构成，用作一个销售者或销售者集团的标志，以便同竞争者的产品相区别。常用的品牌策略有：统一品牌策略（企业所有产品统一使用一个品牌)、主副品牌策略(如海尔——小小王子)、多品牌策略(同一种类商品使用两个或两个以上品牌)、品牌拓展策略(将现有成功品牌用于新产品的一种策略)等。

包装是产品整体概念中的一部分,企业为促进包装在市场营销方面发挥更大作用,可以选择以下包装策略:类似包装策略(企业对其生产的产品采用相同的图案、近似的色彩、相同的包装材料和相同的造型进行包装,便于顾客识别出本企业产品);配套包装策略(按各国消费者的消费习惯,将数种有关联的产品配套包装在一起成套供应,便于消费者购买、使用和携带,同时还可扩大产品的销售);再使用包装策略(指包装内的产品使用完后,包装物还有其他的用途);附赠包装策略(在产品包装物中附赠奖券或实物,或包装本身可以换取礼品,吸引顾客的惠顾效应,导致重复购买)。

即学即思

1. 宝洁公司的洗发水有海飞丝、飘柔、潘婷、沙宣等不同品牌,想一想宝洁公司使用的是哪种品牌策略。
2. 找出使用上述包装策略的具体产品。

职业能力训练

李明和王强的小吃店主要经营富有地方特色的馄饨、面条,请分析他们的产品处在产品生命周期的哪个阶段,应采用哪些营销策略。

学习任务二 定价策略

引导案例

王强和李明的创业故事(十三):万事俱备

王强和李明经过市场调研,确定了自己的目标市场,如今所经营的产品也已确定,该以什么样的价格销售呢?李明认为应该对产品进行成本核算,在成本的基础上加上利润从而定出价格,而王强觉得这样做比较麻烦,只要参照其他小吃店的价格完全可以制定出自己产品的价格。你能为王强和李明做出决策吗?

案例提示

科学合理地确定营销价格,需要从实现企业战略目标出发,在选择恰当的定价目标,运用科学的方法、灵活的策略的同时,综合分析产品成本、市场状况、政府政策等影响因素。

 学习目标

1. 理解影响定价的主要因素。
2. 掌握定价方法和定价策略。
3. 掌握产品市场生命周期各阶段营销策略的运用。

一、影响定价的主要因素

定价策略,是市场营销组合中一个十分关键的组成部分。价格通常是影响交易成败的重要因素,同时又是市场营销组合中最难确定的因素。企业定价的目标是促进销售,获取利润。这要求企业既要考虑成本的补偿,又要考虑消费者对价格的接受能力,从而使定价策略具有买卖双方双向决策的特征。影响定价的主要因素有:

(一)产品成本因素

在实际工作中,产品的价格是按成本、利润和税金三部分来制定的。成本又可分为固定成本和变动成本。产品的价格有时是由总成本决定的,有时又仅由变动成本决定。成本有时又分为社会平均成本和企业个别成本。就社会同类产品的市场价格而言,主要是受社会平均成本的影响。在竞争很充分的情况下,企业个别成本高于或低于社会平均成本,对产品价格的影响不大。

一般来说,成本是构成价格的主要因素,也是最重要的因素之一。因为价格如果过分高于成本会有失社会公平,价格过分低于成本,企业不可能长久维持。企业定价时,不应将成本孤立地对待,而应同产量、销量、资金周转等因素综合起来考虑。成本因素还要与影响价格的其他因素结合起来考虑。

(二)市场需求状况

产品价格除受成本影响外,还受市场需求状况的影响,即受商品供给与需求的相互关系的影响。当商品的市场需求大于供给时,价格应高一些;当商品的市场需求小于供给时,价格应低一些。反过来,价格变动会影响市场需求总量,从而影响销售量,进而影响企业目标的实现。因此,企业制定价格就必须了解价格变动对市场需求的影响程度。反映这种影响程度的一个指标就是商品的需求价格弹性系数。需求价格弹性系数越大,则市场就越敏感。

(三)市场竞争的特点

虽然企业在现代经营活动中一般采用非价格竞争,即相对稳定的商品价格,以降低成本、提高质量、提供服务、加强销售和推广方式来增强竞争力,但是也不能完全忽视竞争对手的价格。市场竞争也是影响价格制定的重要因素。根据竞争的程度不同,企业定价策略会有所不同。

(四)市场营销组合因素

价格是市场营销的组合因素之一。价格还是产品市场定位的主要因素,它决定了产品的目标市场、产品设计、产品特色以及生产成本的高低等。企业的定价策略必须与产品的整体设计、分销和促销策略等相匹配,形成一个合理的营销组合。

(五)消费者的心理因素

价格的制定和变动在消费者心理上的反应也是价格策略必须考虑的因素。在现实生活中,很多消费者存在"一分钱一分货"的观念。面对不太熟悉的商品,消费者常常从价格上判断商品的好坏,从经验上把价格同商品的使用价值挂钩。消费者心理和习惯上的反应是很复杂的,某些情况下会出现完全相反的反应。例如,在一般情况下,涨价会减少购买量,但有时涨价又会引起抢购,反而会增加购买量。因此,在研究消费者心理对定价的影响时,要持谨慎态度,要仔细了解消费者心理及其变化规律。

(六)国家相关的政策法规

随着市场经济的建立和完善,国家对绝大多数产品已采用市场价格。但是为了指导生产和消费,控制物价的增长,国家必然会制定一系列有关物价的方针、政策,这是企业制定价格时必须遵循的准则。

二、定价方法

营销定价的一般方法主要包括成本导向定价法、需求导向定价法和竞争导向定价法三种类型。

(一)成本导向定价法

成本导向定价是一种以产品成本为定价依据的定价方法,采用此种方法则较少考虑市场需求和竞争状况。

1. 成本加成定价法

企业根据所确定的加成率(毛利率)和单位产品成本来制定产品的单价。在这种定价方法下,把所有为生产某种产品而发生的耗费均计入成本的范围,计算单位产品的变动成本,合理分摊相应的固定成本,再按一定的目标利润率来决定价格。其计算公式为:

单位产品价格 = 单位产品成本 × (1 + 加成率)

例:某单位生产空调的总成本为 54 万元,生产量为 200 台,产品出厂利润以 20% 计算。则产品单价为:

单位产品成本 = 总成本 ÷ 产量 = 2 700(元/台)

单位产品价格 = 2 700 × (1 + 20%) = 3 240(元/台)

> **重要提示**:成本加成定价法应用范围广泛,计算简便易行,计算出的价格能保证获得预期的利润,但这种方法只是从卖方的角度来考虑问题,忽视了市场需求与竞争状况,

有一定的局限性。在产销量和成本相对稳定、竞争不太激烈的情况下可以采用。

2. 目标利润定价法

目标利润定价法又称盈亏平衡定价法,它是根据企业的总成本和确定的目标利润来制定产品的价格,以确保企业收支平衡。具体步骤是:首先预估未来一段时期的销售量,然后计算预估销售量下的总成本,最后结合企业确定的目标利润计算出产品的价格。其计算公式为:

$$产品单价 = \frac{总成本 + 目标利润}{预计销售量}$$

例:某企业推出一款英语复读机,该企业生产英语复读机的年固定成本为72万元,单位产品变动成本为79元,预计该产品年销量为12 000台。请计算:该产品的保本价格是多少? 实现预期利润30万元时,该产品价格应为多少?

解:(1) 保本价格 = (720 000 + 79 × 12 000)/12 000 = 139(元/件)

(2) 实现预期利润30万元时产品的价格
= [(720 000 + 79 × 12 000) + 300 000]/12 000 = 164(元/件)

重要提示:此种方法计算简便,如果能按制定的价格实现预期的销售量,则能实现预期利润。其缺点在于没有考虑价格与需求之间的关系,也没有考虑竞争者产品价格对企业产品销量的影响。因此,这种方法适用于市场占有率较高或带有垄断性质的企业。

3. 边际贡献定价法

它是指企业制定价格时,只考虑变动成本而不考虑固定成本的定价方法,即按变动成本加预期的边际贡献来制定产品的价格。其计算公式为:

$$产品单价 = \frac{总变动成本 + 边际贡献}{总产量}$$

☞ **知识链接**

边际贡献

边际贡献是指产品销售收入与产品变动成本的差额,如果边际贡献弥补固定成本之后有剩余,就形成企业纯收入。

边际贡献定价法的原则是,当产品单价高于单位变动成本时,企业就可以考虑接受此价格。因为不管企业是否生产、生产多少,在一定时期内固定成本都是要发生的,而只要产品单价高于单位变动成本,这时销售收入弥补变动成本后的剩余就可以弥补固定成本,以减少亏损或增加企业的盈利。

(二) 需求导向定价法

需求导向定价是指按照顾客对商品的认知和需求程度制定价格,而不是根据卖方的成本定价。这类定价方法的出发点是顾客需求,认为企业生产产品就是为了满足顾客的需要,所以产品的价格应以顾客对商品价值的理解为依据来制定。

需求导向定价法包括认知价值定价法、反向定价法。

1. 认知价值定价法

这是利用产品在消费者心目中的价值,也就是消费者心中对价值的理解程度来确定产品价格水平的一种方法。消费者对商品价值的认知和理解程度不同,会形成不同的定价上限,如果价格刚好定在这个限度内,那么消费者既能顺利购买,企业也将更加有利可图。

2. 反向定价法

所谓反向定价法,是指企业依据消费者能够接受的最终销售价格,计算自己从事经营的成本和利润后,逆向推算出产品的批发价和零售价。这种定价方法不以实际成本为主要依据,而是以市场需求为定价出发点,力求使价格更为消费者所接受。

例:某企业拟生产一种抽油烟机,据市场调查,认为每台300元左右的价格消费者容易接受,若:

零售价按批发价加成15%,则批发价为300÷(1+15%)=260(元);

批发商按出厂价加成10%,则出厂价为260÷(1+10%)=236(元)。

所以生产企业每台生产成本必须低于236元,企业才能盈利。

(三)竞争导向定价法

竞争导向定价法以市场上相互竞争的同类商品价格为定价基本依据,以随竞争状况的变化确定和调整价格水平为特征,主要有随行就市定价法、密封投标定价法等。

1. 随行就市定价法

随行就市定价法又称流行水准定价法,它是指在市场竞争激烈的情况下,企业为保存实力采取按同行竞争者的产品价格定价的方法。这种定价法特别适合于完全竞争市场和寡头垄断市场。

随行就市定价法这种"随大流"的定价方法,主要适用于需求弹性比较小或供求基本平衡的商品,如大米、面粉、食油以及某些日常用品。这种情况下,如果某企业把价格定高了,就会失去顾客;而把价格定低了,需求和利润也不会增加。随行就市是一种较为稳妥的定价方法,也是竞争导向定价法中广为流行的一种。

引导案例中,王强和李明分别采用了何种定价方法?并判断他们所用方法是否合适。

2. 密封投标定价法

密封投标定价法也称为投标竞争定价法,是指在招标竞标的情况下,企业在对其竞争对手了解的基础上进行定价。这个价格是企业根据对其竞争对手报价的估计确定的,其目的在于签订合同,所以它的报价应低于竞争对手的报价。

密封投标定价法主要用于投标交易方式,如建筑施工、工程设计、设备制造、政府采购、科研课题等需要投标以取得承包合同的项目。其基本原理是,招标者(买方)首先发出招标信息,说明招标内容和具体要求。参加投标的企业(卖方)在规定期间内密封报价来参与竞争。其中,密封价格就是投标者愿意承担的价格。这个价格主要考虑竞争者的报价研究决定,而不能只看本企业的成本。在投标中,报价的目的是中标,所以报价要力求低于竞争者。

三、定价策略

(一) 新产品定价策略

新产品定价是企业定价策略的关键环节,对新产品能否及时打开销路、占领市场有很大影响。新产品定价一般有三种策略可供选择。

1. 撇脂定价策略

所谓撇脂定价是指在新产品上市之初,把产品的价格定得很高,以攫取最大利润,力求在短时间内收回全部成本。这种定价策略就像从奶油中撇取油脂一样,所以称之为撇脂定价策略。

> **重要提示**:撇脂定价策略的适用条件:
> (1) 市场有足够的购买者,他们的需求缺乏弹性,即使把价格定得很高,市场需求也不会大量减少。
> (2) 高价使需求减少,但不至于抵消高价所带来的利益。
> (3) 在高价情况下,仍然独家经营,别无竞争者。高价使人们产生这种产品是高档产品的印象。

2. 渗透定价策略

这是指企业将新产品的价格定得相对较低,以吸引大量顾客,提高市场占有率。

> **重要提示**:渗透定价策略的适用条件:
> (1) 市场需求对价格极为敏感,低价会刺激市场需求迅速增长。
> (2) 企业的生产成本和经营费用会随着生产经营经验的增加而下降。
> (3) 低价不会引起实际和潜在的竞争。

3. 满意定价策略

这是一种介于撇脂定价策略和渗透定价策略之间的价格策略。其所定的价格比撇脂价格低,而比渗透价格要高,是一种中间价格。这种定价策略由于能使生产者和顾客都比较满意而得名。有时它又被称为"君子价格"或"温和价格"。

(二) 心理定价策略

消费者的购买行为由消费者的心理支配,而消费者的心理会受到社会地位、收入水平、兴趣爱好等诸多因素的影响和制约。企业在制定产品价格时,若能对此予以充分考虑,就会制定出较有吸引力的价格。

1. 尾数定价法

这也被称为零头定价或缺额定价,即给产品定一个以零头数结尾的非整数价格。大多数消费者在购买产品时,尤其是购买一般的日用消费品时,乐于接受尾数价格。如0.99元、9.98元等。

2. 整数定价法

整数定价与尾数定价正好相反,企业有意将产品价格定为整数,以显示产品具有一定品质。整数定价多用于价格较贵的耐用品或礼品,以及消费者不太了解的产品,对于价格较贵的高档产品,顾客对质量较为重视,往往把价格高低作为衡量产品质量的标准之一,容易产生"一分价钱一分货"的感觉,从而高价有利于销售。

3. 声望定价法

声望定价即针对消费者"便宜无好货、价高质必优"的心理,对在消费者心目中享有一定声望、具有较高信誉的产品制定高价。不少高级名牌产品和稀缺产品,如豪华轿车、高档手表、名牌时装、名人字画、珠宝古董等,在消费者心目中享有极高的声望价值,购买这些产品的人,往往不在乎产品价格,而更关心产品能否显示其身份和地位,价格越高,心理满足的程度也就越大。

4. 习惯定价法

有些产品在长期的市场交换过程中已经形成了为消费者所适应的价格,成为习惯价格。企业对这类产品定价时要充分考虑消费者的习惯倾向,采用"习惯成自然"的定价策略,对消费者已经习惯了的价格,不宜轻易变动。

5. 招徕定价法

这是适应消费者"求廉"的心理,将产品价格定得低于一般市价,个别的甚至低于成本,以吸引顾客、扩大销售的一种定价策略。

(三) 折扣定价策略

大多数企业通常都酌情调整其基本价格,以鼓励顾客及早付清货款、大量购买或增加淡季购买。这种价格调整叫作价格折扣和折让。

1. 现金折扣

这是对及时付清账款的购买者的一种价格折扣。例如,"2/10 净 30",表示付款期是30天,如果在成交后10天内付款,给予2%的现金折扣。许多行业习惯采用此法以加速资金周转,减少收账费用和坏账。

2. 数量折扣

这是企业给那些大量购买某种产品的顾客的一种折扣,以鼓励顾客购买更多的商品。大量购买能使企业降低生产、销售等环节的成本费用。例如,顾客购买某种商品100单位以下,每单位10元;购买100单位以上,每单位9元。

3. 职能折扣

职能折扣也叫贸易折扣,是制造商给予中间商的一种额外折扣,使中间商可以获得低于目录价格的价格。

4. 季节折扣

这是企业鼓励顾客淡季购买的一种减让,这种价格策略能使企业的生产和销售一年四季都保持相对稳定。

5. 推广津贴

为扩大产品销路,生产企业向中间商提供促销津贴。如零售商为企业产品刊登广告或设立橱窗,生产企业除负担部分广告费外,还在产品价格上给予一定优惠。

即学即思

某种洗衣粉,顾客一次购买10袋以下,每袋价格为4元;若一次购买10袋以上,则每袋价格为3.6元。想一想,企业采用了何种价格策略?

就一个定价

人人都知道"一分价钱一分货",价钱合理生意才好做,但日本财阀石桥却另有见解。

石桥是专门产销布袜的,当时由于大小、布料的不同,袜子的价格也是各种各样,搞得买卖双方都为此伤透了脑筋。有一次,石桥乘电车出去办事,发现无论路途远近,车票一律5分。他由此灵机一动,决定给袜子定价也参照此法。初试这种办法时,同行们都嘲笑他,认为价格如果一样,大家都会买大号的,小号的谁还要?但事实是,这种方法一推出,便大受欢迎,销售空前火爆。

思考:石桥采用的是哪种定价方法?他为什么要采用这种定价方法?

"亏本生意"

张英经营着一家饭店,他的周围有许多小餐馆、酒家,竞争异常激烈,但唯独他的饭店天天客满。他的诀窍就是:一直做"亏本生意",即凡在该店用餐一律赠送米酒,喝多少供多少,三人或三人以上用餐的,还免费赠送两瓶啤酒。当然,他家菜的菜量、味道、服务等并不比别家差,价格也不比别家高。有些好心人认为张英这么做生意太亏,每桌饭菜的酒水按10元计算,一天按10桌算亏100元,一个月就亏了3 000元。而张英自有分寸,按他自己的算法是:每月只少赚3 000元酒水钱,但人来多了,菜卖多了,生意火了,和那些生意清淡的饭店比,谁多谁少还不清楚吗?

思考:张英采用的是哪种定价策略?

学习任务三　分销策略

 引导案例

王强和李明的创业故事(十四):畅通渠道

王强和李明的饮食店如期开张,由于准备充分,且准确把握了顾客的需求,开业后店里生意倒也红火。可是旅游旺季游客才比较多,到了淡季店里就有些清闲。李明想到将风味

小吃进行标准化包装,然后销售给超市。

案例提示

案例中,超市对风味小吃的销售起到了促进作用,而通过超市销售产品对王强和李明来说则是一种分销渠道策略。

学习目标

1. 了解分销渠道的概念、类型。
2. 了解分销渠道的基本模式。
3. 掌握影响分销渠道选择的因素。
4. 掌握分销渠道策略的运用。

一、分销渠道概述

(一)分销渠道的概念

分销渠道是指商品和劳务从生产者转移到最终消费者手中所经过的途径。市场实施分销渠道的目的,在于使商品及时、安全、经济地经过一些必要的环节和路线,最终到达消费者手中,从而实现商品的价值和使用价值。

这个概念包含以下几层含义:

(1)分销渠道由参与商品流通的企业和个人组成;
(2)分销渠道的起点是生产者,终点是消费者;
(3)分销渠道中商品由生产者向消费者转移,应以商品所有权的转移为前提;
(4)分销渠道是某种特定商品从生产者到消费者所经历的流程。

(二)分销渠道的类型

商品的销售渠道主要有两大类,即企业对生产性团体用户的销售渠道模式和企业对个人消费者的销售渠道模式。

(1)企业对生产性团体用户的销售渠道模式有如下几种:

生产者—用户;
生产者—批发商—用户;
生产者—代理商—用户;
生产者—代理商—批发商—用户。

(2)企业对个人消费者销售渠道模式有如下几种:

生产者—消费者;
生产者—零售商—消费者;

生产者—批发商—零售商—消费者；
生产者—代理商—零售商—消费者；
生产者—代理商—批发商—零售商—消费者。

根据有无中间商参与交换活动，可以将上述两种模式中的所有通道归纳为两种最基本的销售渠道类型：直接分销渠道和间接分销渠道。其中，间接渠道又分为短渠道与长渠道。

二、分销渠道的类型

（一）直接分销渠道

直接分销渠道是指生产者将产品直接供应给消费者或用户，没有中间商介入。

直接分销渠道的形式是：生产者—用户。直接渠道是工业品分销的主要类型，例如大型设备、专用工具及因技术复杂等需要提供专门服务的产品，都采用直接分销；消费品中有部分也采用直接分销类型，诸如鲜活商品等。

（二）间接分销渠道

间接分销渠道是指生产者利用中间商将商品供应给消费者或用户，中间商介入交换活动。

间接分销渠道的典型形式是：生产者—批发商—零售商—个人消费者（少数为团体用户）。在成熟的市场经济中，这种间接分销渠道可以大大提高销售效率。因此，如何利用间接渠道使自己的产品广泛分销，已成为现代企业进行市场营销时所要研究的重要课题之一。

（三）长渠道与短渠道

长渠道和短渠道是指经过中间商环节的多少。凡经过两个或两个以上中间商环节的渠道叫长渠道；没有经过或只经过一个中间商环节的渠道叫短渠道。

（四）宽渠道与窄渠道

宽渠道与窄渠道是指渠道的每个层次中选用的同类型中间商数目的多少。如生产者通过两个或两个以上的中间商来销售产品，称为宽渠道；只选用一个中间商来销售产品，称为窄渠道。

即学即思

王强和李明通过超市销售风味小吃，属于哪种类型的销售渠道？

三、分销渠道的营销策略

分销渠道策略，指企业为了使其产品进入目标市场所进行的路径选择活动，它关系到企业在什么地点、什么时间、由什么组织向消费者提供商品和劳务。

（一）影响分销渠道选择的因素

1. 产品因素

（1）单价的高低。一般情况下，产品单价的高低与分销渠道的长短、宽窄成反比，即产品单价高，分销渠道就短、窄；产品单价低，分销渠道就长、宽。因为产品单价越高，每单位产品销价扣除成本外，还能抵消直接销售费用；若产品单价低，生产者必须大批量销售才能获得利润。

（2）体积和重量。产品的体积和重量决定着运输和储存费用的多少，体积大且笨重的产品，装卸运输费用较高，因此宜选择短渠道经销。

（3）自然寿命周期。自然寿命周期短的产品应尽可能选择短渠道进行直接分销，这样可以减少产品在流通中停留的时间，使产品安全、迅速、完好地到达消费者手中。

（4）消费者对产品的爱好。随着时代的发展和人们生活水平的提高，消费者对产品的需求变化加快。为了适应消费者需求的变化，避免产品积压，产品应选择短而宽的分销渠道。而对于需求变化不大的产品，可以选择长渠道。

（5）技术性和复杂性。技术复杂程度高的产品，其分销渠道应短一些、窄一些，以便及时提供各种服务。而技术复杂程度低的产品，其分销渠道可以长一些、宽一些。

（6）新产品。新产品刚推向市场时，消费者较少，且需要提供各种服务，生产者宜选择短而窄的分销渠道。

2. 企业自身因素

（1）声誉和市场地位。声誉好、市场地位高的企业，对分销渠道选择的自由度较大，可采取产销一体化的模式；而对于声誉不好、市场地位低的企业，很难自由选择分销渠道。

（2）经营能力和经验。经营能力强、市场经验丰富的企业，可以采用直接分销渠道，也可以采用间接分销渠道，也可两者兼用；反之，企业则需要通过中间商销售产品。

（3）服务能力。企业能够提供的服务越多，越能引起中间商销售产品的兴趣；反之，中间商就难以尽力为企业推销产品。

（4）对经济效益的考虑。企业应选取那些以尽可能少的费用销售尽可能多的产品的渠道，或是以同样的费用销售尽可能多的产品和取得尽可能多利润的分销渠道。

3. 市场因素

（1）潜在购买者的多少。潜在购买者多的企业，应选择长而宽的分销渠道；若潜在购买者少，则应选择短渠道。

（2）潜在购买者的地区分布。潜在购买者分布广而分散的企业宜选择长而宽的分销渠道；潜在购买者分布在少数地区，则可以选择短渠道。

（3）消费者的购买习惯。消费者购买的次数频繁、数量零星的商品，要求长而宽的分销渠道，而购买次数少又需要精心挑选的商品，适合短而窄的分销渠道。

（4）竞争者的分销渠道。企业应尽量避免与竞争者使用同样的分销渠道，如果有些商品必须使用和竞争者相同的渠道，企业就必须将自己所生产的产品和竞争者的产品放在一起，以方便消费者挑选。

4. 环境因素

国家的方针政策、政府的法令法规，对企业选择分销渠道都有影响。国家的经济形势也影响分销渠道的选择,在经济萧条或衰退时,市场需求下降,在这种形势下,企业应尽量减少不必要的流通环节,使用较短的分销渠道,以尽可能降低产品价格,扩大销路。反之,在经济繁荣时,企业就可以选择较合适的分销渠道。

5. 中间商

中间商的规模、营销能力、管理水平、信誉度等方面直接影响着企业分销渠道的选择。如果产品在目标市场上中间商的规模大,企业就可以直接选择销售给大零售商,从而采用较短的分销渠道。如果目标市场上中间商的规模小、营销能力差,企业就应采用长而宽的分销渠道。

案例

戴尔公司的直线订购模式

戴尔公司计算机的销售额一直在全球独占鳌头,市场占有率也节节攀升,戴尔公司为什么能赢得市场?答案是其实行的直线订购模式。直线订购模式的真正核心在于直销背后的一系列快速反应,包括采购、生产、配送等环节。戴尔公司利用一切先进的通信方法与自己的顾客保持联系,了解每一个顾客的独特需要,细分产品以满足不同顾客的不同需求。这种了解和把握会贯穿公司的每一个业务部门,从研发、生产到销售都需要遵循顾客的喜好,这样才能做到和顾客的需求同步。

怎样正确处理每一个客户的信息需求?怎样把了解到的客户信息迅速传送到生产部门?怎样迅速采购到顾客指定的零件?怎样减少材料库存,同时又不降低生产速度?这些都是一条流畅的供应链需要解决的问题。在戴尔公司直线订购模式的背后,是其出色的供应链管理,它能在收到顾客个性化需求的订单后,立即向不同的供应商采购材料,迅速转入生产,再交给快递公司分发送货。在整个过程中,戴尔公司能保证实际的材料库存量始终保持在最低水平,从而使产品的价格更具有竞争力。

(二)分销渠道策略

分销渠道的选择必须立足于长远利益,因为模式一经形成,再想改变或替代原有渠道是比较困难的,所以在制定分销渠道策略时应精心设计。制定渠道策略主要包括确定渠道长度、宽度等。

1. 确定渠道长度

确定渠道长度,即决定采用直接分销还是间接分销;在采用间接分销时,是采用长渠道还是短渠道。

☞ 知识链接

直接分销渠道策略的特点

直接分销渠道策略的特点有以下几方面:一是销售及时,有利于提高资金使用率;二是不经过中间商,有利于降低销售成本;三是有利于提供售后服务;四是信息反馈迅速,便于企业及时改进产品。

2. 确定渠道宽度

确定渠道宽度,即确定分销渠道中每个层次选用多少数目的同种类型的中间商。渠道宽度主要应考虑产品类型,例如,日用品宜采用宽渠道,选购品的渠道应窄些,特殊消费品的渠道应更窄些。可供选择的策略主要有以下几种形式:

(1)密集型分销策略。这是一种充分利用分销渠道宽度和长度优势的策略,采用这种策略可以将产品在短时间内推向广大市场,扩大产品的市场占有率。比如内衣、袜子、肥皂等一般日用品,比较适合这种策略。

(2)专营性分销策略。这是企业在目标市场上运用窄渠道的方式,仅仅选择一家中间商推销自己的产品,以实现营销目标的一种分销策略。这种策略适用于消费者重视品牌的特殊商品,或使用方法复杂,或需要提供和承担较多售后服务的商品。

(3)选择性分销渠道。在一定的地区内,企业有选择地确定一部分中间商经销自己的产品。其适合大多数商品的分销,对于消费品中的选购品、特殊品与工业品中的零配件,以及消费者在使用中会产生偏爱的产品,尤其适宜。

请为你所在地区的土特产设计分销渠道,并说明设计理由。

学习任务四 促销策略

王强和李明的创业故事(十五):招徕顾客

为进一步扩大销售,增加盈利,王强和李明商量着要不要做广告,同时他们还琢磨起其他能够扩大销售的方法。

企业根据实际情况,制定促进销售的策略,是市场营销组合的又一重要部分。

1. 理解促销的概念与方式。
2. 掌握促销策略的组合技巧。
3. 熟悉各种促销策略的运作方式。

一、促销的概念和方式

（一）促销

促销是指企业采用各种手段和方式向消费者或用户传递有关企业及其产品的信息,使潜在顾客对企业及其产品产生兴趣、好感和信任,促使其购买企业产品的活动。因此,促销的实质是买卖双方进行营销信息沟通的过程,其目的在于赢得信任、诱导需求、刺激消费、促进购买。

（二）促销的方式

促销方式包括人员促销和非人员促销,具体分为人员推销、广告宣传、营业推广、公共关系等四种方式。

（1）人员推销:企业销售人员通过面对面的交流或电话等方式,说服和鼓动消费者或中间商购买产品的一种方式。这种方式人情味浓、灵活,易于迅速反馈消费者的反应,但人员投入多,成本开支大,影响面小,属于主动的"推式"策略。

（2）广告宣传:通过大众传播媒介,将产品传播给广大消费者的一种促销方式。这种方式影响面广,节约人力,但不易了解大众的反应,缺乏双方的互动,属于被动的"拉式"策略。

家具连锁店

（3）营业推广:一般多以临时性措施为主,采取刺激性强、吸引力大的方式鼓励消费者购买企业产品,比如试用样品、赠送、奖券等。

（4）公共关系:通过对与企业有关的个人和组织的亲密关系的培养而建立良好的企业形象和声誉,获得公众的信任和赞许,从而间接地促进销售。

四种促销方式分别具有不同特点,如表1-9所示,企业应结合具体情况综合运用,以达到最佳营销状态。

表1-9 四种促销方式的优缺点比较

促销方式种类	优　点	缺　点
人员推销	方式灵活,针对性强,能激发兴趣,促销效果快	费用高,高素质推销人员难以招聘到
广告宣传	影响面宽,形式多样,吸引力强	对立即购买的促成效果有风险,难度较大
营业推广	吸引力强,效果快	消费者对企业和产品可能会有不信任感
公共关系	影响范围宽而深,能得到消费者的信任	见效较慢,难度较大

议一议

根据各种促销方式的特点,如果对建材和电视机两种商品进行促销,你会选择哪种促销方式?

二、促销策略

促销策略是指企业如何通过人员推销、广告宣传、公共关系和营业推广等促销方式,向消费者或用户传递产品信息,引起他们的注意和兴趣,激发他们的购买欲望和购买行为,以达到扩大销售的目的。一个好的促销策略,往往能起到多方面的作用,如提供信息情况,及时引导采购;激发购买欲望,扩大产品需求;突出产品特点,建立产品形象;维持市场份额,巩固市场地位;等等。

根据促销手段的出发点与作用的不同,可分为两种促销策略:

(一) 推式策略

推式策略以直接方式,运用人员促销手段,把产品推向销售渠道。其作用过程为:企业的推销员把产品或劳务推荐给批发商,再由批发商推荐给零售商,最后由零售商推荐给最终消费者。

该策略适用于以下几种情况:① 企业经营规模小,或无足够资金用以执行完善的广告计划;② 市场较集中,分销渠道短,销售队伍大;③ 产品具有很高的单位价值,如特殊品、选购品等;④ 产品的使用、维修、保养方法需要进行示范。

那些被影视作品
捧红的地方

(二) 拉式策略

拉式策略采取间接方式,通过广告和公共宣传等措施吸引最终消费者,使消费者对企业的产品或劳务产生兴趣,从而引起需求,主动去购买商品。其作用路线为:企业将消费者引向零售商,将零售商引向批发商,将批发商引向生产企业。

这种策略适用于:① 市场广大,产品多属便利品;② 商品信息必须以最快速度告知广大消费者;③ 对产品的初始需求已呈现出有利的趋势,市场需求日渐上升;④ 产品具有独特性能,与其他产品的区别显而易见;⑤ 能引起消费者某种特殊情感的产品;⑥ 有充分资金用于广告。

三、促销策略的选择

由于不同的促销手段具有不同的特点,企业要想制定出最佳组合策略,就必须对促销组合进行选择。企业在选择最佳促销组合时,应考虑以下因素:

(一) 产品类型

产品类型不同,购买差异就很大,不同类型的产品应采用相应的促销策略。一般来说,消费品主要依靠广告宣传,然后是营业推广、人员推销和公共关系;生产资料主要依靠人员推销,然后是营业推广、广告宣传和公共关系。

（二）产品生命周期

处在不同时期的产品，促销的重点目标不同，所以采用的促销方式也有所区别（如表1-10所示）。

表 1-10 产品生命周期与促销方式

产品生命周期	促销的主要目的	促销主要方法
导入期	使消费者认识商品，使中间商愿意经营	广告介绍，对中间商用人员推销
成长期、成熟期	使消费者感兴趣，扩大市场占有率，使消费者形成"偏爱"	扩大广告宣传，搞好营业推广
衰退期	保持市场占有率，保持老顾客和用户，推陈出新	适当的营业推广，辅之广告

从表 1-10 可以看出，在导入期和成熟期，促销活动十分重要，而在衰退期则可降低促销费用支出，缩小促销规模，以保证足够的利润收入。

（三）市场状况

市场需求情况不同，企业应采取的促销组合也不同。一般来说，范围小、潜在顾客较少以及产品专用程度较高的市场，应以人员推销为主；而对于无差异市场，因其用户分散、范围广，则应以广告宣传为主。

 职业能力训练

王强和李明企业的食品最近已经在所在城市的超市上架，但销量并不理想，经过调查发现，是因为很多消费者没有听说过这个品牌，而企业又没有任何促销活动，所以无人问津。请你设计一个营业推广活动来帮助他们进行促销。

单元二

电子商务认知与技术

项目一 电子商务的体验

学习任务一 体验电子商务

引导案例

更为便捷的购物（一）：网上购物

王阿姨的儿子正读高中，最近要买一套《史记》。可是他学业繁重，正在复习迎考，于是就将买书的任务交给了妈妈。可王阿姨最近一直在加班，下班的时候书店早已关门。怎么办呢？同事小李知道后，笑着说："午休时，我帮你搞定。"

午休时，王阿姨看见小李一直坐在办公桌前，没有外出的意思，有些纳闷，走过去一看，原来小李正在网上选购《史记》呢。不久，快递公司送来了《史记》。王阿姨连说："网购还真方便。"

随着互联网商业模式不断创新、线上线下服务融合加速以及公共服务线上化步伐加快，我国网民规模持续增长，网上消费也逐渐"飞入寻常百姓家"，今天有些人甚至敢凭着一部手机"走天下"。

 学习目标

1. 了解电子商务的发展历程。
2. 理解电子商务发展的条件。

> **知识链接**
> 2018年1月31日,中国互联网络信息中心(CNNIC)在京发布第41次《中国互联网络发展状况统计报告》。截至2017年12月,我国网民规模达7.72亿,普及率达到55.8%,超过全球平均水平(51.7%)4.1个百分点,超过亚洲平均水平(46.7%)9.1个百分点。

一、电子商务的发展

今天,人们足不出户就能完成购物、订票、转账等一系列活动,然而20多年前,人们还无法体验到互联网给生活带来的巨大变化,许多人认为网络上只能销售软件、电子图书等便于网络传递的商品。如今网络可售产品无所不包,这些变化也见证了电子商务的发展历程。

20世纪70年代末,人们开始对电子商务进行研究与应用。纵观电子商务的发展历程,大致有以下几个阶段:

(一)基于EDI的电子商务

EDI是Electronic Data Interchange的缩写,即电子数据交换,它是一种利用计算机进行商务处理的方式。在基于互联网的电子商务普及应用之前,EDI是一种主要的电子交易模式,交易上方通过增值网络(Value Added Network,VAN),将交易过程中产生的询价单、报价单、订购单、收货通知单、货物托运单、保险单和转账发票等报文数据,以规定的标准格式进行数据传送。应用EDI使企业实现了"无纸贸易",大大提高了工作效率,在某些方面降低了交易成本,加强了贸易伙伴之间的合作关系,因此EDI在国际贸易、海关业务和金融领域得到了广泛的应用。但EDI对技术、设备、人员要求较高,在一定程度上制约了它的普及和推广,仅局限在发达国家和地区以及大型企业范围内。

(二)基于Internet的电子商务

20世纪90年代中期以后,Internet迅速普及,逐步走进企业和寻常百姓家,其功能也从信息共享演变成为一种大众化的信息传播工具。从1991年起,一直排斥在互联网之外的商业贸易活动也正式进入这个领域,使电子商务成为互联网应用的最大热点。Internet克服了EDI的不足,可以满足中小企业对电子数据交换的需要,为在所有的企业中普及商务活动的电子化提供了可能。

我国政府为推动电子商务的发展,于1993—1997年期间,组织开展了金关、金卡、金税等"三金工程",为电子商务发展打下坚实基础。1996年1月,我国成立国务院国家信息化工作领导小组,由副总理任组长,20多个部委参加,统一领导组织我国信息化建设。1996年,全桥网与互联网正式开通。1997年,广告主开始使用网络广告。1997年4月以来,中国商品订货系统(CGOS)开始运行。

(三)融合发展的电子商务

近年来,电子商务呈现出融合发展的趋势,既有技术的融合,也有线上线下业态的融合。

伴随着科学技术的发展，人们将互联网、移动通信技术、短距离通信技术及其他信息处理技术结合起来，利用手机、PDA 及掌上电脑等无线终端进行各种电子商务活动。人们可以在任何时间、任何地点进行各种商贸活动，实现在线电子支付以及各种交易活动、商务活动、金融活动和相关的综合服务活动等。这一阶段，是电子商务领域变化迅捷的时期，也是电子商务创新竞争的时期，电子商务的营销方式、营销平台发生着变化，互联网金融成为人们热议的话题。

给同学们介绍一下你喜欢的网店并说明理由。

去外地旅游，只带手机不带钱包可以吗？只带钱包不带手机又会怎样？

二、电子商务发展的要素

我们知道经济活动的开展离不开信息流、资金流、物流等要素，电子商务的发展也是围绕这"三流"展开的。

（1）信息流。是指人们采用各种方式来实现信息交流，从面对面的直接交谈直到采用各种现代化的传递媒介，包括信息的收集、传递、处理、储存、检索、分析等渠道和过程。

（2）资金流。主要是指资金的转移过程。

（3）物流。是指商品或服务的流转过程，具体包括运输、储存、配送、装卸、保管及物流信息管理等各种活动。

你认为哪些因素可能会阻碍网购的顺利实现？

三、电子商务的优势

与传统商务相比，电子商务具有如下一些优势：

（1）时空优势。由于电子商务的交易活动是在网络开展上的，而网络开放性、适时性的特点使得电子商务活动不再受时间和空间的限制，销售空间随着网络体系的延伸而不断扩展，交易时间可以由消费者或用户自己决定，因而更人性化，自主选择性也更强。

（2）减少库存，降低成本。通过网络将市场上的各种信息传递给各个供应商、生产企业以及消费者，这三方都可以根据自己的不同需要挑选或者购买自己所需。对企业来说，缺货时自动补给,能有效减少库存,实现零库存的便捷化管理,也大大减少了采购的成本。

（3）减少交易环节,降低流通费用。电子商务使得商品的交易有了全新的流通模式,可以减少中间环节,使得生产者和消费者直接进行交易。流通环节的减少,不仅降低了流通费用,还便于企业更好地了解消费需求。

（4）密切用户关系,加深用户了解。互联网的实时沟通功能使得电子商务免受外界因素干扰,消费者更容易表达自己的真实感受。这种互动式的交流,有利于供需双方加深了解,建立比较密切的客户关系。同时,网上购物的购后评价,既可以给其他消费者挑选商品提供参考,企业也可以从中真切地了解到消费者的需求,有利于企业开发出更人性化、优质化的产品。

电子商务与传统商务模式相比,具有一定的优势,未来它是否会完全取代传统商务模式?

学习任务二　了解电子商务

更为便捷的购物（二）：了解电子商务

王阿姨带着《史记》回到家,非常兴奋地告诉儿子,这书是从网上买来的。儿子一边接过书一边说："嗯,网购现在挺流行,等我有空,也琢磨琢磨。不行还可以问表哥,他学的就是电子商务。"

你知道王阿姨儿子说的电子商务是什么吗?

1. 理解电子商务的概念。
2. 了解电子商务的功能。
3. 能根据不同分类依据区分电子商务的种类。

一、电子商务的基本概念

电子商务具有狭义和广义两层含义。

狭义的电子商务是指以现代网络技术为依托进行物品和服务的交换,是商家和客户之间的联系纽带。这一概念包含英文 Electronic Commerce 的全部和 Electronic Business 中的有偿服务部分。

广义的电子商务是指以现代网络技术为依托进行的一切有偿商业活动和非营利业务交往或服务活动的总和。这一概念包含英文 Electronic Business 的全部内容,包括电子政务和企业内部业务联系的电子化、网络化。

> **知识链接**
>
> 电子商务是一个不断发展的概念,电子商务的先驱 IBM 公司于 1996 年提出了 Electronic Commerce(E-Commerce)的概念,到了 1997 年,该公司又提出了 Electronic Business(E-Business)的概念。有人将 E-Commerce 称为狭义的电子商务,将 E-Business 称为广义的电子商务。E-Commerce 是指实现整个贸易过程中各阶段贸易活动的电子化。E-Business 是利用网络实现所有商务活动业务流程的电子化。E-Commerce 集中于电子交易,强调企业与外部的交易和合作,而 E-Business 则把涵盖范围扩大了很多。

议一议

目前,会计从业资格考试的报名是在网上进行的,你认为这属于电子商务范畴吗?

即学即思

我们可以利用网络实现商品交换,我们还可以通过网络从事哪些活动?

二、电子商务的功能

电子商务可提供网上交易和管理等全过程的服务,因此它具有广告宣传、咨询洽谈、网上订购、网上支付、电子账户、服务传递、意见征询、交易管理等各项功能。

(一)广告宣传

电子商务可凭借企业的 Web 服务器和客户的浏览,在 Internet 上发布各类商业信息,还可通过电子邮件(E-mail)在全球范围内做广告宣传。而客户也可以利用网上的检索工具迅速地找到所需商品的信息。与以往的各类广告相比,网上的广告成本最为低廉,而给顾客的信息量却最为丰富。

（二）咨询洽谈

电子商务可借助非实时的电子邮件（E-mail）、新闻组（News Group）和实时的讨论组（Chat）来了解市场和商品信息，洽谈交易事务。网上的咨询和洽谈能超越人们面对面洽谈的限制，提供多种方便的异地交谈形式。

（三）网上订购

电子商务可借助 Web 中的邮件交互传送实现网上订购。网上订购通常都是在产品介绍的页面上提供十分友好的订购提示信息和订购交互格式框。当客户填完订购单后，通常系统会回复确认信息单来保证订购信息的收悉。订购信息也可采用加密的方式使客户和商家的商业信息不会泄漏。

（四）网上支付

电子商务要成为一个完整的过程，网上支付是重要的环节。在网上直接采用电子支付手段可省略交易中的很多费用支出。网上支付将需要更为可靠的信息传输安全性控制，以防止欺骗、窃听、冒用等非法行为。

（五）电子账户

网上支付必须要有电子金融来支持，即银行或信用卡公司及保险公司等金融单位要提供网上操作的金融服务，而电子账户管理是其基本的组成部分。

（六）服务传递

对于已付了款的客户应将其订购的货物尽快地传递到他们手中。而有些货物在本地，有些货物在异地，这就需要进行适当的物流调配。最适合在网上直接传递的货物是信息产品，如软件、电子读物、信息服务等。它能直接从电子仓库中将货物发送到用户端。

（七）意见征询

电子商务能十分方便地采用网页上的"选择""填空"等格式文件来收集用户对销售服务的反馈意见，这样能使企业及时了解客户需求。客户的反馈意见不仅能提高售后服务的质量，更能使企业获得改进产品、发现市场的商业机会。

（八）交易管理

整个交易的管理将涉及人、财、物等多个方面，涉及企业和企业、企业和客户及企业内部等各方面的协调和管理。因此，交易管理是涉及商务活动全过程的管理。

电子商务的发展，将会提供一个良好的交易管理的网络环境及多种多样的应用服务系统，这样能保障电子商务获得更广泛的应用。

议一议

电子商务的各种功能会给企业节约哪些费用支出？

三、电子商务的分类

电子商务按照不同的分类依据，可以分成不同类别。

（一）以使用网络的类型分类

（1）EDI 电子商务：主要应用于企业与企业、企业与批发商、批发商与零售商之间的批发业务。EDI 系统的大范围使用，可以减少数据处理费用和数据重复录入费用，并大大缩短交易时间。

（2）基于 Internet（互联网）的电子商务：让一大批电脑使用一种叫作 TCP/IP 的协议来及时交换信息，真正实现少投入、低成本、零库存、高效率，避免了商品的无效搬运，实现了资源的高效运转和最大节余。

（3）基于 Intranet（物联网）的电子商务：将大、中型企业分布在各地的分支机构及企业内部有关部门和各种信息通过网络予以连通，使大家做到信息资源共享。这样可以有效降低交易成本，提高经营效益。

（二）以商务业务的性质分类

（1）国际电子商务系统：电子通关、电子报税、电子报检等。
（2）普通电子商务系统：网络商业系统（网络订购、网络商务信息发布、商务单证报文交换）、对公业务系统等。
（3）电子银行系统：电子支付、资金清算、信用卡业务等。

（三）以商务业务的阶段分类

（1）支持交易前的系统：将商务信息分类上网和组合查询。
（2）支持交易中的系统：买卖双方间交换商务活动过程中的各种业务文件或单证。
（3）支持交易后的系统：涉及银行、金融机构和支付。

（四）按照交易对象分类

（1）B TO B：商业机构对商业机构的电子商务交易模式，从未来发展趋势看，该类交易模式仍然是主流。
（2）B TO C：商业机构对消费者的电子商务交易模式。
（3）C TO C：消费者对消费者的电子商务交易模式。
（4）B TO G：商业机构对政府的电子商务交易模式，政府可能会间接影响电子商务。
（5）C TO G：消费者对政府或行政机构的电子商务交易模式。

职业能力训练

（1）上网浏览阿里巴巴、京东、淘宝网等网站,说说这些网站分别属于何种交易模式。
（2）网上报税属于哪种电子商务模式?

学习任务三　认知电子商务法律环境

引导案例

由于网络游戏的发展,全国各地发生了多起网络游戏中虚拟财产被盗事件。网络游戏"红月"玩家李某,辛苦获得的装备在一夜之间消失,为此,他将"红月"经营者北极冰科技公司告上法庭,成为我国首例游戏虚拟财产的纠纷案。北京市朝阳区人民法院相继两次开庭审理了此案,最后法院对虚拟财产纠纷案进行了一审判决,判令游戏运营商将游戏玩家李某已经丢失的虚拟装备生化盾牌1个、生化头盔3件、生化腰带2条、生化战甲1件、生化裤子1条、生化靴子2双、战神甲1件、献祭之石2个等进行恢复。

案例提示

电子商务的飞速发展,带来了诸如网络著作权、网络隐私权、网络信息发布和保密等许多新的法律问题,过去的法律法规已无法完全适应全球化的网络环境。

学习目标

1. 了解电子商务对传统法规的挑战。
2. 熟悉电子商务各参与方的法律关系。
3. 了解电子商务法的调整对象和立法范围。
4. 能够掌握电子商务交易的法律规范。
5. 熟悉网络安全的法律规范。
6. 了解电子商务从业人员的职业道德规范。

一、电子商务对现代相关法律的挑战

一方面,电子商务所具有的无界性、虚拟性等特点使传统的民事权利在网络上具有了新

的特点,在电子商务活动中出现了不能得到法律有效保障的"灰色地带",这就要求建立新的电子商务法律机制,来保护公民在网络上的合法权益不受侵犯;另一方面,高速的技术进步,使电子商务的发展速度远远超过了国家法律适时调整的能力,给立法和司法者提出了新的挑战,加速政策法规的改革成为政府在数字化时代的艰巨任务。

电子商务涉及的法律法规问题非常广泛,如合同法、税法、知识产权法、银行法、票据法、海关法、广告法、消费者权益保护法、刑法及工商行政法规等等都成为制约电子商务健康发展的关键问题,可以说,电子商务法律体系建立和完善的过程,将会是法律体系全面深刻变革的过程。

电子商务对相关法律提出了哪些挑战?

(一) 电子商务对合同法的挑战

在电子商务实施中,交易信息是以数据电文的形式传递的,那么,电子要约和承诺的构成、生效条件是什么?电子合同的形式是什么(口头的、书面的还是其他)?合同成立、生效的时间和地点与传统合同有什么不同?无纸电子合同争议发生后,没有原件的打印,合同是否具有证明力?等等。这一系列问题都是传统合同法难以回答和解决的,要求我们必须研究制定新的合同法规则或建立电子商务法。

(二) 电子商务对知识产权法的挑战

互联网是大容量信息存储和传递的平台,有一部分信息是从网外媒体上得到的,有一部分是其他网站转载的,还有一部分是原创的。那么未经过同意和未支付报酬就使用网络信息的网站或用户就构成著作侵权。如经过同意和支付报酬后才能使用,那么网站将难以发展,而且每件作品的使用均得到作者同意也很难操作。如何在保护作者权益和维持网站信息的丰富多样性之间寻求平衡,是著作权法的新任务。同时,传统商标法也遇到新的问题,网络上的商标有一种是数据电文形式的动画图像,商标法是否可以直接纳入调整范围?

(三) 电子商务对银行法的挑战

商务活动的支付手段较早实现了专门计算机网络的电子化支付,如信用卡支付、网上结算、电子资金划拨等。网络支付越来越普及,传统银行法中货币发行、支付风险、支付责任等规定就很难直接套用于电子支付行为。在电子支付过程中,电子货币的发行人是哪些机构,电子支付的安全性由谁保障,支付中出现现金冒领等损失由谁承担等都应制定新的法律规范予以调整。

(四) 电子商务对证据法的挑战

在传统的诉讼法中,证据的种类、证据的形式、证据的证明力等都与纸质介质的证据有一定的关系。而数据电文若没原件,诉讼中的举证方法如何确定?数据电文作为证据,它是独立的证据种类,还是传统证据的某一种形式?数据电子证据的排他性、防伪造性问题如何解决等,是现有的证据法难以回答的。

(五)电子商务对消费权益保护法的挑战

法律强调对消费者权益的保护是为了维护交易双方的实体平等。为此,消费者权益保护法赋予了消费者一系列的权利。但在电子商务环境下,消费者的角色发生了变化,消费者行为更信用化、理性化、个性化,同时在虚拟的网络市场中,消费者更关注自身权益能否得到法律的切实保护。现有消费者保护法,无法对网上消费者对商品和服务的知情权、退货权、隐私权等提供充分的保护。所以,应当考虑电子商务消费者的消费特点,制定新的电子商务消费者权益保护规则。

(六)电子商务对税法的挑战

现有的税法和税种主要是建立在商务主体开发的传统商务模式之上的。交易双方的交易信息和账册都存储在纸质介质上,营业主体都有固定的地点和经营范围,利于税务部门的核查、监控及催收。在电子商务实施过程中,营业主体的地点和经营范围不固定,数据信息易于被删除、修改、复制等,这为税务部门获取电子商务的真实交易资料带来极大的不便。此外,电子商务中生产、流通、分配、消费等环节的界线在一定程度上难以区分,这对网上交易征税时税种的确定带来困难。为适应电子商务交易的特点,有必要制定电子商务税收法律制度。

即学即思

电子商务发展对法律提出了哪些新的要求?

二、电子商务各参与方的法律关系

在电子商务交易过程中,买卖双方、客户与交易中心、客户与银行、银行与认证中心都将彼此发生业务关系,从而产生相应的法律关系。买卖双方之间的法律关系实质上表现为双方当事人的权利和义务。买卖双方的权利和义务是对等的。

(一)卖方的义务

在电子商务交易活动中,卖方应当承担三项义务:

(1)按照合同的规定提交标的物及单据。提交标的物和单据是电子商务中卖方的一项主要义务。为划清双方的责任,标的物交付的时间、地点和方法应当相当明确,如果合同未对标的物交付的时间、地点和方法做出明确规定,则应按照有关合同法或国际公约的规定办理。

(2)对标的物的权利承担担保义务。和传统的买卖交易相同,卖方仍然应当是标的物的所有人或经营管理人,以保证将标的物的所有权或经营管理权转移给买方。卖方应保障对其所出售的标的物享有合法的权利,承担保障标的物的权利不被第三方追索的义务,以保护买方的权益。如果有第三方提出对标的物的权利,买方提出收回标的物时,卖方有义务证明第三方无权追索,必要时可以参加诉讼、出庭作证。

(3) 对标的物的质量承担担保义务。卖方应保证标的物质量符合规定。卖方交付的标的物的质量应符合国家规定的质量标准或双方约定的质量标准,不应存在不符合质量标准的瑕疵,或与网络广告相悖的情况。卖方隐瞒标的物的瑕疵,应当承担相应的责任。

(二) 买方的义务

在电子商务交易活动中,买方应当承担三项义务:

(1) 承担按照网络交易规定方式支付价款的义务。由于电子商务的特殊性,网络购买一般没有时间、地点的限制,支付价款通常使用的是信用卡、电子钱包等方式,这与传统的支付方式也是有区别的。所以在电子交易合同中,采用哪种支付方式应明确。

(2) 承担按照合同规定的时间、地点和方式接受标的物的义务。由买方提取标的物,买方应在卖方通知的时间内到预定的地点提取。由卖方代为托运的,买方应按照承运人通知的期限提取。由卖方运送的,买方应做好接受标的物的准备,按时接受,如买方迟延接受,应负迟延的责任。

(3) 承担对标的物验收的义务。买方接受标的物后应及时验收。发现问题时,应在验收期内提出并立即通知卖方,由卖方负责。如买方不及时验收,事后提出,卖方不负责任。对隐蔽瑕疵和卖方故意隐瞒的瑕疵,买方发现后,应立即通知卖方,并追究卖方的责任。

(三) 网络交易中心的法律地位

网络交易中心在电子商务交易中扮演着介绍、促成和组织者的角色。这一角色既不是卖方,也不是买方,而是交易的中间人。它是按照法律的规定在买卖双方委托业务的范围内和具体要求下进行业务活动的。网络交易中心必须在法律许可的范围内进行活动。经营的业务范围、物品的价格、收费标准等都应严格遵守国家的规定。法律规定的禁止流通物不得作为合同的标的物。

> ☞ **知识链接**
>
> 网络交易中心的设立,根据《中华人民共和国计算机信息网络国际联网管理暂行规定》第八条,必须具备以下四个条件:
> (1) 是依法设立的企业法人或者事业法人;
> (2) 具有相应的计算机信息网络、装备以及相应的技术人员和管理人员;
> (3) 具有健全的安全保密管理制度和技术保护措施;
> (4) 符合法律和国务院规定的其他条件。

(四) 网络交易客户与银行间的法律关系

在电子商务中,网络交易客户与银行的关系变得十分密切。除少数使用邮局汇款外,大多数交易要通过银行的电子资金划拨来完成。电子资金的划拨依据是银行与网络交易客户所订立的协议。

在电子商务中银行同时扮演发送银行和接收银行的角色。银行的基本义务是依照客户的指示,准确、及时地完成电子资金划拨。作为发送银行,在整个资金划拨过程中,承担着如约执行资金划拨指示的责任,一旦资金划拨失误,发送银行应向客户进行赔付。作为接收银行,要求它妥当地接收划拨来的资金,也就是接到发送银行传来的资金划拨指示后便应立即履行其义务。如有失误,则应当按照接收银行自身与客户的合同处理。

(五)认证机构在电子商务中的法律地位

认证机构(Certificate Authority,CA)是提供身份验证的第三方机构,是一个或多个用户信任的、具有权威性质的组织实体。它不仅要对进行网络交易的买卖双方负责,还要对整个电子商务的交易秩序负责。它通常采用数据加密技术来保障电子交易的安全。认证中心扮演着一个买卖双方签约、履约的监督管理的角色,买卖双方有义务接受认证中心的监督管理。因此,这是一个十分重要的机构,往往带有半官方的性质。

三、电子商务中的知识产权保护

互联网上所进行的一些商业或非商业行为会涉及公民、法人或其他组织享有的知识产权。知识产权的权利人非常关心他们的知识产权有没有被盗,因而电子商务中知识产权法律问题就成为突出问题。

从广义上来看,知识产权可以包括一切人类智力创作的成果,而狭义的知识产权则包括著作权、域名、商标权、专利权及商业秘密等。知识产权是一种无形资产,它具有专有性、地域性和时间性。

(一)著作权

著作权(也称版权)是基于特定作品的精神权利以及全面支配该作品并享受其利益的经济权利的合称。

1. 著作权人的权利

著作权人的权利包括作品的复制权、发行权、出租权、传输权及精神权利。

2. 网络上的著作权侵权

未经作者或者其他权利人许可而以任何方式复制、出版、发行、改编、翻译、广播、表演、展出、摄制影片等,均构成对版权的直接侵犯。

> ☞ 知识链接
>
> 根据其他国家和地区的经验,常见的网络侵犯著作权行为有以下九类:
> (1)将网络上他人作品下载、复制光盘并用于商业目的。
> (2)图文框连接,使他人的网页出现时无法呈现原貌,使作品的完整性受到破坏,侵害了著作权。
> (3)通过互联网的复制与传输,行为人将他人享有著作权的文件上传或下载,非法使用。
> (4)在图像链接中侵害图像著作权人的复制权。

(5)未经许可将作品原件或复制物提供公众交易或传播,或者明知为侵害权利人著作权的复制品仍然进行网上散布。

(6)侵害网络作品著作人身权的行为,包括侵害作者的发表权、署名权和保护作品完整权等。

(7)网络服务商的侵犯著作权行为。如经著作权人告知侵权事实后,仍拒绝删除或采取其他不法措施;其他与不法行为人有共同故意企图的共同侵权行为(引诱、唆使、帮助等行为)。

(8)违法破译著作权人利用有效技术手段防止侵权的措施行为。

(9)故意使用删除、篡改等手段破坏网络作品著作权管理信息,从而使网络作品面临侵权危险的行为。

3. 网络著作权纠纷的法律适用

(1)网络服务商通过网络自行实施侵犯他人著作权行为的,应当承担民事责任。

(2)网络服务商通过网络参与他人著作权侵权活动,应当与其他人承担共同侵权责任。

(3)提供内容服务的网络商对其传输内容有控制、监督、增删编辑的权利和义务,用户上网传输侵害他人著作权的内容,该网络商经著作权人告知仍不采取措施停止侵权内容传播的,应当承担连带侵权责任。

(4)提供内容服务的网络商明知用户通过网络传输侵犯他人著作权内容,应当承担侵权责任。

(5)提供内容服务的网络商对于著作权人提出的确有证据的侵权警告,应当在技术可能、经济许可的范围内采取措施移除侵权内容,提供侵权人的通信资料。拒不移除侵权内容的承担相应侵权责任,事先明知的承担连带侵权责任。

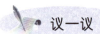

北京法院审判的六作家状告网络公司著作权侵权案

世纪互联在未取得作家王蒙、张洁、张抗抗、毕淑敏、刘震云、张承志同意的情况下,将他们创作的文学作品《坚硬的稀粥》、《漫长的路》、《白罂粟》、《预约死亡》、《一地鸡毛》、《黑骏马》和《北方的河》通过世纪互联通讯有限公司的网站(www.bol.com.cn)在国际互联网上进行传播。为此六作家认为被告世纪互联通讯有限公司作为提供互联网络内容的服务商,未经许可以营利为目的使用原告的作品,侵害了原告依法享有的著作权,请求法院判决被告停止侵权,公开致歉,赔偿经济损失和精神损失,承担诉讼费、调查费等合理费用。

问题:如何对待著作权侵权?

(二)域名

从本质上来看,域名是一种资源,域名作为一种在互联网上的地址名称,在区分不同的站点用户上起着非常重要的作用,但是域名的存在和登记规则也带来了一些问题,需要法律做出规定并进行解决。

1. 域名的法律特征

域名的法律特征在很大程度上取决于它的技术特征,其主要内容包括:

(1) 标志性。互联网上的不同用户是通过各自的域名来相互区别的。

(2) 唯一性。每个域名在全球范围内都必须是独一无二的。

(3) 排他性。一个域名的出现就意味着其他域名不能使用与之相同的名称。

> ☞ 知识链接
>
> 在互联网上申请域名注册要遵循"先申请先注册"的原则,只有欲申请注册的域名不与已注册的所有域名相同时,才能获得有效的注册,而域名一旦获得注册,它就会排斥此后欲申请注册与此相同的域名。

2. 域名的商业价值

域名虽然与所在公司、商标、产品没有直接的关系,但是由于域名在互联网上是唯一的,每个用户都想有一个好听的、简单易记、给人印象深刻的域名,所以大部分企业、事业单位都愿意采用自己单位名称的缩写或自己的商标来定义自己的域名。商家在互联网上注册域名设立网址,可以被全世界的用户随时访问、随时查询,如果域名能够使访问的用户联想到某一商家名称或某一商品,这无疑是在给商家或商品做广告。如果所使用的域名与所使用的商标一致,权利人就比竞争对手处于更有利的地位。

3. 域名的管理及域名纠纷的法律适用

《中国互联网络域名注册暂行管理办法》规定的三级以下(含三级)域名命名的限制原则:未经国家有关部门的正式批准,不得使用含有"CHINA""CHINESE""CN""NATIONAL"等字样的域名;不得使用公众知晓的其他国家或者地区名称、外国地名、国际组织名称;未经各级地方政府批准,不得使用县级以上(含县级)行政区划名称的全称或者缩写;不得使用行业名称或者商品的通用名称;不得使用他人已在中国注册过的企业名称或者商标名称;不得使用对国家、社会或者公共利益有损害的名称。

4. 域名与商标冲突及域名抢注纠纷

这主要指行为人明知是属于他人享有权利的知名商标、商号或其他标志的文字组成,却故意将他人的知名商标、商号涵盖的文字注册为自己的域名,再以高价将这些域名卖给该知识产权所有人。有人称此种行为是域名的"劫持"或"囤积"。

> ☞ 知识链接
>
> 关于抢注其他企业的名称和商标名称作为域名的禁止性限制在《中国互联网络域名注册暂行管理办法》中已经进行了规定:当某个三级域名与在我国境内注册的商标或者企业名称相同,并且注册域名不为注册商标或者企业名称持有方拥有时,注册商标或者企业名称持有方若未提出异议,则域名持有方可以继续使用其域名;若注册商标或者企业名称持有方提出异议,在确认其拥有注册商标权或者企业名称权之日起,各级域名管理单位为域名持有方保留30日域名服务,30日后域名服务自动停止,其间

一切法律责任和经济纠纷均与各级域名管理单位无关。

广东某制衣厂抢注英文商标"kelon"域名纠纷案

被广东某制衣厂抢注其英文商标"kelon"作为域名的科龙集团向北京市海淀区人民法院提出诉讼,请求法院确认该制衣厂的抢注行为属于恶意侵权行为,令其承担相应的法律责任。这是我国第一例域名纠纷案,最后法院裁定该制衣厂注册"kelon"域名行为属于非法。该制衣厂自知理亏,已向中国互联网信息中心提出申请,要求注销其注册的"www.kelon.com.cn"域名,并交回了注册证书。

美国保洁公司指控北京××公司非善意注册保洁的驰名商标"护舒宝"为域名,侵犯其商标专用权,构成不正当竞争,法院开庭审理并当庭宣判,认定××公司以驰名商标为域名而不实际使用,属非善意注册,构成不正当竞争,判决××公司败诉,立即停止使用。

请讨论:如果一个企业的知名商标被他人注册为域名怎么办?

四、国内外有关电子商务的立法

为了给电子商务的发展提供良好的法律环境,以联合国为首的有关国际性、区域性组织和各国政府对此给予了高度重视,对电子商务法律进行了积极探索,纷纷出台推动电子商务发展的政策、行动纲领和规范性文件,同时减少各国在立法上的冲突,为电子商务在全球范围内的发展扫平障碍。

(一)国际组织在立法方面的现状

1. 联合国电子商务立法情况

联合国国际贸易法委员会在电子数据交换原则研究与发展的基础上,于1996年6月通过了《联合国国际贸易法委员会电子商务示范法》。

《联合国国际贸易法委员会电子商务示范法》的颁布为逐步解决电子商务的立法问题奠定了基础,为各国制定本国电子商务法规提供了框架和示范文本。此后,于2001年通过了《电子签名示范法》,2005年通过了《电子合同公约》,2016年通过了《关于网上争议解决的技术指引》。

国际商会已于1997年11月6日通过了《国际数字保证商务通则》,该通则试图平衡不同法律体系的原则,为电子商务提供指导性政策,并统一了有关术语。

2. 欧洲地区电子商务立法

俄罗斯是世界上最早进行电子商务立法的国家,1994年俄开始建设俄联邦政府网,1995年俄国家杜马审议通过了《俄罗斯信息、信息化和信息保护法》;1996年通过了《国际信息交流法》；2001年通过了《电子数字签名法》草案，规定了国家机构、法人和自然人在正式文件上用电子密码进行签名的条件以及电子签名的确认、效力、保存期限和管理办法等。

此外，还有德国1997年的《信息与通用服务法》、意大利1997年的《数字签名法》、法国2000年的《信息技术法》等，而欧盟的《电子商务指令》为电子商务设立了基本法律框架。

3. 北美洲、澳大利亚电子商务立法

1995年，美国犹他州制定了世界上第一个《数字签名法》，1997年在统一商法典中增加了两章，即电子合同法和计算机信息交易法，1998年做出进一步的修改；2000年颁布《国际与国内商务电子签章法》；2015年颁布《网络安全信息共享法案》。20世纪末，美已有44个州制定了与电子商务有关的法律。近10年来，美出台了一系列法律和文件，从而构成了电子商务的法律框架。

1999年，加拿大制定了《统一电子商务法》，正式承认数字签名和电子文件的法律效力。1999年，澳大利亚颁布了《电子交易法》，确定了电子交易的有效性，并对适用范围进行了适当限制，对"书面形式""签署""文件之公示""书面信息的保留""电子通讯发出、接收的时间和地点""电子讯息的归属"进行了规定。

4. 亚洲地区电子商务立法

1986年，新加坡政府就宣布了国家贸易网络开发计划，1991年全面投入使用EDI办理和申报外贸业务。1998年制定了《电子交易法》，并逐步建立起完整的法律和技术框架。

马来西亚是亚洲最早进行电子商务立法的国家。20世纪90年代中期提出建设"信息走廊"的计划，1997年颁布了《数字签名法》，该法采用了以公共密钥技术为基础，并建立配套认证机制的技术模式，极大地促进了电子商务的发展。

韩国1999年颁布的《电子商务基本法》是最典型的综合性电子商务立法，该法包括：关于电子信息和数字签名的一般规定；电子信息；电子商务的安全；促进电子商务的发展；消费者保护及其他；对电子商务的各方面做出基础性的规范。

日本2000年制定的《电子签名与认证服务法》，主要篇幅用于规范认证服务，从几个方面对认证服务进行了全面细致的规定；该法还明确了指定调查机构的权利与义务，形成了独特的监管模式。

印度1998年推出《电子商务支持法》，并在2000年针对电子商务的免税提出实施方案，促进了信息产业和相关产业的持续增长。

（二）国际电子商务立法的主要内容

当前的国际电子商务立法主要涉及以下几方面的内容：

1. 市场准入

市场准入是电子商务跨国界发展的必要条件。WTO通过的有关电信及信息技术的各项协议均贯穿着贸易自由化的要求。例如，《全球基础电信协议》要求成员国开放电信市场，《信息技术协议》要求参加方在2000年以前对涉及的绝大部分产品实现贸易自由化。电子商务涉及的市场准入问题列入了1999年于西雅图开始的新一轮贸易谈判。

2. 税收

由于电子商务交易方式的特点，给税收管辖权的确定带来困难，因而引出了改革传统税收法律制度、维护国家财政税收利益这一课题。1997年美国的《全球电子商务纲要》主张对网上交易免征一切关税和新税种,即建立一个网上自由贸易区。1998年5月20日,WTO第二届部长会议通过的《关于全球电子商务的宣言》,规定至少一年内免征互联网上所有贸易活动关税,并就全球电子商务问题建立一个专门工作组。网络贸易税收问题将成为新一轮贸易谈判的重点之一。

3. 电子商务合同的成立

电子商务是由买卖双方通过电子数据传递实现的,其合同的订立与传统商务合同的订立有许多不同之处,因而需要对电子商务合同的成立做出相应的法律调整。联合国国际贸易法委员会1996年通过的《电子商务示范法》对涉及电子商务合同的成立做了规定。《示范法》承认自动订立的合同中要约和承诺的效力,肯定数据电文的可接受性和证据力,对数据电文的发生和收到的时间及数据电文的收发地点等一系列问题均做了示范规定,为电子商务的正常进行提供了法律依据。国际商会正在制定的《电子贸易和结算规则》则以《电子商务示范法》为基础做了进一步的规定。

近年来,国际组织积极构建多边法律框架,探索建立适应网络经济发展的国际规则体系,为各国电子商务立法衔接与规则统一提供框架体系,例如联合国贸易法委员会2016年通过的《关于网上争议解决的技术指导》。

4. 安全与保密

安全和保密是电子商务发展的一项基本要求。目前,一些国际组织已先后制定了一些规定,以保障网络传输的安全可靠性。1997年国际商会制定了《电传交换贸易数据统一行为的守则》。联合国国际贸易法委员会1996年通过的《电子商务示范法》也对数据电子的可靠性、完整性以及电子签名、电子认证等做了规定。OECD、欧盟、美国及其他发达国家都先后制定了网络交易安全与保密方面的规则,美国于2015年10月颁布了《网络安全信息共享法案》。

5. 知识产权

全球电子商务的迅速普及,使现行知识产权保护制度面临新的更加复杂的挑战,对版权、专利、商标、域名等知识产权的保护成为国际贸易与知识产权法的突出问题。1996年世界知识产权组织(WITO)通过《WITO版权条约》(WCT)和《WITO表演与录音制品条约》(WPPT),这两项条约被称为"互联网"条约。WIPO于1998年10月又宣布,将成立专门的指导委员会,加强与各地区成员国的协商,在1999年9月召开全球电子商务的国际会议。联合国国际贸易法委员会1996年通过的《电子商务示范法》则在"数据电文的归属"一条中对数据电文的所有权做了规定。在新一轮WTO谈判中,网络贸易中的知识产权保护也将成为电子商务谈判的一个重要内容,从而构成新的全球电子商务协定的组成部分。

6. 隐私权保护

满足消费者在保护个人资料和隐私方面的愿望是构建全球电子商务框架必须考虑的问题。OECD1990年通过的《保护隐私和跨界个人资料指南》、欧盟1998年10月生效的《欧盟隐私保护指令》对网上贸易涉及的敏感性资料及个人数据给予法律保护,对违规行为追究责任。世界互联网大会通过了保护隐私技术。这些均体现了隐私权保护的法律要求。

7. 电子支付

利用电子商务进行交易必然会涉及支付。电子支付是目前电子商务发展的一个重点。

电子支付的产生使货币有形流动转变为无形的信用信息在网上流动,因而将对国际商务活动与银行业产生深远的影响。目前的政策法规尚难以满足电子支付的需要。国际商会目前正在制定的《电子贸易和结算规则》对电子支付的安全性、数字签名、加密及数字时间签章做了规定,该规则一旦正式通过,将成为电子商务及电子支付的指导性交易规则。

(三) 国际电子商务立法的特点

由于信息技术的发展具有以往几次科技革命所不具备的特点,因而由信息技术革命所引起的电子商务的国际立法在一定程度上也具有以往的国际经济贸易立法所不具备的特点。国际电子商务立法主要具有以下特点:

1. 电子商务的国际立法先于各国国内法的制定

以往的国际经济贸易立法通常是先由各国制定国内法律,然后由一些国家或国际组织针对各国国内法的差异和冲突进行协调,从而形成统一的国际经贸法律。20 世纪 90 年代以来,由于信息技术发展的跨越性和电子商务发展的迅猛性,在短短的几年时间里,即已形成电子商务在全球普及的特点,因而使各国未能来得及制定系统的电子商务的国内法规。同时,由于电子商务的全球性、无边界的特点,任何国家单独制定的国内法规都难以适用于跨国界的电子交易,因而电子商务的立法一开始便是通过制定国际法规而推广到各国的(如联合国国际贸易法委员会 1996 年通过的《电子商务示范法》)。

2. 电子商务国际立法具有边制定边完善的特点

由于电子商务发展迅猛,且目前仍在高速发展的过程中,电子商务遇到的法律问题还将在网络交易发展过程中不断出现,因而目前要使国际电子商务法律体系一气呵成是不可能的,只能就目前已成熟或已达成共识的法律问题制定相应的法规,并在电子商务发展过程中加以不断完善和修正。典型法规为联合国国际贸易法委员会通过的《电子商务示范法》。该法规为一开口法律,第一部分为"电子商务总则";第二部分为"电子商务的特定领域",目前只制定了"第一章 货物运输",该部分其余章节则有待内容成熟后再逐章增加。该法于1996 年通过后不久,其第一部分内容即于 1998 年 6 月由联合国国际贸易法委员会做了补充。联合国《电子商务示范法》的这一特点是以往国际经贸立法中所罕见的,也是与国际电子商务发展的特点相适应的。

3. 电子商务的贸易自由化程度较高

由于电子商务具有全球性的特点,如施加不当限制,将会阻碍其发展速度,因而要求电子商务实施高度贸易自由化。1997 年 7 月,美国发布的《全球电子商务纲要》要求建立一个可预见的、干预最少的、一致的、简明的电子商务法律环境。1998 年 5 月,美国总统克林顿亲临 WTO 部长级会议,敦促各国支持美国关于电子商务永久免税的建议。当年 5 月 20 日,WTO 的 132 个成员通过了《关于全球电子商务的宣言》,规定至少 1 年内免征互联网上所有贸易活动的关税,从而形成电子商务"全球自由贸易区"。可见,电子商务贸易的自由化程度将高于其他贸易方式。

4. 电子商务国际立法重点在于使过去制定的法律具有适用性

电子商务的发展带来了许多新的法律问题,但电子商务本身并非同过去的交易方式相对立,而只是国际经贸往来新的延伸。因此,电子商务国际立法的重点在于对过去制定的国际经贸法规加以补充、修订,使之适用于新的贸易方式。例如,1980 年通过的《联合国国际货物销售合同公约》在制定时并未预见到电子商务的发展,因而其合同订立等条款并不完全适用于电子商务合同,联合国《电子商务示范法》在合同订立方面的规定实质上是对《联合国国际货物销售合同公约》的补充和完善,而并非推倒重来。又如,国际商会2000年1月1日生效的《2000年国际贸易术语解释通则》,在使用电子方式通信方面,基本沿用了1990年修订本的表述方式,而未做推倒重来式的修订。

5. 发达国家在电子商务国际立法中居主导地位

由于发达国家具有资金、人才、技术优势,因而其电子商务推广远远高于发展中国家。发展中国家电子商务尚处于起步阶段甚至尚未开展,因而在电子商务立法方面,发达国家,尤其是美国处于主导地位。目前有关电子商务立法的各种构想也大多是发达国家,主要是美国和欧盟提出的,而发展中国家处于被动地位,即使此种立法对发展中国家造成不利,也只能被迫接受。例如,1998年美国向WTO提出电子商务免税的建议,虽然一些发展中国家存在种种担心和疑虑,但最后只得同意。

6. 工商垄断企业在电子商务技术标准和制定上起主要作用

由于互联网技术日新月异,政府立法步伐难免滞后于技术进步,可能妨碍技术更新。因此,美国等发达国家政府主张,电子商务涉及的技术标准由市场而不是由政府来制定。由于IBM、HP等工商大企业具有资金、技术优势,因而目前电子商务涉及的技术标准实质上是由发达国家工商垄断企业制定的。例如,安全电子交易(Secure Electronic Transaction 即 SET)标准即是由 Visa 和 Master Card 两大集团于1998年2月1日共同制定,并得到IBM、Microsoft、Netscape 等公司的支持。

议一议

国际电子商务立法的主要特点是什么?
你认为电子商务法律中当前最重要的是什么问题?为什么?

(四)我国电子商务相关法律

2000年起,我国的电子商务已经进入飞速发展时期。虽然我国的电子商务发展起步比西方发达国家晚,但国家对电子商务的法规建设相当重视。1999年就开始把电子商务法律与法规建设提上议事日程,把规范企业间的电子商务活动作为电子商务管理工作的重点。从另一方面来看,随着企业间电子商务活动的开展,对于电子商务法律的需求已经越来越强烈。

> **重要提示**:我国涉及计算机安全的法律法规主要包括以下几部:
> 1988年9月,《保守国家秘密法》;
> 1989年,《计算机病毒控制规定(草案)》;
> 1991年5月24日,《计算机软件保护条例》;
> 1991年12月23日,《军队通用计算机系统使用安全要求》;
> 1992年4月6日,《计算机软件著作权登记办法》;

单元二 电子商务认知与技术

1994年2月18日,《计算机信息系统安全保护条例》;
1996年2月1日,《计算机信息网络国际联网管理暂行规定》;
1996年3月,《电子出版物暂行规定》;
1997年6月3日,《互联网络域名注册暂行管理办法和互联网络域名注册实施细则》;
1997年10月1日,新的刑法第一次增加了计算机犯罪的罪名;
2004年,中国电子商务协会政策法律委员会组织有关企业起草《在线交易平台服务自律规范》。规范的对象是网络平台,因为它处于联系支付方、服务方、销售方、购买方的枢纽地位,选择它能达到管中窥豹之效。以行业规范的形式确立了网络交易平台提供商的责任和权力,对网络交易服务进行了全面的规范;
2005年4月1日起,《中华人民共和国电子签名法》开始实施,该法首次赋予电子签名与文本签名具有同等法律效力,并明确电子认证服务市场准入制度,保障电子交易安全。随着这部法律的出台和实施,电子签名将获得与传统手写签名和盖章同等的法律效力,同时承认电子文件与书面文书具有同等效力,从而使现行的民商事法律同样适用于电子文件;
2016年11月7日,第十二届全国人大常委会第二十四次会议表决通过了《网络安全法》,自2017年6月1日起施行。

五、电子商务交易的法律规范

电子商务交易活动纷繁复杂,它实现了信息的交流以及资金和财产的流转。在进行电子商务活动时,必须对当事人的权利、义务进行规范。当电子信息在商业交易领域替代信函、协议书等传统纸面交易时,就不可避免地与传统的交易制度产生了冲突。如法律对交易行为所规定的书面合同、签字、公证等要求,都为电子商务的应用造成了困难和障碍。为了克服这些传统书面形式制度形成的障碍,许多国际组织与国家都在积极进行电子商务立法活动。

(一)电子合同

合同是指作为平等主体的当事人在平等互利基础上设立、变更、终止民事关系的协议,是双方或多方的民事法律行为。

电子合同的概念分为广义与狭义两种。广义的电子合同是指经电子手段、光学手段,或其他类似手段拟定的约定当事人权利与义务的契约形式。狭义的电子合同是专指由电子数据交换(Electronic Data Interchange,EDI)方式拟定的合同。

议一议

电子合同与传统合同的区别有哪些?

1. 电子合同形式的变化

在电子商务中,合同的意义和作用没有发生改变,但其形式却发生了极大的变化:

(1) 合同订立的环境不同。传统合同发生在现实世界里,交易双方可以面对面地协商,而电子合同发生在虚拟空间中,交易双方一般互不见面,在电子自动交易中,甚至不能确定交易相对人。他们的身份依靠密码的辨认或认证机构的认证。

(2) 合同订立的各环节发生了变化。要约与承诺的发出和收到的时间较传统合同复杂,合同成立和生效的构成条件也有所不同。

(3) 合同的形式发生了变化。电子合同所载信息是数据电文,不存在原件与复印件的区分,无法用传统的方式进行签名和盖章。

(4) 合同当事人的权利和义务也有所不同。在电子合同中,既存在由合同内容所决定的实体权利义务关系,又存在由特殊合同形式产生的形式上的权利义务关系,如数字签名法律关系。在实体权利义务法律关系中,某些在传统合同中不被重视的权利义务在电子合同里显得十分重要,如信息披露义务、保护隐私权义务等。

(5) 电子合同的履行和支付较传统合同复杂。

(6) 电子合同形式上的变化对与合同密切相关的法律产生了重大影响。如知识产权法、证据法等。

2. 电子合同的分类

合同的分类就是将种类各异的合同按照特定的标准所进行的抽象性区分。一般来说,依据合同所反映的交易关系的性质,可以分为买卖、赠与、租赁、承揽等不同的类型。电子合同作为合同的一种,也可以按照传统合同的分类方式进行划分,但基于其特殊性,还可以将其分为以下几种类型:

(1) 从电子合同订立的具体方式的角度,可分为利用电子数据交换订立的合同和利用电子邮件订立的合同。

(2) 从电子合同标的物的属性的角度,可分为网络服务合同、软件授权合同、需要物流配送的合同等。

(3) 从电子合同当事人的性质的角度,可分为电子代理人订立的合同和合同当事人亲自订立的合同。

(4) 从电子合同当事人之间的关系的角度,可分为 B—C 合同,即企业与个人在电子商务活动中所形成的合同;B—B 合同,即企业之间从事电子商务活动所形成的合同;B—G 合同,即企业与政府进行电子商务活动所形成的合同。

其中,电子数据交换和电子邮件是电子合同订立的两种最主要的形式。

3. 数据电文的法律承认

根据我国《电子商务签名法》第 2 条规定:"数据电文,是指以电子、光学、磁或者类似手段生成、发送、接收或者储存的信息。"我国新《合同法》也已将数据电文列为"可以有形地表现所载内容的形式"。我国《电子商务签名法》第 3 条规定:"当事人约定使用电子签名、数据电文的文书,不得仅因为其采用电子签名、数据电文的形式而否定其法律效力。"第 4 条规定:"能够有形地表现所载内容,并可以随时调取查用的数据电文,视为符合法律、法规要求的书面形式。"

4. 电子合同当事人的意思表示的生效问题

电子合同当事人的意思表示的内容与传统方式的合同无本质区别,两者的区别仅在于意思的传达、存储方式不同。电子合同中的意思表示,多以电子记载方式存在,未被做成传统的文书,并且,许多信息需要特殊设备的解码才能显示并被理解。传统民商法理论中的书面形式要求,是以纸面媒介传递方式为前提的。而通过数据电文传递信息,是以计算机硬盘等记忆媒体来记录、传达意思表示的。

(二)电子签名

电子签名是指在数据电文中,以电子形式所含、所附或在逻辑上与数据电文有联系的数据和与数据电文有关的任何方法,它可用于与数据电文有关的签名持有人和表明此人认可数据电文所含信息。电子签名的目的是利用技术手段对签署文件的发件人身份做出确认以及有效保障传送文件内容不被当事人篡改,不能冒名顶替传送虚假资料,以及事后不能否认已发送或已收到资料等。

电子签名的功能在于确认交易当事人的身份和交易内容,其直接确定了合同的效力状态。因此,电子签名的法律效力是世界各国电子签名立法中的核心问题。

1. "功能等同"原则

电子签名由一系列数字信息组合而成,大部分国家都承认,其与传统的以纸笔为工具的签名(章)具有同等效力。不过,各国在具体立法技术上略有差异:一种模式直接将电子签名作为签名(章)的一种,将签名(章)解释为包括电子签名在内的所有为签署之目的而使用的方法。另一种模式将电子签名与传统签名(章)分开,但直接赋予其和传统签名(章)相同的效力。

> **知识链接**
>
> 联合国《电子商务示范法》第7条规定,一种方法只要能够确认相对人的身份,并表明其对合同内容的认可,并且该方法在技术上能够满足法律对签字的要求,该方法就能获得与纸质单证同样的法律效力。
>
> 我国《电子签名法》第14条采取了"功能等同"的立法模式,规定可靠的电子签名与手写签名或者盖章具有同等的法律效力。

2. 电子签名的可靠性标准

值得注意的是,采取"功能等同"原则的立法例大多对电子签名设定了严格的效力要件。一个核心要件就是符合"可靠性标准"。立法例主要有两种:一是直接列举式;二是电子认证机构确认式。

> **知识链接**
>
> 联合国《电子商务示范法》规定:该方法为发文者所制作;该方法可以用来证明发文者同意该文件所表示之内容;依签名时之环境、当事人合意之内容及产生该签名之本来目的等,可认为相当于签名者;该签名值得信赖。

案例

北京市民杨某状告韩某借钱不还,并将自己的手机交给法庭,以手机短信作为韩某借钱的证据。但手机短信能否成为法庭认定事实的依据?2005年6月3日,海淀法院3名法官合议审理了这起《电子签名法》出台后的第一案。

后来法院经过对这些短信息生成、储存、传递数据电文方法的可靠性,保持内容完整性方法的可靠性,用以鉴别发件人方法的可靠性进行审查,最后认定了这些短信息内容作为证据的真实性。

(三)电子支付

电子支付是指以电子计算机及其网络为手段,将负载有特定信息的电子数据取代传统的支付工具用于资金流程,并具有实时支付效力的一种支付方式。

1. 电子支付的安全性

电子支付使传统交易的形式进一步虚拟化,从而产生了新的法律风险:一是技术方面的安全问题,二是法律方面的安全问题。

2. 电子支付当事人之间的权利义务关系

为了便于描述电子支付当事人之间的权利和义务关系,可将银行、客户概念中所包含的多个当事人概括为三种:指令人、接收银行和收款人。

指令人的权利:指令人有权要求接收银行按照指令的时间及时将指定的金额支付给指定的收款人。

指令人的义务:受自身指令的约束;接受核对签字和认证机构的认证;按照接收银行的程序,检查指令有无错误或歧义,并有义务发出修正指令,修改错误或有歧义的指令。

接收银行的权利:要求指令人支付所指令资金并承担支付的费用;拒绝或要求指令人修正其发出的无法执行的、不符合规定程序和要求的指令;只要证明因指令人的过错而致使他人假冒指令人通过了认证程序,就有权要求指令人承担责任。

接收银行的义务:按照指令人的指令完成资金支付;就其本身或后手的违约行为,向其前手和付款人承担法律责任。

收款人的权利义务:收款人具有特殊的法律地位,收款人与指令人、接收银行并不存在支付合同上的权利义务关系,因此,收款人不能基于电子支付行为向指令人或接收银行主张权利,收款人只是基于和付款人之间的基础法律关系与付款人存在电子支付权利义务关系。

3. 电子支付中的法律责任

法律责任是指在电子支付法律关系中,由于一方当事人的过错或法律规定,而应当承担的民事责任。在各国民法体系中,合同责任的归责原则通常包括过错责任原则和无过错责任原则。过错推定责任是一种特殊的过错责任原则,就是指在违约或者其他民事责任中,债务人违约,包括造成对对方当事人的损害,首先就从违约事实以及损害事实中推定致害一方的当事人在主观上有过错。在电子支付实践中,常常出现因指令人或银行的过失致使资金划拨失误或延迟的现象。在整个资金划拨的传送链中,指令人的义务是正确发出资金划拨的指令,银行的基本义务是依照指令人的指示及时地完成电子支付,承担着如约执行资金划拨指示的责任。但是可能由于各种因素的作用,如指令错误、划拨延迟等,导致资金划拨失误或失败,造成对对方当事人的损害。

(1) 实际违约责任。在电子商务中,资金电子支付依据的是网络银行与网络交易客户所订立的协议。这种协议属于标准合同。网络交易客户与银行之间的关系仍然是以合同为基础的。在电子支付中,网络银行可能同时扮演指令人和接收银行的角色,其基本义务是资金划拨。作为指令人,一旦发送错误的指令,银行应向付款人进行赔付,除非在免责范围内。如果能够查出是哪个环节的过错,则由过错方向银行进行赔付。接收银行与其指令人的合同要求接收银行妥当地接收划拨来的资金,立即履行资金划拨的指示,如有延误或失误,则按违反接收银行与指令人的合同处理。这里的实际违约责任是债务人不履行或者不适当履行合同债务所承担的民事责任。

(2) 无法查清过错和未经授权支付的责任。明确电子支付体系中的风险承担原则,其根本目的是在法律上确定风险的分配规范。这可以分为两种情况:一种情况是电子支付合同存在,但对于电子支付失误或失败而引起的损失却无法查清是哪一方当事人的过错引起的;另一种情况是所谓未经授权的支付,即是由于欺诈或其他原因而非根据资金所有人的指令进行电子支付。在电子支付过程中发生上述入侵、伪造、假冒或盗领等第三方侵权而导致当事人损失的情况时,法律责任的最终指向,毫无疑问是实施加害行为的第三方本身。但对于无法查清过错方,或在向第三方追究责任或找到侵权的第三方之前,《民法通则》第132条规定:"当事人对造成的损害都没有过错的,可以根据实际情况,由当事人分担民事责任。"

4. 承担法律责任的方式

民事责任方式是指违反约定或者法定义务的行为人承担民事责任的具体方式。在我国《民法通则》中规定了10种民事责任方式,其中可以用于电子支付的民事责任方式为:返还财产,恢复原状,赔偿损失,支付违约金,要求履行或者采取补救措施。根据参与主体的不同,承担法律责任的不同,从银行、认证机构和其他参与主体分三个方面进行具体分析。

(1) 银行承担责任的形式。

① 返回资金,支付利息。如资金划拨未能及时完成,或者到位资金未能及时通知网络交易客户,银行有义务返还客户资金,并支付从原定支付日到返还当日的利息。

② 补足差额,偿还余额。如接收银行到位的资金金额小于支付指示所载数量,则接收银行有义务补足差额,如接收银行到位的资金金额大于支付指示所载数量,则接收银行有权依照法律提供的其他方式从受益人处得到偿还。

③ 偿还汇率波动导致的损失。在国际贸易中,由于银行失误造成的汇率损失,网络交易客户有权就此向银行提出索赔,而且可以在本应进行汇兑之日和实际汇兑之日之间选择对自己有利的汇率。

(2) 认证机构承担责任的方式。

① 采取补救措施。如果认证机构出现管理漏洞、CA方密钥泄露、用户注册信息泄露等问题,应立即采取有效措施,及时更正、修补出现的问题,以避免进一步造成损失。

② 继续履行。如果认证机构因系统和设备问题(停机、终止、信息丢失等),而导致认证操作出现问题、发布失效的信息或证书发布不完善的,认证机构在修复系统和设备后,应立即发布正确、有效、完整的认证证书,以正确履行其与用户之间的合同。

③ 赔偿损失。由于认证机构的过错而导致用户遭受损失的，在应当预见的范围内，由认证机构予以赔偿。

(3) 其他参与主体(如付款人、认证用户)承担责任的方式。

① 终止不当行为，采取挽救措施。当用户密钥丢失或泄漏，或者发现所发出指令或提供的信息错误时，应及时通知接收银行或认证机构，以使接收银行或认证机构采取相应的防范措施，防止网络入侵、冒领等事件的发生或避免其他参与主体因使用错误证书而遭受损失。

② 及时通知，防止损失扩大。当用户发现银行指令出现错误，或者发现认证机构发布的用户信息错误或证书不完善时，应立即终止交易，并通知银行认证机构修改错误。

③ 赔偿损失。电子支付活动的其他参与主体(付款人、认证用户等)，如果因其过错而造成其他当事人损失的，如密钥或个人信息泄露、非法使用证书、超限制额度交易而产生的损失，应当在可以预见的范围内予以赔偿。

案例

北京钢铁网的交易模式中，电子支付更能保证资金的安全。比如使用支票结算，如果是跨行结算，要几天时间才能确认对方账上是否有钱，这将带来一些风险，而电子支付则不存在这样的问题。当会员在交易时使用了电子支付，买方付的货款首先进入银行的一个过渡账户中。因为钢铁交易很难保证具体的出货量(比如，10吨钢材的交易，最后出货可能是9.9吨)，这就涉及二次结算。出货称量后，北京钢铁网把具体的出货数量计入网站交易系统，银行再对过渡账户进行清算，将应付金额支付给卖方，多余款项再退还给买家。这样的交易，一般在两三天之内就能完成资金的交割。钢铁贸易企业一般固定资产并不多，资金全都在流动中，所以对流动资金的需求量非常大，企业要尽可能地缩短资金结算时间。

即学即思

电子支付能够给中小企业带来哪些好处？

六、网络安全的法律规范

电子商务作为虚拟经济、非接触经济，如果没有完善的信用体系作保证，生存和发展将十分困难。

易观国际在《中国C2C市场趋势预测2006—2010》报告中指出，影响未来C2C市场交易规模的因素中，阻碍因素主要包括信用体系不完善，商业模式尚未得到验证，不断有主流厂商退出市场等，其中信用问题一直是影响电子商务市场发展的重要因素。社会对信用问题产生的负面影响的关注，一方面降低了人们对电子商务的认知，另一方面也客观上暴露了问题。因此，C2C平台需要在确认卖家的信息、构建信用评价体系等方面进一步投入资源。信用体系的不完善将制约用户在互联网平台上的消费。

（一）国际互联网络行业市场准入

接入单位拟从事国际联网经营活动的，应当向有权受理从事国际联网经营活动申请的互联单位主管部门或者主管单位申请领取国际联网经营许可证；未取得国际联网经营许可证的，不得从事国际联网经营业务。接入单位拟从事非经营活动的，应当报经有权受理从事非经营活动申请的互联单位主管部门或者主管单位审批；未经批准的，不得接入互联网络进行国际联网。

（二）互联网内容管理

我国《计算机信息网络国际联网安全保护管理办法》规定，任何单位和个人不得利用国际联网制作、复制、查阅和传播下列信息：① 煽动抗拒、破坏宪法和法律、行政法规实施的；② 煽动颠覆国家政权，推翻社会主义制度的；③ 煽动分裂国家、破坏国家统一的；④ 煽动民族仇恨、民族歧视，破坏民族团结的；⑤ 捏造或者歪曲事实，散布谣言，扰乱社会秩序的；⑥ 宣扬封建迷信、淫秽、色情、赌博、暴力、凶杀、恐怖，教唆犯罪的；⑦ 公然侮辱他人或者捏造事实诽谤他人的；⑧ 损害国家机关信誉的；⑨ 其他违反宪法和法律、行政法规的。

> ☞ 知识链接
>
> 《中华人民共和国计算机信息网络国际联网管理暂行规定实施方法》第18条规定，用户应当服从接入单位的管理，遵守用户守则；不得擅自进入未经许可的计算机系统，篡改他人信息；不得在网络上散发恶意信息，冒用他人名义发出信息，侵犯他人隐私；不得制造、传播计算机病毒以及不得从事其他侵犯网络和他人合法权益的活动。用户在使用互联网业务时，还应当遵守互联网络的国际惯例，不得向他人发送恶意的、挑衅性的文件和商业广告。

（三）网络安全的保护

我国《计算机信息网络国际联网安全保护管理办法》规定，任何单位和个人不得从事下列危害计算机信息网络安全的活动：① 未经允许，进入计算机信息网络或使用计算机信息网络资源的。② 未经允许，对计算机信息网络功能进行删除、修改或增加的。③ 未经允许，对计算机信息网络中存储、处理或传输的数据和应用程序进行删除、修改或增加的。④ 故意制作、传播计算机病毒等破坏性程序的。⑤ 其他危害计算机网络安全的。

（四）网络保密管理

凡在网上开设电子公告系统、聊天室、网络新闻组的单位和用户，应由相应的保密工作机构审批，明确保密要求和责任。任何单位和个人不得在电子公告系统、聊天室、网络新闻组上发布、谈论和传播国家秘密信息。面向社会开放的电子公告系统、聊天室、网络新闻组，开办人或其上级主管部门应认真履行保密义务，建立完善的管理制度，加强监督检查。发现有涉密信息的，应及时采取措施，并报告当地保密工作部门。

涉及国家秘密的信息，包括在对外交往与合作中经审查、批准与境外特定对象合法交换的国家秘密信息,不得在国际联网的计算机信息系统中存储、处理、传递。涉及国家秘密的计算机信息系统,不得直接或间接地与国际互联网或其他公共信息网络相连接,必须实行物理隔离。

(五) 对计算机犯罪的法律制裁

目前计算机犯罪分为两大类:一类是直接以计算机信息系统为犯罪对象的犯罪,包括非法侵入计算机信息系统罪;破坏计算机信息系统功能罪;破坏计算机信息系统数据、应用程序罪;制作、传播计算机破坏程序罪。另一类是以计算机为犯罪工具实施其他犯罪,如利用计算机实施金融诈骗、盗窃、贪污、挪用公款以及窃取国家机密、经济情报或商业秘密等。

(六) 计算机犯罪的量刑

根据《刑法》第286条第1款规定,凡违反国家规定,对计算机信息系统功能进行删除、修改、增加、干扰,造成计算机信息系统不能正常运行,情节严重的行为,构成破坏计算机信息系统功能罪。违反该规定,处以5年以下有期徒刑或拘役,后果特别严重的,将被处以3年以上有期徒刑。

根据《刑法》第286条第2款规定,凡违反国家规定,故意对计算机信息系统中存储、处理或传输的数据和应用程序进行删除、修改、增加的操作,造成严重后果的行为,构成破坏计算机信息系统数据、应用程序罪。犯该罪后果严重的,处以5年以下有期徒刑或拘役,后果特别严重的,将被处以5年以上有期徒刑。

根据《刑法》第286条第3款规定,故意制作、传播计算机病毒等破坏性程序,影响计算机系统正常运行,后果严重的行为,构成制作、传播计算机破坏程序罪。犯该罪后果严重的,被处以5年以下有期徒刑或拘役,后果特别严重的,将被处以5年以上有期徒刑。

案例

非法入侵网站案

2009年,王××非法侵入"海天人才热线",将该网站主页改为一面五星红旗,并附上"加入我们,成为中国黑客联盟的一分子"等内容,致使网站瘫痪。当天又非法侵入湖北某市政府网站后,对载有当地领导人照片和"领导致辞"等内容的首页进行了恶意篡改;又将网站主页变为一张裸体女人照片,致使网站关闭。王××还以同样的手段,侵入"科技之光""黄石热线"等网站,更改主页,造成恶劣社会影响。法院认定,被告人王××利用从网上获取的方法,搜索扫描各网站的服务器系统的漏洞,并利用漏洞对计算机信息系统中的数据进行删除、修改、增加,后果严重,其行为已构成破坏计算机系统罪。湖北省武汉市江岸区人民法院判处王××有期徒刑1年。

法律对计算机犯罪是如何制裁的?

七、电子商务从业人员的职业道德规范

电子商务已逐步发展成为一个新兴的职业。

(一)职业的含义

职业是人们维持生计,承担社会分工角色,发挥个性才能的一种持续进行的社会活动。职业也可以理解为人们参与社会分工,利用专门知识、技能为社会创造物质财富或精神财富,获取合理报酬,作为物质生活来源,并满足精神需求的工作。电子商务的发展已经使其从业人员在承担社会分工的基础上,获得了合理的报酬,并发挥了个性才能,是一个新兴的职业。

> **知识链接**
>
> 电子商务研究中心公布的《2017 年度中国电子商务人才状况调查报告》显示,84%的电商企业仍然存在人才缺口,其中运营、技术、推广销售、综合型高级管理成为企业最迫切需要的人才类型。

(二)职业道德的含义

职业道德是指在一定职业活动中应遵循的、体现一定职业特征的、调整一定职业关系的职业行为准则和规范。职业道德的主要作用是通过调节职业关系,维护正常的职业活动秩序。

作为道德在职业实践活动中的具体体现,电子商务从业人员职业道德的基本内容包括:爱岗敬业、诚实守信、遵纪守法、奉献社会。

电子商务从业人员的职业道德规范为:立足本职,精通业务;按章办事,不谋私利;文明礼貌,优质服务;诚实守信,用户至上。

 职业能力训练

(1) 2009 年 6 月 1 日北京时间 9 点,RAINBOW COFFEE(甲)公司通过电子邮件向纽约 CATHY(乙)公司发出要约,出售 400 吨咖啡豆,1 800 美元/吨。特别注明有效期为 7 天。纽约时间 6 月 1 日上午,CATHY 公司发现该要约,并派员了解同类咖啡豆的市场价格。6 月 7 日,CATHY 公司指示汤姆发出接受通知,因在出差途中,汤姆于纽约时间当天晚上 8 时许发出承诺通知,并表示已经做好履行合同的准备。RAINBOW COFFEE 公司发现该邮件的时间是北京时间 6 月 9 日上午 11 时许,计算机显示的接收时间是北京时间 6 月 8 日上午 8 时 22 分。此时,RAINBOW COFFEE 公司发现该咖啡豆国际市场价格开始上涨,遂将该批咖啡豆价格提高到 2 000 美元/吨,并通知 CATHY 公司,CATHY 公司拒绝接受。随后,RAINBOW COFFEE 公司将该批咖啡豆以 2 300 美元/吨的价格卖给了美国的丙公司。CATHY 公司于是向北京中级人民法院提起诉讼。

问题:CATHY(乙)公司能否胜诉?

(2)(美国)匡威公司诉北京国网信息有限责任公司计算机网络域名纠纷。

原告:(美国)匡威公司,住所地美利坚合众国马萨诸塞州北安多尔一高街01845号。法定代表人杰克·博伊斯,首席执行官。

被告:北京国网信息有限责任公司,住所地北京市东城区东中街29号(东环广场B座5层N1室)。法定代表人赵惠川。

诉讼请求:请求判令被告立即停止使用并注销"converse.com.cn"域名,并承担本案的诉讼费用。

案由:原告匡威公司(旧译康沃斯公司)创建于1908年,拥有商标"CONVERSE"的注册商标专用权,经过90多年的发展,"CONVERSE"已经成为世界运动鞋类和服装领域的著名品牌,在全球90多个国家通过约9 000家经销商向顾客销售,在中国各大中城市先后建立了190多家专卖店和专柜。

国网信息有限责任公司抢先于2000年2月23日注册"converse.com.cn"并使用了该域名,但被告使用该域名的网站为网络类,与服装运动鞋类无关。

问题:你认为本案应当如何判决?为什么?

项目二 开设我的网店

学习任务一 网店规划

校园里的创业时尚:网上开店

不用高额的投资,只需利用课余时间打理,就可以自己当老板。如今不少大学生认为,网上开店可以锻炼个人能力,积累经营经验。另外,相对简单的开店流程,避免了租赁店铺、领取执照的麻烦。网上开店真的这么容易吗?让我们一起来体验一下。

目前在淘宝网开普通网店是免费的,不过要更好地创业,最好缴纳至少1 000元保证金,这样消费者才能更信任你的店铺,从而购买你的产品。这无疑是我们创业的有利条件,但创业也就意味着会有风险,可能会遭遇"滑铁卢"。如果网店没经营好却影响了学业,更是得不偿失。因此,掌握一定的网店开设技巧是我们走向创业成功的基石。

 **学习目标**

1. 了解开设网店的一般程序。
2. 能运用市场营销知识指导网店的开设。

一、网店开设相关因素分析

（一）市场需求分析

近几年来，随着互联网的迅猛发展，各类网店如雨后春笋般层出不穷，网店之间的竞争也十分激烈，如何在激烈的竞争中求得生存，是网店开设者时时面临的一个问题。对于网上创业者来说，网店开设的首要工作是进行市场需求分析。正如本书单元一中所述，现代市场营销活动开始于市场，同样仍然要回归市场，只有充分了解市场需求，才能满足不断变化的市场需求。

（二）商品特点和目标市场分析

根据市场营销学知识，我们知道不同的商品对消费者来说，决定购买的行为也是各不相同的。在网上开店时，要考虑所经营商品的特色，例如有些鲜活商品不太适宜长途运输，网上销售模式就应该慎用。此外，目标顾客的选择及其特点的分析，也是开设网店前应重点完成的工作，只有准确选择目标顾客，了解其特点，才能确定其个性化需求，从而才能为消费者提供有针对性的个性化服务。

（三）自身资源分析

在规划即将开设的网店时，对自身资源的分析也不容忽视。对于企业来说，并不是所有的市场机会都是企业机会，只有那些企业有能力把握的机会才有可能转化为企业机会。所以，在进行自身资源分析时，要认真考虑是否具有行业资源优势、技术优势、人才优势等。

（四）竞争者分析

市场竞争是市场经济的一个基本特征，也是市场经济运行的主要规律之一。

> **知识链接**
> 所谓市场竞争是指同行业或相关行业的企业之间，为了取得有利的产销条件、获得更多的市场资源而进行的争夺。

在市场经济条件下，企业之间的竞争主要是价格的竞争。价格竞争的优势实际上是成本竞争的优势。所以，传统的观念认为，企业经营管理的中心任务是提高生产效率和降低经营成本，市场竞争的法宝是以最低的价格占领最大的市场。

由于价格竞争往往会引发价格大战,从而导致整个行业利润率普遍下降,因此,随着竞争的发展,企业之间的竞争形式越来越多地转向非价格竞争,如产品质量的提高、产品特性的改进以及服务的改进。因此,在对竞争者情况进行分析时,除对价格进行比较外,还要对产品性能、质量,所提供的服务等竞争策略进行综合比较。

> **重要提示**：在进行上述因素分析时,可采用SWOT分析法。所谓SWOT分析,即态势分析,就是将与研究对象密切相关的各种主要内部优势、劣势、机会和威胁等,通过调查列举出来,并依照矩阵形式排列,然后用系统分析的思想,把各种因素相互匹配起来加以分析,从中得出一系列相应的结论,而结论通常带有一定的决策性。该方法是由美国旧金山大学的管理学家于20世纪80年代初提出来的,SWOT四个英文字母分别代表：优势(Strength)、劣势(Weakness)、机会(Opportunity)、威胁(Threat)。

(五) 模式定位

在进行各种分析之后,需要对网店的模式进行定位。例如,是选择B TO B模式还是B TO C模式？是寻找一个已有的交易平台,还是自己建立网络平台？如果是自建网络平台,则须进一步对网站框架、风格及服务特点进行设计。当然,这种模式所需资金较多,只有资金雄厚的企业才有条件实施。一般情况下,选择已有交易平台相对成本低廉,风险也小,是个人初期创业的较好选择。

此外,随着移动电子商务的发展,微店作为一种新生事物在小微企业中得以迅猛发展,其运营流程与C TO C模式相仿。

即学即思

开网店与开实体店有什么异同？

二、货源选择

网店开设前对各要素分析的过程,实质是选择目标市场、进行网店定位的过程。网店定位好以后,就需要去找适合自己的网店货源,由于质优价廉的供货能大大提高网店竞争实力,因此合适货源的寻找就显得尤为重要。例如,淘宝有家网店销售某种洗面奶,同类产品网上售价为每支30元,一般店家的进货价格在20元左右,而这个店家很熟悉该产品的生产企业,他可以拿到每支10元的进货,如果每支毛利润为10元,则他的产品在网上报价仅为20元。仅这一款产品就给该店带来了很高的人气。

> **重要提示**：网店货源寻找方式。
> **方式一**：搜索引擎。在搜索引擎中搜索你想要经营的产品,可以找到很多销售该产品的商家或代理商,其中可能就有你合适的代理商。如果你想更精确地搜索代理商,可以使用"产品名+批发""产品名+供应""产品名+代理"之类的关键词,以缩小

搜索范围。

方式二：专业分销网站。大多数企业都会在分销平台中展示自己的企业与产品，以获得其他企业的订单，国内比较出名的分销平台如阿里巴巴、中国货源网等。进入这类网站搜索自己想要经营的产品，并找到合适的经销商就可以了。

方式三：C TO C 网站。国内C TO C网站如淘宝、拍拍、易趣、有啊等，有大量的卖家。这些卖家不仅有个人用户，也有很多个体经营户、经销商，以及大的品牌经销商。经销商一般都有自己的货源，能够以比较低的价格将产品批发出来。如果你可以接受低利润的话，个人用户也是不错的选择，他们可以帮你发货，省去你存货的成本。

方式四：寻找厂家。在你生活的城市郊区，肯定有很多工厂生产着不同的产品。你可以花些时间去与这些工厂的负责人沟通以获得货源，这样的货源往往质量好，价格也低。不过从厂家进货虽然价格较低，但进货数量通常很大，这就要求创业者结合自身经济实力，进行综合决策。

方式五：批发市场。我们平常在市场买的商品大多来自批发市场，你可以找当地的批发市场获得货源，省去经销商的一层利润，货源的价格低廉，利润当然比较可观了。

趣味讨论

根据你所在城市的特点，想想有哪些资源可以成为网店货源。

三、物流配送

电子商务交易与传统的商品交换一样，包含商流、资金流、信息流和物流四个方面，所不同的是，电子商务交易中，商流、资金流、信息流可以借助网络完成，而对大多数商品来说，物流却无法借助网络实现。因而，大多数网店还需事先对物流配送方式进行规划选择。

通常，网店可采取的送货方式有邮寄、快递和直接送货等。直接送货需占用较多资金，只适合资金实力雄厚的企业，大多数网店选择邮寄方式和通过快递公司送达的方式，这就要求卖家切实了解各类快递公司及邮寄方式的费用，可自己列出费用表进行比较。对顾客来说，其购物花费包含商品价格和运费，因而降低运输成本同样可以提高产品的竞争实力。

四、支付方式

电子商务刚刚起步之时，交易支付是制约其发展的瓶颈之一。在电子支付不够发达的过去，网上开设店铺需要考虑货到付款、邮政汇款及信用卡、借记卡付款等形式。如今，随着第三方支付平台的发展以及移动支付的出现，网上交易的款项收付变得容易，但结合企业自身实力及市场规模，企业仍然可以有多种选择，因而需要考虑是否自建收付平台，如果不是，则须考虑选用哪些第三方支付平台。例如，美团的支付方式有美团支付和微信支付两种，其中美团支付就是自有支付形式，而微信支付则属于第三方支付。

做一做

（1）请列出你所在城市的快递公司并制作价目表。
（2）以小组为单位，根据你所在城市及自身资源条件，制作一个网店规划并作汇报。

阿里巴巴网站的商业模式

阿里巴巴网站的目标是建立全球最大最活跃的网上贸易市场，让天下没有难做的生意。它从一开始创建就有明确的商业模式，这一点不同于早期的主要以技术为驱动的互联网公司，其创始人都是计算机或通信技术等方面的人才或爱好者，由自娱自乐到创造出有特色的网站，进而摸索出可能的网络服务模式。阿里巴巴创始人马云的经历使其网站能有明确的定位。他于1995—1997年创办中国第一家互联网商业信息发布站"中国黄页"，1997—1999年加盟外经贸部中国国际电子商务中心并成功运作该中心所属的国富通信息技术发展有限公司。在不到一年的时间内，开发了外经贸部官方站点、网上中国商品交易市场、网上中国技术出口交易会、中国招商、网上广交会和中国外经贸等一系列站点。1999年自立门户，在杭州设立研究开发中心，以香港为总部，创办阿里巴巴网站。阿里巴巴从纯粹的商业模式出发，与大量的风险资本和商业合作伙伴相关联构成网上贸易市场。其运营模式取得成功主要有以下几个原因：第一，专做信息流，汇聚大量的市场供求信息。阿里巴巴在充分调研企业需求的基础上，将企业登录汇聚的信息整合分类，形成网站独具特色的栏目，使企业用户获得有效的信息和服务。第二，阿里巴巴采用本土化的网站建设方式，针对不同国家采用当地的语言，简易可读，这种便利性和亲和力将各国市场有机地融为一体。阿里巴巴已经建立运作四个相互关联的网站：英文的国际网站（http://www.alibaba.com）面向全球商人提供专业服务；简体中文的中国网站（http://china.aliba.com）主要为中国大陆市场服务；全球性的繁体中文网站（http://chinese.alibaba.com）则为中国台湾、中国香港、东南亚及遍及全球的华商服务；韩文的韩国网站（http://kr.alibaba.com）为韩文用户服务。另外，阿里巴巴即将推出针对当地市场的日文、欧洲语言和南美语言的网站。这些网站相互链接，内容相互交融，为会员提供一个整合一体的国际贸易平台，汇集全球178个国家（地区）的商业信息和个性化的商人社区。第三，在起步阶段，网站放低会员准入门槛，以免费会员制吸引企业登录平台注册用户，从而汇聚商流，活跃市场，会员在浏览信息的同时也带来了源源不断的信息流并创造无限商机。截至2001年7月，阿里巴巴会员数目已达73万，分别来自202个国家和地区，每天登记成为阿里巴巴的商人会员超过1 500名。阿里巴巴会员多数为中小企业，免费会员制是吸引中小企业的最主要因素。在市场竞争日趋复杂激烈的情况下，中小企业当然不肯错过这个成本低廉的机遇，利用网上市场来抓住企业商机。大大小小的企业活跃于网上市场，反过来为阿里巴巴带来了各类供需，壮大了网上交易平台。阿里巴巴每月页面浏览量超过4 500万，信息库存买卖类商业机会信息达50万条，每天新增买卖信息超过3 000条，每月有超过30万个询盘，平均每条买卖信息会得到4个反馈。第四，阿里巴巴通过增值服务为会员提供了优越的市场服务。增值服务一方面加强了这个网上交易市场的服务项目功能，另一方面又使网站能有多种方式实现直接赢利。尽管目前阿里巴巴不向会员收费，但据马云介绍，阿里巴巴网站目前是赢利的。阿里巴巴的赢利栏目主要是：中国供应商、委托设计公司网站、网上推广项目和诚信通。第五，适度但比较成功的市场运作，比如福布斯评选，提升了阿里巴巴的品牌价值和融资能力。阿里巴巴与日本互联网投资公司软库(Softbank)结盟，请软库公司首席执行官、亚洲首富孙正义担任阿里巴巴的首席顾问，请世界贸易组织前任总干事、现任高盛国际集团主席兼总裁彼得·萨瑟兰担任阿里巴巴的特别顾问。通过各类成功的宣传运作，阿里巴巴多次被选为全球最佳B2B站点之一。2000年10月，阿里巴巴荣获21世纪首届中国百佳品牌网站评选"最佳贸易网"。阿里巴巴凭借其可行的、具有说服力的商业模式在快速增长的电子商务市场中处于领先地位，成功地缔造了被誉为经典的网上交易市场。

请根据上述资料分析：
(1) 阿里巴巴网站成功的原因是什么？
(2) 讨论分析阿里巴巴的网站定位。

学习任务二　网上开店

阿明是某大学的在校学生，最近他发现有一些同学在网上开店。与传统的店铺相比，网上开店不用租赁门面，不用缴纳税金、水电费，而且按需进货，不用担心货物积压。经营不受时间、地点的限制，在不影响学业的情况下完全可以运作。于是，阿明向一些已经开店的同学取经，经过了一段时间的调查分析，阿明有了网店开设的初步计划，可是怎样让计划变成现实呢？

案例提示

对于资金实力不强的创业者来说，开网店首先要选择一个网络交易的平台，目前国内较大的网络交易平台有淘宝网、微店等。交易平台的选择可从网站的访问量、是否收取费用等方面进行综合考虑。

1. 学会分析比较各类交易平台。
2. 掌握利用交易平台网上开店的技巧。

伴随着电子商务的发展,支付宝用户、淘宝用户不断增加,大部分同学都有了自己的淘宝账号和支付宝账号。利用淘宝账号就可以在淘宝网上开店,具体步骤如下:

一、准备工作

(一)登录淘宝网

访问淘宝网首页 http://www.taobao.com,用个人账号登录,如果尚未取得个人账号,可点击首页右上方"注册"按钮,然后按提示进行注册操作。登录成功后,点击页面右上方的"开店"按钮(如图 2-1 所示)。

图 2-1

点击"开店"按钮后,即可进入开店申请页面,(如图 2-2 所示)。

图 2-2

通过支付宝个人实名认证的商家创建的店铺,就是个人店铺,通过支付宝企业认证的商家创建的店铺,就是企业店铺。

(二)开店认证

进入开店申请页面后,首先选择店铺类型,有个人店铺和企业店铺两种类型。一般个人创业选择个人店铺,然后根据提示完成申请开店认证的操作(如图2-3所示)。认证方式有身份认证、视频认证、声纹认证、指纹认证及实地认证等。

图2-3

友情提示:一个身份只能开一家店;开店后店铺无法注销;从申请到正式开通预计需1~3个工作日。

(三)寻找货源

网上开店寻找货源很重要,充足的货源是卖家开店的保障。在决定了开店以后必须确定你要开什么类型的店,卖什么货品,对于这一问题的解答,可运用单元一中目标市场营销的相关知识对市场进行分析,锁定目标顾客。

确定好要卖什么,就要开始找货源了,一种是代理,一种是自己去进货。两种方式各有优缺点:代理风险较低,不怕压货,但是货直接发到客户那里,你不知道质量的好坏,买家在跟你咨询的时候你也要通过你的代理才能得到信息,价格也有所限制;而自己到批发市场进货虽有积压的风险,但能熟知商品情况。

二、发布商品

开通店铺后,就要忙着整理自己已经有的宝贝了,为了将销售的宝贝更直观地展示在消费者面前,图片的拍摄至关重要,而且最好使用相应的图形图像处理工具(如 Photoshop、ACDSee 等)进行图片格式、大小的转换。

发布商品时,可在卖家中心页面左侧的"管理宝贝"一栏中选择"发布宝贝"(如图 2-4 所示);然后根据自己的商品选择合适的类目,输入商品的售价、所在地、运费、付款方式等内容,其他信息保持默认设置即可,比如默认使用支付宝支付等;最后,单击"确认无误,提交"按钮来发布该宝贝。

图 2-4

> **重要提示:** 商品细节描述起到的作用除了告知买家产品的基本事项以外,还要能消除买家的售后顾虑、促进购买。好的商品细节描述可以节省大量回答顾客提问的时间,更可以留住不想找卖家咨询的"懒惰"的顾客。

好的宝贝描述必须满足以下几个基本条件:

(1) 字体设置要比其他内容更抢眼。字体应该比系统默认的其他字体更大一些,加上有自己特点的颜色或背景色。

(2) 内容要全面。一定要站在顾客的角度去思考:如果您要买这样的宝贝,会关心哪些问题,比如不同角度的照片、材质、尺寸、市场价、您的优惠价、重量、颜色、适合人群、寓意、使用与保养注意事项、宝贝相关文化、基础知识、真假辨别、赠品、服务承诺、支付方式等等。

（3）条理要清晰。关于这一点，很多人都会使用现成的模板。这类模板做得比较精美，给人的感觉很舒服，一个一个项目都列得清清楚楚。这是很节省时间的方式。描述页面的任务是完成详尽的解释，尽量减少顾客的疑问，做到了这一点就可以了，也可以适当地用简单的美工加以修饰。在大家都使用模板的时候，简洁就是您的特色。

如果发布成功，网站会出现一个成功页面。在页面上点击"这里"可以查看发布的商品页面，点击"继续发布宝贝"可以继续发布商品。

> **友情提示**：在买家没有出价时，如果要修改发布的商品信息，可以到"我的淘宝—我是卖家—出售中的宝贝"中进行编辑、修改。商品发布完成之后，最好进行定期更新、添加，以免店铺被系统删除。

三、网店运营

网店运营是指店铺的日常维护，主要包括店铺装修、宝贝优化、日常管理以及税务等。运营的具体工作主要包括进行网店运营预算，做好网店产品规划，开展客户服务，及时完成客户咨询，实现销售，策划并组织实施网店整体营销推广，提升网店自身营销能力，定期针对推广效果进行跟踪、评估，并提交推广效果的统计分析报表，及时提出营销改进措施，给出切实可行的改进方案，及时分析网店的各项销售数据，等等。

四、发货操作

买卖双方联系之后，约定货款支付、发货方式。为了保证买卖双方的利益，货款支付方式建议选择支付宝支付方式。

为了防止货到不付款的情况，卖家在销售商品时候一般采用"款到发货"方式。首先，要求买家付款，一般通过支付宝支付。买家支付货款之后，卖家可以打开"交易管理—已卖出的宝贝"查询，如果发现交易状态显示为"买家已付款，等待卖家发货"，说明支付宝已经收到汇款，这个时候卖家就可以放心发货给买家。具体操作如图2-5所示，然后选择物流公司发货，并点击"物流管理—发货"进行相应的操作。淘宝网还会通过邮件和阿里旺旺通知卖家成交的消息。当交易状态显示为"交易成功"后，请及时为买家做评价。

图 2-5

> **友情提示**：对于使用支付宝交易的卖家，可以打开"我的淘宝—支付宝专区—交易管理"，在其中对进行的交易进行管理，比如交易查询、退款管理等。

五、评价及提现

买家在收到卖家的货物后，在交易状态中进行确认，最后支付宝平台就会打款到卖家的支付宝账户中，这样交易就完成了。别忘了，还要和买家保持联系，这样可增加买家再次访问您的小店、购买商品的机会。

在完成交易之后，买家和卖家都可以打开"我的淘宝"进行评价，卖家可以打开"卖家中心—交易管理—评价管理"，根据实际情况选择好评、中评或差评，还可以输入文字内容。

在对交易情况评价后，卖家可将支付宝账户中的资金进行提现。

即学即思

如果你家有空余的房间准备打造成客栈出租，你认为选择哪个平台比较好？

职业能力训练

查阅资料，了解在微店中开店的步骤。

单元二　电子商务认知与技术

学习任务三　网店推广

引导案例

阿明经过调研和学习,终于在网上有了自己的小小店铺,他激动地一有空就守在电脑前面,可是一天过去了,一个星期过去了,仍然没有顾客光临小店。阿明有些沮丧,看来网店并不像想象的那么容易赚钱。一筹莫展间,他想到了去那些成功的店主那里取取经。

案例提示

目前,各类交易平台中的网店数目繁多,要想让刚刚开业的网店逐步发展起来,仅仅靠产品的描述和展示远远不够,因为对顾客来说,他们也许还不知道有这样一家网店。也就是说,网店开设后,我们还必须让众多的消费者知道有这家店,并能光顾这家店浏览商品。那么,怎样提高网店的访问率呢？网店推广是最为有效的策略。

学习目标

1. 了解网店推广的常见方法。
2. 能运用四种以上方法进行网店推广。

一、网店推广方法

根据所用的主要网站推广工具,网店推广的基本方法可以归纳为以下几种：

（一）搜索引擎推广方法

搜索引擎推广是指利用搜索引擎、分类目录等具有在线检索信息功能的网络工具进行网站推广的方法。由于搜索引擎的基本形式可以分为网络蜘蛛型搜索引擎(简称搜索引擎)和基于人工分类目录的搜索引擎(简称分类目录),因此搜索引擎推广的形式也相应地有基于搜索引擎的方法和基于分类目录的方法,前者包括搜索引擎优化、关键词广告、竞价排名、固定排名、基于内容定位的广告等多种形式,而后者则主要是在分类目录合适的类别中进行网站登录。

搜索引擎推广的方法又可以分为多种不同的形式,常见的有：登录免费分类目录、登录付费分类目录、搜索引擎优化、关键词广告、关键词竞价排名、网页内容定位广告等。从目前的发展现状来看,搜索引擎在网络营销中的地位依然重要,并且受到越来越多企业的认可,搜索引擎营销的方式也在不断发展演变,因此应根据环境的变化选择搜索引擎营销的合适方式。

(二)电子邮件推广方法

以电子邮件为主的网站推广手段,常用的方法包括电子刊物、会员通信、专业服务商的电子邮件广告等。基于用户许可的 E-mail 营销与滥发邮件(Spam)不同,许可营销比传统的推广方式或未经许可的 E-mail 营销具有明显的优势,比如可以减少广告对用户的滋扰、增加潜在客户定位的准确度、增强与客户的关系、提高品牌忠诚度等。根据许可 E-mail 营销所应用的用户电子邮件地址资源的所有形式,可以分为内部列表 E-mail 营销和外部列表 E-mail 营销,或简称为内部列表和外部列表。内部列表也就是通常所说的邮件列表,是利用网站的注册用户资料开展 E-mail 营销的方式,常见的形式如新闻邮件、会员通讯、电子刊物等。外部列表 E-mail 营销则是利用专业服务商的用户电子邮件地址来开展 E-mail 营销,也就是以电子邮件广告的形式向服务商的用户发送信息。许可 E-mail 营销是网络营销方法体系中相对独立的一种,既可以与其他网络营销方法相结合,也可以独立应用。

(三)资源合作推广方法

通过网站交换链接、交换广告、内容合作、用户资源合作等方式,在具有类似目标网站之间实现互相推广的目的,其中最常用的资源合作方式为网站链接策略,利用合作伙伴之间网站访问量资源合作互为推广。

每个企业网站均可以拥有自己的资源,这种资源可以表现为一定的访问量、注册用户信息、有价值的内容和功能、网络广告空间等,利用网站的资源与合作伙伴开展合作,实现资源共享,共同扩大收益。在这些资源合作形式中,交换链接是最简单的一种合作方式,调查表明这也是新网站推广的有效方式之一。交换链接或称互惠链接,是具有一定互补优势的网站之间的简单合作形式,即分别在自己的网站上放置对方网站的 LOGO 或网站名称并设置对方网站的超级链接,使得用户可以从合作网站中发现自己的网站,达到互相推广的目的。交换链接的作用主要表现在这几个方面:获得访问量、增加用户浏览时的印象、在搜索引擎排名中增加优势、通过合作网站的推荐增加访问者的可信度等。交换链接还有比是否可以取得直接效果更深一层的意义,一般来说,每个网站都倾向于链接价值高的其他网站,因此获得其他网站的链接也就意味着获得了合作伙伴和一个领域内同类网站的认可。

(四)信息发布推广方法

将有关的网站推广信息发布在其他潜在用户可能访问的网站上,利用用户在这些网站获取信息的机会实现网站推广的目的。适用于这些信息发布的网站包括在线黄页、分类广告、社区、博客网站、微信、供求信息平台、行业网站等。信息发布是免费网站推广的常用方法之一,尤其在互联网发展早期,网上信息量相对较少时,往往通过信息发布的方式即可取得满意的效果。随着网上信息量爆炸式的增长,这种依靠免费信息发布的方式所能发挥的作用日益降低,同时由于更多更加有效的网站推广方法的出现,信息发布在网站推广常用方法中的重要程度也有明显的下降,因此依靠大量发送免费信息的方式来推广网站的效果在逐渐减小,不过一些具有针对性、专业性的信息仍然可以引起人们极大的关注,尤其当这些信息发布在相关性比较高的网站时。

(五) 病毒性营销方法

病毒性营销方法并非传播病毒,而是利用用户之间的主动传播,让信息像病毒那样扩散,从而达到推广的目的。病毒性营销方法实质上是在为用户提供有价值的免费服务的同时,附加上一定的推广信息,常用的工具包括免费电子书、免费软件、免费 Flash 作品、免费贺卡、免费邮箱、免费即时聊天工具等可以为用户获取信息、使用网络服务、娱乐等带来方便。如果应用得当,这种病毒性营销手段往往可以以极低的代价取得非常显著的效果。

> **案例**
> 2017 年 3 月 20 日,网易云音乐开展了一个名为"看见音乐的力量"的活动。活动从网易云音乐应用平台上的 4 亿条评论里,挑出点赞数最高的 5 000 条,经人工筛选,最终选定 85 条,这 85 条评论印满了杭州市地铁 1 号线和整个江陵路地铁站。人们纷纷在评论海报前驻足,这些网易用户原生、优质的文字内容,戳中了人们心中的孤独感和表达欲,从而迅速地引爆了社交网络。网易云音乐的微信指数陡然攀增,同期官方微信号的阅读量也突破 10 万人次,为往日阅读量的 5 倍。

即学即思

还有哪些活动属于病毒性营销?

(六) 快捷网址推广方法

这是合理利用网络实名、通用网址以及其他类似的关键词网站快捷访问方式来实现网站推广的方法。快捷网址使用自然语言和网站 URL 建立其对应关系,这对于习惯于使用中文的用户来说,提供了极大的方便,用户只需输入比英文网址更加容易记忆的快捷网址就可以访问网站,用自己的母语或者其他简单的词汇为网站"更换"一个更好记忆、更容易体现品牌形象的网址。例如,选择企业名称或者商标、主要产品名称等作为中文网址,这样可以大大弥补英文网址不便于宣传的缺陷。因此,快捷网址在网址推广方面有一定的价值。随着企业注册快捷网址数量的增加,这些快捷网址用户数据也相当于一个搜索引擎,这样,当用户利用某个关键词检索时,即使与某网站注册的中文网址并不一致,同样存在被用户发现的机会。

(七) 网络广告推广方法

网络广告是常用的网络营销策略之一,在网络品牌、产品促销、网站推广等方面均有明显作用。网络广告的常见形式包括:BANNER 广告、关键词广告、分类广告、赞助式广告、E-mail 广告等。BANNER 广告所依托的媒体是网页,关键词广告属于搜索引擎营销的一种形式,E-mail 广告则是许可 E-mail 营销的一种。可见网络广告本身并不能独立存在,需要与各种网络工具相结合才能实现信息传递的功能。因此,也可以认为,网络广告存在于各种网络营销工具中,只是具体的表现形式不同。将网络广告用于网站推广,具有可选择网络媒体范围广、形式多样、适用性强、投放及时等优点,适合于网站发布初期及运营期的任何阶段。

(八) 综合网站推广方法

除了前面介绍的常用网站推广方法之外,还有许多专用性、临时性的网站推广方法,如有奖竞猜、在线优惠券、有奖调查、购物搜索引擎等,有些甚至建立一个辅助网站进行推广。

(九) 其他推广方法

可报名参加平台网站的活动,如淘宝官方的"淘营销""天天特价""阿里试用"等活动。在资金许可的情况下,也可以借助于官方的付费推广,如淘宝客、直通车、钻展等;如果有实体店铺,也可以借助于实体店的客户群来推广网店。

二、网店推广方法选择的依据

网店推广的方法多种多样,对于推广者来说,可以创造性地利用一切可用资源。例如,有人将自己的QQ个性签名改为网店地址,有人将网店地址印在名片上随时向人介绍,甚至一些传统媒体也成为网站推广的有效渠道。那么,如何在众多方法中选出适宜的推广方法并加以应用呢?通常可遵循以下原则:

(一) 低成本原则

网店和实体店一样,也是经济组织的一种,其本质特征为营利性,因而成本要素是选择推广方法的重要依据,能用较少的费用,甚至没有费用就可以宣传网店,是许多店家追求的目标。

(二) 受众范围广

网店推广的目的在于扩大网店知名度,增加浏览量。有些推广方法虽然是零成本,却受众有限,很难达到迅速提高知名度的要求,此时,可考虑那些推广费用较高,但受众广泛,推广效果好的方法。

(三) 合法性原则

任何企业都必须依法经营,因此,在选择推广方法时,还必须综合考虑各类法律规范,确保所选推广方法不会引起法律纠纷。有些网站可能采用有一定强迫性的方式来达到推广的目的,例如修改用户浏览器默认首页设置、自动加入收藏夹,甚至在用户电脑上安装病毒程序等。但这些方法终将导致大众的抵制。所以,真正可以选用的是合理的、文明的网站推广方法,我们应自觉拒绝和反对带有强制性、破坏性的网站推广手段。

 职业能力训练

请为案例中的阿明设计一套切实可行的网店推广方法。

单元二　电子商务认知与技术

项目三　管理我的网店

学习任务一　客户管理

引导案例

新手卖家的烦恼

很多新手卖家在网店开张经营一段时间后会发现，销量始终难以得到提高，自认为店里的商品质优价廉、服务也不错，但有些买家还是给出中、差评价，甚至对店铺进行投诉。这到底该怎么办呢？

案例提示

产品和价格可以在短期竞争中取得优势，但从长远来看，经营网店则需要更多地关注买家，实施有效的客户管理、建立良好的客户关系对于网店的长远发展有着十分重要的意义。

学习目标

1. 认知客户管理的概念及其重要性。
2. 学会建立客户档案，有效管理客户资源。
3. 了解客户细分的标准及方法。
4. 了解客户分析、数据挖掘的重要性，通过客户分析提升客户管理水平。
5. 学会正确分析、处理问题，培养优质服务意识和良好的沟通协调能力。

一、什么是客户管理（Customer Relationship Management）

客户管理，也称客户关系管理（CRM），其主要含义就是通过对客户详细资料的深入分析，来提高客户满意程度，从而提高企业的竞争力。客户关系管理的核心是客户价值管理，通过"一对一"营销原则，满足不同价值客户的个性化需求，提高客户忠诚度和保有率，实现客户价值持续贡献，从而全面提升企业盈利能力。

> **知识链接**
>
> 客户关系管理(CRM)首先是一种管理理念,起源于西方的市场营销理论,产生和发展在美国。其核心思想是将企业的客户(包括最终客户、分销商和合作伙伴)作为最重要的企业资源,通过完善的客户服务和深入的客户分析来满足客户的需求。
>
> 客户关系管理(CRM)又是一种旨在改善企业与客户之间关系的新型管理机制,它实施于企业的市场营销、销售、服务与技术支持等与客户相关的领域,要求企业从"以产品为中心"的模式向"以客户为中心"的模式转移,也就是说,企业关注的焦点应从内部运作转移到客户关系上来。
>
> 客户关系管理(CRM)也是一种管理软件和技术,它将最佳的商业实践与数据挖掘、数据仓库、"一对一"营销、销售自动化以及其他信息技术紧密结合在一起,为企业的销售、客户服务和决策支持等领域提供了一个业务自动化的解决方案。

二、收集客户资料——建立客户信息档案

对在网店产生过购买行为的消费者,我们应及时将他们的个人信息和消费情况进行整理汇总,作为重要的客户资料登记在册。建立了客户信息档案,我们就可以随时查询顾客的消费记录,可以从他们的购物清单和购物频率等信息中分析其消费习惯及消费偏好,以便调整我们的经营方向,提高服务水平,针对顾客的需求及时开展各种促销宣传和个性化的推广活动。建立客户信息档案时,我们可以自行设计 Excel 表格来录入客户资料,也可以在网络上下载"网店管家"一类的软件来进行专门的客户资料管理。

(一)用 Excel 表格建立客户档案

建立 Excel 客户档案的好处是,操作灵活方便,不需要联网也可以随时调取和运用,只要有基本的电子表格操作基础,就可以很好地进行批量录入和编辑。制作 Excel 表格时可以采用如图 2-6 所示的 Excel 表格样式。

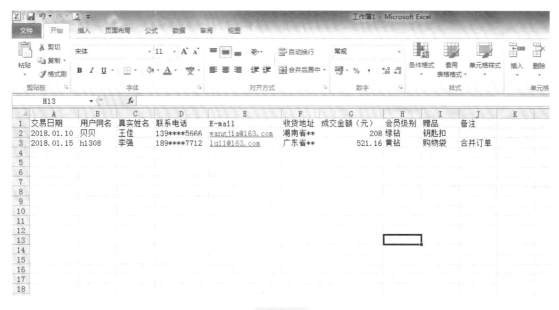

图 2-6

做一做

(1) 建立一个 Excel 表格,名称为"客户信息档案",保存在电脑非系统盘里。

(2) 打开"客户信息档案"表格,依次建立以下档案项目:交易日期、顾客网名、真实姓名、电子邮箱、联系电话、收货地址、购买商品、成交价格。

(3) 除了以上要求的档案项目外,你认为还可以增加哪些有意义的档案项目?记录这些信息将对你有什么样的帮助?

(二)利用软件收集客户数据

客户管理软件现在是很多网店经营者都会关注的客户关系维护数据库。很多网站可以提供免费的客户关系管理软件,此外,一些平台网站也提供相关的管理服务。网店卖家可以利用这些软件或服务很好地收集往来客户的各方面数据,全面掌握网店经营的状况,为自己的经营决策提供有效的依据。如淘宝网"卖家中心—客户服务"中就有相关的数据可供查询,如图 2-7 所示。

图 2-7

如果网店经营有了起色,业务量和各种客户往来数据急剧增加,则可以考虑购买专业的软件。这类软件功能更加强大,不仅可以有效地进行客户数据的收集与分类汇总,还可以提供客户来源分析、客户跟踪等多种功能,为网店的进一步发展提供有价值的参考数据。

三、实现利润最大化的前提——客户细分与客户分类

案例

小张在淘宝开设了一家销售原创设计服装的网店,凭着别致的款式、精选的面料、精致的做工和适中的价格,小张的网店逐步打开了市场,客户越来越多,业务规模不断扩大。渐渐地,小张感到有些力不从心了,他常常忙得不亦乐乎,却仍不能满足所有客户的需求。一些重要客户开始抱怨客服的反应太慢,服务不及时,有的直接将订单转给了其他网店。

于是,小张加大了人员投入,招聘了更多在线销售客服人员,网店规模进一步扩大,营业额也日益上升。一年辛苦下来,小张满以为业绩不错,但是,网店的年终核算报告却赫然显示:相比去年同期,利润居然产生了下滑!这到底是怎么回事呢?

经过仔细分析,小张终于发现了其中的症结所在:原来,虽然网店不断有新的客户,但这些客户带来的销售额并不大,相反为开发和保持新客户增加的成本却不小。与此同时,一些对利润率贡献比较大的老客户,因在忙乱中无暇顾及,已经悄悄流失。

案例提示：任何一家企业的人、财、物力都是有限的，对所有客户不加区分平均用力、试图满足整个市场的所有需求无疑是不明智的，从经济效益方面来看也是不足取的。因此，企业需要对客户群体按照不同的标准进行细分，分辨出最具吸引力的细分市场，集中企业资源，制定科学的经营策略，提供有针对性的产品与服务，从而增强竞争优势，获得利润最大化。

（一）什么是客户细分

客户细分是20世纪50年代中期由美国学者温德尔·史密斯提出的，其理论依据在于顾客需求的异质性和企业需要在有限资源的基础上进行有效的市场竞争。这是指企业在明确的战略业务模式和特定的市场中，根据客户的属性、行为、需求、偏好以及价值等因素对客户进行分类，并提供有针对性的产品、服务和销售模式。

（二）客户细分的依据

客户细分与市场细分在方法上是一脉相承的，所以市场细分的标准同样适用于客户细分。常用的客户细分依据如下：

1. 根据客户的外在属性细分

如根据客户的地域分布、客户拥有的产品、客户的组织归属（企业用户、个人用户或政府用户）等进行的细分。通常，这种分类最简单、直观，数据也很容易得到。但这种分类比较粗放，我们依然不知道在每一个客户层面，谁是"好"客户，谁是"差"客户。我们能知道的只是某一类客户（如大企业客户）较之另一类客户（如政府客户）可能消费能力更强。

2. 根据客户的内在属性细分

内在属性是指客户的内在因素所决定的属性，比如性别、年龄、信仰、爱好、收入、家庭成员数、信用度、性格、价值取向等。

3. 根据客户的消费行为细分

不少行业对消费行为的分析通常采用RFM分类法，即主要从三个方面考虑：最近购买情况（Recency）、购买频率（Frequency）和购买金额（Monetary）。但RFM分类法并不是对每个行业都能适用，例如通信行业的客户细分主要依据这样一些变量：话费量、使用行为特征、付款记录、信用记录、维护行为、注册行为等。

重要提示：

（1）最近刚刚购买过您的商品、服务或是浏览过您的网店页面的消费者，是最有可能再次发生购买行为的顾客。要吸引一个几个月前才上门的顾客购买，比吸引一个一年多以前来过的顾客要容易得多。

（2）最常购买的顾客，也是满意度、忠诚度最高的顾客。增加顾客购买的次数意味着从竞争对手那里赢得了市场占有率。

（3）通过对顾客购买金额的统计分析，可以验证"帕雷托法则"（Pareto's Law）——80%的销售收入来自20%的大客户。

(4) 与顾客建立长期的关系不仅仅是向他们销售商品,与顾客持续保持往来,并赢得他们的忠诚度,才是不变的营销哲学。

(5) RFM方法是利用客户过去的交易记录来估算顾客未来的价值。按照消费行为来细分,通常只适用于现有客户,对于潜在客户,由于消费行为还没有开始,客户细分当然无从谈起。即使对于现有客户,消费行为分类也只能满足企业客户分层的特定目的,例如对贡献多的客户予以奖励。想要进一步挖掘客户特征,为市场营销决策提供依据,则需要做更多的数据分析工作。

☞ **知识链接**

"二八定律"和"长尾理论"

"二八定律"是意大利经济学家帕雷托提出来的,因此也被称为"帕雷托法则"。他认为:在任何特定的群体中,重要的因子通常只占少数,在投入和产出、努力与收获、原因和结果之间,普遍存在着不平衡关系,比如20%的人口拥有80%的财富,20%的员工创造了80%的价值,80%的收入来自20%的商品。这些关键的少数,往往是决定整个组织产出、盈利和成败的主要因素。在企业管理与营销领域,人们认为客户的分布也存在"二八定律",即企业80%以上的收入是由20%的重要客户带来的,其余大部分客户对企业的贡献是微利的甚至是无利可图的。

2004年10月,《连线》杂志主编Chris Anderson在一篇文章中,首次提出了"长尾理论"(The Long Tail),彻底颠覆了传统的"二八定律"。"长尾理论"的基本原理是:只要存储和流通的渠道足够大,需求不旺或销量不佳的产品所共同占据的市场份额可以和那些少数热销产品所占据的市场份额相匹敌甚至更大,即众多小市场也可以汇聚成能与主流大市场相匹敌的市场能量。目前,"长尾理论"已经被成功应用于网络经济领域,成为一种新型的经济增长模式。

议一议

聚沙成塔——Google和Amazon的成功秘诀

传统网络广告投放只是大企业才能涉足的领域,许多门户网站的网络广告策略将注意力集中在20%的大企业身上,而占据了Google半壁江山的AdSense广告面向的客户是数以百万计的中小型网站和个人。对于普通媒体和广告商而言,这个群体的微小价值简直不值一提,但是Google通过为其提供个性化定制的广告服务,使得大批中小网站都能自动获得广告商投放广告,将成千上万的中小企业和中小网站汇聚起来,形成了非常可观的经济利润,其产生的巨大价值和市场能量足以抗衡传统网络广告市场。

网上零售巨人亚马逊(Amazon)经营的图书种类繁多,但亚马逊不仅仅关注那些可以创造高利润的少数商品,在亚马逊网络书店的图书销售额中,有四分之一来自图书榜排名 10 万以后的"冷门"书籍,而且这些书籍的销售比例也在不断提高。结果证明,亚马逊模式是成功的,而那些忽视"长尾"、仅仅关注少数畅销商品的网站经营状况并不一定理想。

(1) Google 公司的 AdSense 广告和亚马逊的成功案例说明了什么?对网店的客户管理有何启示?

(2) 是什么原因促使 80% 的小客户成为新的利润增长点,使得"长尾理论"颠覆了传统的"二八定律"?

(3) 想一想,"长尾理论"的实现条件是什么?

(三) 有效客户细分的标准

有效的客户细分应该具有以下特征:
(1) 客户细分应紧紧围绕业务目标;
(2) 每一个客户仅属于一个细分群组;
(3) 客户群的特征描述具有较好的可理解性;
(4) 细分后的客户规模不宜过大也不宜过小;
(5) 客户细分结果应有足够的稳定性。

下面 A、B、C、D 四家网店进行的客户细分是否有效?这样的客户细分存在什么问题?

(1) A 网店根据客户的年龄进行客户细分。
(2) B 网店按照客户购买和持有的产品类型进行客户细分。
(3) C 网店按照客户的收入和资产进行客户细分。
(4) D 网店按照客户购买产品的先后顺序进行细分。

四、了解您的客户——客户分析与数据挖掘

"以客户为中心"的个性化服务越来越受到重视。实施 CRM 的一个重要目标就是能够分析出客户的个性化需求,并对这种需求采取相应措施,同时分析不同客户对企业效益的不同影响,以便做出正确的决策。这些都使得客户分析成为客户管理中不可缺少的组成部分。

案例

作为全球最大、访问人数最多和利润最高的网上书店,亚马逊书店的销售收入保持着惊人的增长率。面对越来越多的竞争者,亚马逊书店保持长盛不衰的法宝之一就

是优质的客户分析与客户管理。当您在亚马逊购买图书以后,其销售系统会记录下您购买和浏览过的书目,当您再次进入该书店时,系统识别出您的身份后就会根据您的喜好推荐有关书目。您去该书店的次数越多,系统对您的了解也就越多,也就能更好地为您提供服务。显然,这种有针对性的服务对维持客户的忠诚度有极大帮助。客户管理在亚马逊书店的成功实施不仅给它带来了65%的回头客,也极大地提高了该书店的声誉和影响力,使其成为公认的网上交易及电子商务的杰出代表。

案例提示:利用客户分析系统,企业不再只依靠经验来推测,而是利用科学的手段和方法收集、分析与利用各种客户信息,从而轻松获得有价值的信息。如哪些产品最受欢迎?受欢迎的原因是什么?有多少是回头客?售后服务有哪些问题?哪些客户能带来更大的利润?……客户分析将帮助企业充分利用其客户关系资源,在新经济时代从容自由地面对激烈的市场竞争。

客户关系管理不仅仅是把一堆客户基本数据输入计算机,完整的CRM运作需要进行大量的数据分析与数据挖掘工作,有效地从企业所搜集的大量客户数据信息中挖掘出最关键、最重要的答案,从而建立真正由客户需求点出发的客户关系管理。

☞ 知识链接

尿布与啤酒——数据仓库和数据挖掘的经典故事

美国著名信息工程专家William. H. Inmon博士在20世纪90年代初提出了数据仓库(Data Warehouse)的概念:一个用于支持管理决策的、面向主题的、集成的、随时间变化但信息本身相对稳定的数据集合。数据仓库并不是所谓的"大型数据库",而是在数据库已经大量存在的情况下,为了进一步挖掘数据资源、满足决策需要而产生的。

在一家超市里,有一个有趣的现象:尿布和啤酒赫然摆在一起出售。但是这个奇怪的举措却奇迹般地使尿布和啤酒的销量双双提高。这不是一个笑话,而是发生在美国沃尔玛连锁店超市的真实案例,并一直为商家所津津乐道。沃尔玛拥有世界上最大的数据仓库系统,为了能够准确了解顾客在其门店的购买习惯,沃尔玛对其顾客的购物行为进行购物篮分析,想知道顾客经常一起购买的商品有哪些。沃尔玛数据仓库里集中了其各门店的详细原始交易数据。在这些原始交易数据的基础上,沃尔玛利用数据挖掘方法对这些数据进行分析和挖掘。一个意外的发现是:跟尿布一起购买最多的商品竟是啤酒!经过大量实际调查和分析,揭示了一个隐藏在"尿布与啤酒"背后的美国人的一种行为模式:在美国,一些年轻的父亲下班后经常要到超市去买婴儿尿布,而他们中有30%~40%的人同时也为自己买一些啤酒。产生这一现象的原因是:美国的太太们常叮嘱她们的丈夫下班后为小孩买尿布,而丈夫们在买尿布后又随手带回了他们喜欢的啤酒。

即学即思

小明最近在网上购买了篮球,然后他发现再次登录购物网站时,网站首页关于篮球运动服、篮球鞋等商品的推送就比较多。请分析：这是一种客户数据挖掘吗？

五、建立良好的客户关系

（一）做好客户跟踪服务

当有人在网店购买过一次商品后，就从潜在顾客成为现实的客户。对已经发生交易的客户数据进行翔实的记录后，卖家就有了继续跟踪的条件，要通过有意识的跟踪服务，培养客户的品牌忠诚度，将客户流失率降到最低。可以定期或不定期通过电话、电子邮件、交流软件等方式询问买家使用商品或服务的感受：是否对所提供的商品感到满意？最满意的是哪方面？如果不满意，能够提出哪些改进建议？通过卖家周到的售后跟踪，买家会感到自己作为客户是受到尊重和重视的，会加深对卖家的正面印象，从而建立起对卖家的信任，在下一次有相同或相似产品的需要时，会优先考虑关心其感受的卖家。如果卖家还经营不同种类的商品，可以在与客户的交流沟通中传递相关的商品信息，给客户更多可供选择的机会，也能够更多地促进商品的成交。

（二）客户关怀

因为网络经营的特点，我们一般情况下见不到客户本人，在与客户交往的过程中，应该尽力让客户感受到我们的关心，通过点点滴滴的关怀，让客户感受到网店经营者的诚意和爱心。

（1）温馨提示。在交易过程中，卖家可以将每一个环节的处理过程和交易状态及时通知买家，并提醒买家处理相应的流程。如通过手机短信、阿里旺旺留言，通知买家发货时间、物流状态、确认收货、使用注意事项等。买家能够及时收到关于订购商品的在途信息，也就会提高对卖家的信任度。在对方收到货之后，及时提醒使用时的注意事项和售后服务的要求，以及进行后期跟踪提醒等，能够极大地促进双方的长期合作。

（2）节日问候。通过 E-mail、交流平台或手机短信等方式，在任何节日及时送上网店署名的小小问候，更加能够让客户体会到商家的真诚和关爱。

（3）生日祝福。在能够获得生日信息的客户生日当天，以各种关怀方式发送网店的生日祝福，能够给客户一份暖心的感受，同时可以采取一些营销的技巧，比如生日当天购买商品给予优惠等，也能够吸引到一部分老客户的再次光顾。

（三）提高顾客满意度

顾客满意度通常以三个指标来衡量：顾客的期望值、产品和服务的质量、服务人员的态度与方式。卖家应从这三个方面了解交易过程中容易与买家发生的纠纷，努力加以避免，就能有效地提升顾客满意度。

1. 与顾客期望值有关的纠纷

（1）过度承诺与超限销售。如有的卖家承诺包退包换，但是一旦买家真的提出要求退换时，却一再找理由拒绝。

（2）故意隐瞒商品状况。在图片、描述中过分宣传产品的优势性能，却忽略或淡化一些关键的不良信息。而买家在收到实际商品后，发现商品存在与预想不符的状况，就会产生失望感,因而卖家就容易遭到投诉。

（3）不能准确把握买家需求,对买家提出的各种要求不能正确理解,推荐的商品与买家希望购买的商品功能不符。

顾客期望值是衡量商家的产品和服务能否满足顾客需要的重要指标。一般来说,顾客的期望值越高,购买产品的欲望就越大。但顾客的期望值越高,满意度却可能越低;而当顾客的期望值适当降低时,满意度会上升。商家如果对顾客的期望值处理不当,尤其是定位超高时,就很容易导致买家产生抱怨。

2. 与产品或服务质量有关的纠纷

产品存在缺陷,有质量问题;产品的包装不当,导致产品在运输途中损坏;产品出现与用户要求不符的小瑕疵;买家使用不当导致商品发生故障;等等。

3. 与服务人员的态度与方式有关的纠纷

（1）卖家服务态度差。对买家缺乏必要的尊重和礼貌;语言不当,用词偏颇,引起买家误解。

（2）推销方式不正确。推销过程中采用的方法不当,不适合自己网店所经营商品的特点,从而导致买家购买了不需要的商品。

（3）缺乏对商品相关知识的掌握,无法正确回答买家的提问或是答非所问。

（四）掌握处理纠纷的策略与技巧

在处理顾客纠纷时,要掌握以下几个原则:

1. 重视买家的抱怨

不要轻易忽略买家提出的任何一个问题,因为这些都是对你有用的信息,即使是投诉或抱怨,也可能透露着商机,卖家很有可能从这些抱怨中发现一些深层的原因,以此来诊断内部经营与管理中存在的问题,从而促进网店经营管理水平的提高。同时,买家的投诉与抱怨也是一种信息的沟通与交流,表示用户重视你的服务和产品,并希望在下一次的消费中得到改进与提高,如果卖家能够进行有效处理,就会赢得更多忠诚的客户。

2. 分析客户抱怨的原因

要有针对性地找出买家抱怨的深层次原因,有时看似买家对商品本身的质量或者功能不满,但通过分析后发现,用户更多的是对商家的服务态度或者服务方式的不满。如客户购买了一件需要的商品,却发现商品存在不影响使用的瑕疵,当向卖家提出后,卖家却予以否认,并且采取不当态度对待客户,此时买家就产生了抱怨并可能进一步提出对产品质量的投诉,在这种情况下,买家的不满,实际是针对卖家服务态度的。

3. 准确及时地解决问题

当买家发生抱怨或投诉时,应该在最短的时间、用最准确的处理方式、最快速地予以答复,千万不能拖延或回避。如果买家认为自己没有受到足够的重视,他们的不满将更加强烈。即使卖家通过调查发现,出现问题的主要原因在于客户,也应当及时通知对方,并给出正确的处理建议,而不能简单地置之不理了事,否则将失去客户的信任,从而流失订单。

4. 认真记录每一笔买家投诉及其解决进程

经过一段时期的积累与总结,卖家可以找出经营过程中的弱点与漏洞,准确地判断是商品本身存在问题,还是售后服务、物流配送或其他方面存在问题。根据不同环节的投诉情况有针对性地及时改进,久而久之,就能够不断改进产品和服务质量,提高网店的管理水平。

5. 及时跟踪买家对纠纷处理的反馈意见

买家对纠纷处理方式的满意与否,直接决定着他下次会不会再次成为卖家的客户,所以了解客户的反馈意见,是一个非常重要的环节。如果买家对处理结果不满,必须继续跟进处理,直到其认为满意为止,以免因为一个客户的不满而产生辐射效应,导致网店失去很多潜在客户。

6. 保持良好的态度

(1) 平常心态。商家遇到客户抱怨或投诉的情况是很正常的,不要因为与买家发生纠纷就出现过激行为或情绪,处理纠纷的过程也应以平常心对待,不要把个人的情绪变化带到抱怨的处理之中。当你用微笑或者热情的积极态度去解决问题时,客户的情绪也会平静下来,从而双方能够平心静气地一起寻求解决途径,也可以避免纠纷升级。

(2) 换位思考。卖家应体谅客户的心情,站在买方的角度进行反思,分析如何解决问题,"如果我碰到相同的情况,我的心情会是怎样的?我希望能够得到怎样的处理方式?"这样就能体会客户的真正感受,找到最切实有效的方法解决问题。

(3) 学会倾听。大部分情况下,客户只是希望有人能够认真聆听他们的抱怨,以此来表达不满,对问题的实际解决与否并没有太多要求。如果卖家此时敷衍了事,或者反过来喋喋不休地做出解释,只会使客户更加气愤。此时不妨抱着改进工作的态度,认真倾听客户说些什么,并以真诚谦虚的态度对待客户,问题就会更容易解决。

(1) 用搜索引擎搜索一款免费的客户关系管理软件,下载并应用。以3~5位同学的个人资料作为客户原始资料进行操作管理。必须包括以下内容:输入客户详细信息、向客户发送商品打折提示信息、向客户发送生日祝福。

(2) 在淘宝搜索一些获得中评和差评的网店,进行对比分析,找出买家分别是对哪些环节(商品质量、服务态度、物流或者其他)产生了不满,并提出改进建议和解决方案。

(3) 对以下卖家得到的差评做出你的处理方案:

产品:新款××家庭保健药箱

[差评]:货和我要的数量不一样。我要3个医药盒,可只发给了我1个。也没提前通知我。

学习任务二　网络促销

小丽经营着一家女装网店,面对越来越多的同行竞争者,她感到压力越来越大,于是她请来了一位学过市场营销的朋友,希望朋友能指导自己搞一些促销活动,提升网店的

人气。

案例提示

做生意就离不开促销,但在网络时代,促销的观念与模式发生了巨大的变化。如何才能成功地开展网店促销活动呢？如果对网络促销策略没有一定的了解,盲目套用传统的市场营销原理与策略,网店促销就难以取得良好的效果。

学习目标

1. 认知网络促销的特点、功能及其与传统促销的区别。
2. 掌握网络促销的几种主要形式。
3. 了解网络广告的分类和计费方式。
4. 熟悉并能灵活运用折扣、赠品、红包等网上销售促进方法。
5. 了解网络促销的实施程序。

一、网络促销与传统促销

（一）网络促销的特点

（1）网络促销通过网络技术传递信息。网络促销建立在现代计算机与通信技术基础之上,通过网络技术传递商品和服务的特征、性能及功效等信息。这种双向的、快捷的、双方无须见面的信息传播方式,能将买卖双方的意愿表达得淋漓尽致,并留给对方充分思考的时间,形成了对传统促销方法的巨大挑战。

（2）网络促销在虚拟市场上进行。这个虚拟市场就是互联网。互联网是一个媒体,是一个连接世界各国的大网络,它在虚拟的网络社会中聚集了广泛的人口,融合了多种文化成分,也形成了一个巨大的商品销售网络和促销网络。

（3）网络虚拟市场是全球性的、全天候的市场。互联网虚拟市场的出现,将所有的企业,不论是大企业还是中小企业,都推向一个世界统一的市场。传统的区域性市场的小圈子正在被一步步打破。

做一做

在前面的章节中,我们知道促销就是营销者向消费者传递有关商品和劳务的信息,以引发消费者需求,唤起购买欲望和促成购买行为的各种活动。请根据传统促销的定义和网络促销的特点,给"网络促销"下个定义。

（二）网络促销与传统促销的区别

案例

郑州"宇翔"是一家年轻的公司，以提供MP3、Flash、图片、铃声等内容下载的"酷娃下载机"为主打产品。虽然这是个新兴的市场，竞争却已趋白热化，像"宇翔"这种提供连锁经营的品牌就已达几十种。作为一家新公司，如何才能在激烈的市场竞争中脱颖而出？于是，"宇翔"开始在电视、报纸、杂志等媒体投放广告，一段时间内有不少人打电话到公司咨询，但真正成交的却寥寥无几。投入了巨额成本，但收效甚微，这让"宇翔"一筹莫展。

经过调查与了解，原来一些潜在用户在电视、报纸上看到"宇翔"的广告，只是被"MP3下载机"这种新产品所吸引，而对"宇翔"及其经营的品牌没有太深的印象。当他们打算购买时，通常会在网络上搜索"MP3下载机"，"宇翔"的广告投入其实为那些利用网络进行推广的竞争对手做了嫁衣。

案例提示：Internet是一个全新的媒体，与传统传播媒体（报纸、杂志、电视、广播）相比具有得天独厚的优势，网络媒体双向、快捷及可视化的信息传播模式为中小企业和个人网店发展壮大提供了更多的机遇。

传统促销和网络促销都是让消费者认识产品，引导消费者的注意和兴趣，激发他们的购买欲望，并最终实现购买行为。但由于互联网强大的通讯能力和覆盖面积，加之网购消费者这一特殊消费群体的需求日新月异，网络促销在时间和空间观念上、在信息传播模式以及在顾客参与程度上都与传统的促销活动有较大的不同。

网络促销虽然与传统促销在促销观念和手段上有较大差别，但由于它们推销产品的目的是相同的，因此，整个促销过程的设计具有很多相似之处。所以，对于网络促销，一方面应当站在全新的角度去认识、理解这一新型的促销方式，另一方面则应当通过与传统促销的比较去体会两者之间的差别，吸收传统促销方式的整体设计思想和行之有效的促销技巧，打开网络促销的新局面。

二、网络促销的功能

（1）告知功能。网络促销能够把企业的产品、服务、价格等信息传递给目标公众，引起他们的注意。

（2）说服功能。网络促销的目的在于通过各种有效的方式，解除客户对产品或服务的疑虑，说服客户，坚定客户购买的决心。

（3）反馈功能。网络促销能够通过电子邮件及时地收集和汇总顾客的需求和意见，迅速反馈给企业管理层。由于网络促销所获得的信息基本上都是文字资料，信息准确，可靠性强，对企业经营决策具有较大的参考价值。

（4）创造需求。运作良好的网络促销活动，不仅可以诱导需求，而且可以创造需求，发掘潜在的客户，扩大销售量。

（5）稳定销售。由于某种原因，一个企业的产品销售量可能时高时低，波动很大，这是产品市场地位不稳的反映。企业通过适当的网络促销活动，树立良好的产品形象和企业形象，往往有可能改变用户对本企业产品的认识，使更多的用户形成对本企业产品的偏爱，达到稳定销售的目的。

三、网络促销的形式

传统的促销形式主要有广告、宣传推广、公共关系和销售促进，网络促销也有四种主要形式，分别是网络广告、站点推广、网络公共关系和网络销售促进。

（一）网络广告

1. 网络广告的类型

相对于传统广告，网络广告的作用没有发生大的变化，但其表现形式却发生了很大的变化。

> **知识链接**
>
> 网络广告发源于美国。1994年10月27日是网络广告史上的里程碑，美国著名的Hotwired杂志推出了网络版的Hotwired，并首次在网站上推出了网络广告，这立即吸引了AT&T等14个客户在其主页上发布广告Banner，这标志着网络广告的正式诞生。
>
> 1997年3月，Intel的一幅468×60像素的动画旗帜广告贴在了Chinabyte的网站上，这是中国第一个商业性网络广告。1999年，北京三元牛奶在网易上发布网络广告，开创了我国传统企业做网络广告的先例。

网络广告按照其表现形式主要有以下几种类型：

（1）网幅广告（包含旗帜、Banner、Button、通栏、全屏、巨幅、摩天楼广告等）。网幅广告是以GIF、JPG、Flash等格式建立的图像文件，定位在网页中大多用来表现广告内容，同时还可使用Java等语言使其产生交互性，用Shockwave等插件工具增强表现力。

（2）文字链接广告。文字链接广告是以一排文字作为一个广告，点击就可以进入相应的广告页面。这是一种对浏览者干扰最少，但却较为有效的网络广告形式。

（3）电子邮件广告。随着电子邮件的普及，电子邮件广告由于直接而方便，被许多厂商加以采用，现在已成为使用最广的网络广告形式。但值得注意的是，那些未经同意发送的垃圾广告邮件很容易引起用户的反感。

（4）插播式广告（弹出窗口广告）。访客在请求登录网页时强制插入一个广告页面或弹出广告窗口。它们有点类似电视广告，都是打断正常节目的播放，强迫人们观看。插播式广告可以是全屏的或各种不同尺寸的小窗口，可以是静态的或动态的，互动程度也不相同。浏览者可以关闭广告窗口（电视广告是无法做到的），但是它们的出现没有任何征兆，而广告主很喜欢这种广告形式，因为它们肯定会被网页浏览者看到。

（5）关键词广告。关键词广告是付费搜索引擎营销的一种形式，也可称为搜索引擎广告、付费搜索引擎关键词广告等,是2002年以来市场增长最快的网络广告模式。关键词广告的基本形式是:当用户利用某一关键词进行检索,在检索结果页面会出现与该关键词相关的广告内容。由于关键词广告具有较高的定位,其效果比一般网络广告形式要好,因而获得快速发展。

做一做

请看图2-8显示的杭州日报网网络广告的部分报价,回答下面的问题:

图2-8

(1) 图2-8中哪种网幅广告的价格相对较贵?哪种最便宜?
(2) 再上网查找一些其他网站的广告收费标准,比较价格。
(3) 讨论:影响网络广告价格的因素有哪些?

提示:

(1) 网络广告提供商知名度越高,业务分布范围越广,其网络广告的价位越高。
(2) 网络广告的幅面越大,价格越贵。对客户来讲,在可视范围内,尺寸越小越好。价格便宜,传输速度快。
(3) 网络广告的位置不同,价格也会不同。
(4) 网络广告的收费与网页浏览次数、网页浏览率、点进次数和点进率有关。
(5) 在导航网站或可检索的主页中,根据浏览者所使用的不同关键词检索显示的网络广告价格也不尽相同。

☞知识链接

网页浏览次数是指当网民在网上漫游或在导航站点上检索时,插在页面中的网络广告会给浏览者留下视觉印象的次数。在一定时间里统计出来的浏览次数就叫作网页浏览率。

点进次数是指网络广告被用户打开、浏览的次数。网络广告被点进的次数与被下载次数之比（点进／广告浏览）即为点进率。

2. 常见的网络广告计费方式

（1）按展示计费。

CPM 广告（Cost Per Mille/Cost Per Thousand Impressions）：每千次印象费用。广告条每显示 1 000 次（印象）的费用。CPM 是最常用的网络广告定价模式之一。

CPTM 广告（Cost Per Targeted Thousand Impressions）：经过定位的用户的千次印象费用（如根据人口统计信息定位）。CPTM 与 CPM 的区别在于，CPM 是所有用户的印象数，而 CPTM 只是经过定位的用户的印象数。

（2）按行动计费。

CPC 广告（Cost Per Click）：根据广告被点击的次数收费。如关键词广告一般采用这种定价模式。

PPC 广告（Pay Per Click）：是根据点击广告或者电子邮件信息的用户数量来付费的一种网络广告定价模式。

CPA 广告（Cost Per Action）：每次行动的费用，即根据每个访问者对网络广告所采取的行动收费的定价模式。对于用户行动有特别的定义，包括形成一次交易、获得一个注册用户，或者对网络广告的一次点击等。

CPL 广告（Cost Per Leads）：按注册成功（搜集潜在客户名单）支付佣金。

PPL 广告（Pay Per Lead）：根据每次通过网络广告产生的引导付费的定价模式。例如，广告客户为访问者点击广告完成了在线表单而向广告服务商付费。这种模式常用于网络会员制营销模式中为联盟网站制定的佣金模式。

（3）按销售计费。

CPO 广告（Cost Per Order）：也称为 Cost Per Transaction，即根据每个订单或每次交易来收费的方式。

CPS 广告（Cost Per Sale）：根据网络广告所产生的销售额付费。

PPS 广告（Pay Per Sale）：根据网络广告所产生的直接销售数量付费。

做一做

（1）某网店在网站投放网络广告，每条单价为 3 元/CPM，如该广告所在页面被访问 10 000 次，广告主必须向广告商支付多少元广告费？

（2）分析以上几种网络广告计费方式的异同，作为网店的店主，你更愿意采取哪种计费方式？为什么？

（3）与传统广告相比，网络广告具有哪些特点？

（二）站点推广

站点推广就是利用网络营销策略扩大站点的知名度，吸引网上流量访问网站，起到宣传和推广企业以及企业产品的效果。

表2-1 用户得知新网站的主要途径

搜索引擎:84.6%	其他网站上的链接:70.2%
电子邮件:32.8%	朋友、同学、同事介绍:56.8%
网友介绍:28.6%	网址大全之类的书籍:17.9%
报纸杂志:37.4%	广播电视:12.5%
黄页:3.4%	户外广告:11.3%
其他:0.6%	

从表2-1中可以看出，一般用户得知一个新网站的信息，运用搜索引擎的比例高居榜首，几乎所有上网的人，都会用搜索引擎查找自己需要的信息。常见的搜索引擎如Google、Baidu、Yahoo等，都是潜在买家经常会用到的。因此运用搜索引擎推广网店成为一个非常重要的手段。

各种搜索引擎一般都会提供一些推广促销手段，让采用这些手段的信息更容易被找到。

1. 免费登录方式

这是最传统的推广方式，一般专业的搜索引擎站点采用较多。很多分类目录式的网络平台已经逐渐向收费方式转移，但部分非专业或较偏的主题区仍然采用免费方式发布信息。

2. 付费登录方式

付费登录方式被分类目录网站较多采用，并且也是部分专业搜索引擎网站正在采用的方式。但收取一定的费用仅仅作为被网站收录的条件，不保证能够有较前位的排名。

3. 搜索引擎优化（SEO，Search Engine Optimization）

SEO是改进页面在搜索引擎的所有相关主题的搜索结果中排名技巧的总称。它包括一系列优化技巧，比如设置独特却容易被使用的关键词。网店经营者可以给网店起一个特别的名称，或尽量突出商品名称，让客户更容易找到。注意关键词要精心选择，而且要尽可能多地出现在你的网页的各个地方。

4. 竞价排名

搜索引擎自然搜索结果排名的推广效果是有限的，对于自然排名效果不好的网站，采用竞价排名可以很好弥补这种劣势。企业通过付费在搜索引擎注册与产品相关的关键词后，就会被查找这些产品的潜在客户找到。这是一种按效果付费的网络推广方式，其特点是按点击付费，推广信息出现在搜索结果中（一般是靠前的位置），如果没有被用户点击，则不收取推广费。如：在百度输入关键字"电磁炉"，见图2-9所示。

图 2-9

在搜索结果页面左上方将出现出价最高的优质推广链接,其余信息将出现在首页右侧及翻页后的右侧,如图 2-10 所示。

图 2-10

(三)网络公共关系

公共关系是一种重要的促销工具,它通过与企业利益相关者包括供应商、顾客、雇员、股东、社会团体等建立良好的合作关系,为企业的经营管理营造良好的环境。网络公共关系与传统公共关系功能类似,但是借助互联网作为媒体和沟通渠道,无论是树立企业形象还是解除舆论危机,网络公关都将发挥出更加巨大的效应。

案例

宝洁公司的网络关系营销采取两种主要方式:"线下活动+线上新闻"和直接在线活动。在网站上我们常可以看到有关宝洁的活动新闻,比如以"飘柔点燃希望,黑发更添自信"为主题的"烛光工程——飘柔首乌助教计划"。宝洁出资资助的公关活动项目已深入到中国社会的许多重要团体,如在一些重点大学设立奖学金,成立中国科学院宝洁科教基金,向中国希望工程捐款1 250万元等,引起网上各大媒体争先报道。

宝洁公司旗下的洗护发品牌海飞丝在深圳"明斯克"号航空母舰上隆重举行了一场名为"冲击头屑的航母"的大型晚会,庆祝其又一突破性技术成果——全新海飞丝在中国市场的闪亮登场。此时在网站上,除了对此次活动进行宣传外,还向消费者介绍了新海飞丝的四种不同配方。

在线上互动方面,宝洁推出了"飘柔自信学院"、FLASH 闪客大赛、与 TOM.com 合作的海飞丝吸引力测试活动等。此外,宝洁还推出各种线上服务,比如在线诊断发质、头发健康知识咨询、沙宣专业美发讲解等。

趣味讨论

宝洁公司网络公关的成功之处在哪里?它向消费者传递了什么样的品牌或产品信息?

议一议

上网查找资料,了解2008年发生的"康师傅水源门"事件始末,康师傅集团是如何开展危机公关重建美誉度的?网络媒体和搜索引擎在此事件中发挥了怎样的作用?

(四)网络销售促进

销售促进主要是用来进行短期性的刺激销售。网上销售促进就是在网上市场利用销售促进工具刺激顾客对产品的购买和消费使用。互联网作为交互的沟通渠道和媒体,它具有传统渠道所没有的优势,在刺激产品销售的同时,还可以与顾客建立互动关系,了解顾客的需求和对产品的评价。下面介绍几种网上销售促进常用的方法。

1. 折价促销

折价亦称打折、折扣,是目前网上最常用的一种促销方式。网上商品的价格一般都要比传统销售方式低,再加上幅度较大的折扣可以促使消费者更快地做出购买决定。

由于网上直接价格折扣容易造成买家对商品品质降低的怀疑,所以也可以采用一种变相折价促销的方法,即在不提高或稍微增加价格的前提下,提高产品或服务的品质或数量,较大幅度地增加附加值,这样更容易获得消费者的信任。如淘宝网店常用的"加量不加价""搭配减价""满200包邮"等等,如图2-11所示。

图 2-11

2. 赠品促销

一般情况下,在新产品推出试用、产品更新、对抗竞争品牌、开辟新市场情况下利用赠品促销可以达到比较好的促销效果,如图 2-12 所示。

图 2-12

重要提示:策划"赠品促销"应注意:
(1)不要选择次品、劣质品作为赠品,这样做只会起到适得其反的作用。
(2)明确促销目的,选择适当的能够吸引消费者的产品或服务。
(3)注意时间和时机,注意赠品的时间性,如冬季不能赠送只在夏季才能用的物品。
(4)注意预算和市场需求,赠品要在能接受的预算内,不可过度赠送赠品而造成营销困境。

3. 抽奖促销

抽奖促销是一种有博彩性质的促销方式,如淘宝开发的"淘大奖"购物抽奖平台(见图 2-13),卖家可自定义奖品、中奖概率、购物金额、用户权限等,帮助店家大幅提升店铺的吸引力和买家的忠诚度。

抽奖促销活动应注意:奖品要有诱惑力,一般应选择大额超值的产品吸引人们参加;活动参加方式要简单化,太过复杂和难度太大的活动较难吸引客户参与;由于网络的虚拟性和参加者的广泛地域性,要保证抽奖结果的真实公正,并及时通过 E-mail、公告等形式向参加者通告活动进度和结果。

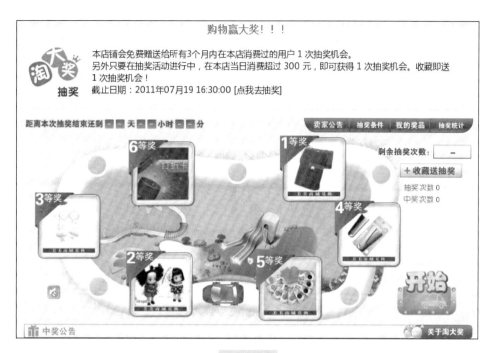

图 2-13

4．红包促销

红包是网店卖家将商品让利后形成的折价券，卖家可以根据各自店铺的不同情况灵活制定红包的赠送规则和使用规则，买家购物时可持一定面值的红包，购买任何支持红包折价的商品。由于红包有使用时限，因此可促进客户在短期内再次购买，有效提升网店的人气和客户的忠诚度，如图 2-14 所示。

图 2-14

5. "秒杀"促销

所谓"秒杀",就是网络卖家发布一些超低价格的商品,所有买家在同一时间网上抢购的一种销售方式。由于商品价格低廉,往往一上架瞬间就被抢购一空,如图2-15所示。

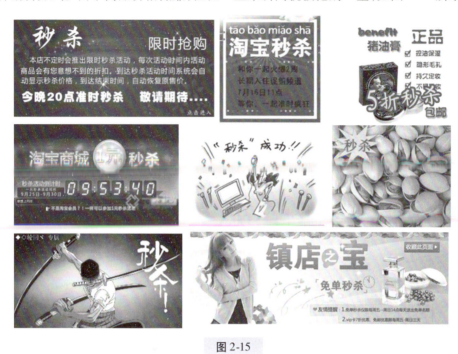

图 2-15

6. 团购促销

团购作为一种新兴的电子商务模式,商品价格更为优惠。根据薄利多销、量大价优的原理,卖家可以给出低于零售价格的团购折扣和单独购买得不到的优质服务。图2-16是淘宝的"聚划算"团购平台。

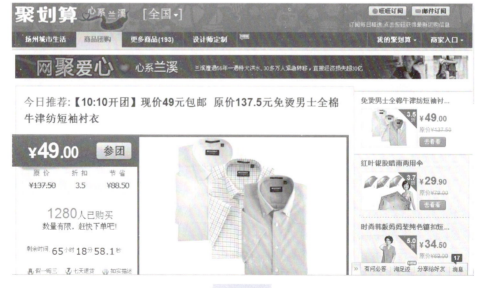

图 2-16

7. 免费试用

通常在新产品推出、产品更新时，卖家会通过"免费试用"来赢得客户的良好口碑，对抗竞争品牌。传统线下的试用活动难以推广试用反馈意见，有些试用者还会担心商家的电话骚扰，因而范围和效果都很有限。随着网络购物市场的膨胀，免费试用找到了适合发展的土壤，试用者在使用产品后在线发布试用报告，越来越多的商家开始选择通过网络免费试用的方式，带动消费者口碑传播来作为营销的新重点，如图 2-17 所示。

图 2-17

以上是网上促销活动中比较常见又较重要的方式，其他如节假日的促销、事件促销等都可结合以上几种促销方式进行综合应用。许多网站的网上零售平台经常会不定期地在不同版块组织各种促销活动，参与活动的卖家会得到更多的推荐机会，这也是提升店铺人气和促进销售的一个好方法。当然，要想使促销活动达到良好的效果，还要做好充分的准备，必须事先进行市场分析、竞争对手分析以及网上促销活动实施可行性分析，并结合整体营销计划，创意地组织实施，同时备足货源、做好客服人员培训等，才能获得成功。

做一做

登录淘宝网，了解聚划算、淘满意、钱庄——今日特惠、淘金币、试用中心等卖家促销活动的规则和参与办法。

四、网络促销的实施程序

（一）确定网络促销对象

实施网络促销前，要确定促销对象是产品的使用者、产品购买的决策者还是产品购买的影响者。在许多情况下，产品的使用者和购买决策者是一致的；在另一些情况下，产品的购买决策者和使用者则是分离的。在高价耐用消费品的购买决策上,产品影响者的影响力较大。

(二) 设计网络促销内容

一般要根据网店所经营产品的生命周期来设计网络促销的内容。

投入期促销活动的内容应侧重于宣传产品的特点,引起消费者的注意;成长期产品在市场上已有一定的影响力,促销内容要偏重于唤起消费者的购买欲望,创造品牌的知名度;成熟期市场竞争变得十分激烈,促销内容除了针对产品本身的宣传外,还需要对企业形象做大量的宣传工作,树立消费者对企业产品的信心;衰退期促销活动的重点在于密切与消费者之间的感情沟通,通过各种让利促销,延长产品生命周期。

(三) 决定网络促销组合方式

促销组合是一个非常复杂的问题,必须将网络广告、站点推广、销售促进和网络公共关系进行系统的分配组合。由于网店经营的产品种类、销售对象不同,将会产生多种网络促销组合方式。其中,网络广告促销主要实施"推动策略",其主要功能是将企业的产品推向市场,获得广大消费者的认可。网络站点促销则主要实施"拉引策略",其主要功能是将顾客牢牢地吸引过来,保持稳定的市场份额。

通常,日用消费品如食品饮料、化妆品、医药制品、家用电器等,网络广告促销的效果比较好,而计算机、专用及大型机电产品等采用站点促销的方法比较有效。网店卖家应当根据自己的产品和客户情况,扬长避短,合理组合,确定各种网络促销方法配合使用的比例,才能够使网络促销的效果达到最大化。当然,网络促销组合也需要结合传统的促销组合,组成一个更加全面的线上线下兼顾的促销方案,这样促销效果会更好。

(四) 制定网络促销预算方案

网络促销的目的是带来更多的销售和利润,网络促销费用直接影响着目标的实现。费用过高,可能导致抹杀带来的利润,费用过低,则无法达到预期效果,因此网络促销实施前必须根据网络促销的目标和组合方案制订合理的预算方案。

(五) 衡量网络促销效果

网络促销实施到一定阶段,必须对已经执行的促销方案进行评价,衡量促销的实际效果是否达到预期的目标。对促销效果的评价主要依赖于两个方面的数据:一方面,可以通过销售量、利润、促销成本的变化来判断促销活动的效果;另一方面,可以充分利用一些卖家工具或软件,及时对访问人次、点击次数、千人广告成本等数据进行统计,以便及时对网络促销方式和方法进行调整。同时,还应注意促销对象、促销内容、促销组合等因素与促销目标的因果分析,以便对整个促销活动做出正确的决策与调整。

(六) 加强网络促销过程控制

对网络促销的整个过程必须严格控制,以免出现失控导致费用剧增或产生负面影响。例如,网络广告的费用是以千人浏览数(CPM)来计算的,当浏览量有大幅增加或减少时,就必须认真查找原因,防止网络运营商恶意篡改数据进行欺诈。又如,卖家在自家网店页面上开辟论坛栏目实施网上公共关系活动,必须对每一条言论进行监控,有时候一些不良言论在论坛上传播,对网店形象甚至整个社会产生负面影响,如果没有及时得到控制和处理,后果将不堪设想。

(1) 在"阿里巴巴"网站进行免费注册,全面了解并操作针对网店的广告位购买过程。
(2) 在网上搜索一个免费推广的搜索引擎,将你的网店信息发布到搜索引擎内,并在发布后,通过你设置的关键词进行搜索。
(3) 策划一个节日网店促销活动,进行促销成本预算并撰写促销活动方案。

项目四 网上支付安全保证

学习任务一 认知电子商务结算工具

开设网店的准备

如果你要开设网店,与李明和王强一样,你要进行市场调研,进行市场细分,选择目标市场,进行市场定位,所不同的是你可能不需考虑营业用房,但你需要考虑以何种方式与顾客结算。

一般开设网店怎样与顾客进行货款结算?如果你已有网购经历,你一定知道了答案,那么它背后所包含的知识你知道吗?

1. 认知电子商务结算工具及特点。
2. 比较各种电子商务结算工具的优缺点和适用范围。
3. 掌握各种电子商务结算工具的使用过程。

一、电子商务结算工具概述

（一）电子商务结算工具

1. 电子商务结算工具的含义

广义地讲，电子商务结算工具就是买主和卖主之间的在线资金交换工具，交换的内容通常是由银行（或中介机构）发行的并由法定货币支撑的数字金融工具（如加密的信用卡号码、电子支票或电子现金）。

技术成本的降低、经营成本和处理成本的降低、在线商务的增加是推动电子结算的三大动力。

电子商务结算的主要目标是要影响消费者进行结算的方式，它的发展方向是实时的电子传输、票据清算和结算系统。

2. 电子商务结算工具的特征

（1）采用先进的技术通过数字流转来完成信息传输，其各种支付方式都是采用数字化的方式进行款项支付的。

（2）电子支付的工作环境是基于一个开放的系统平台（即因特网）。

（3）电子支付使用的是最先进的通信手段，如 Internet、Extranet。电子支付对软、硬件设施的要求很高，一般要求有联网的微机、相关的软件及其他一些配套设备。

（4）电子支付具有方便、快捷、高效、经济的优势。用户只要拥有一台上网的 PC 机，便可足不出户，在很短时间内完成整个支付过程。

> ☞ 知识链接
>
> **电子支付的产生和发展**
>
> 电子支付方式的出现要早于互联网，银行进行电子支付的五种形式分别代表着电子支付发展的不同阶段。
>
> | 阶段 | 名称 | 特点 |
> | --- | --- | --- |
> | 第一阶段 | 电子资金转账（EFT） | 是银行间采用安全的专用网络进行电子资金转账（EFT），即利用通信网络进行账户交易信息的电子传输，办理结算 |
> | 第二阶段 | 代扣代交系统 | 是银行计算机与其他机构计算机之间资金的结算，如代发工资，代交水费、电费、煤气费、电话费等业务 |
> | 第三阶段 | 网络终端 | 是利用网络终端向用户提供各项银行服务，如用户在自动柜员机（ATM）上进行取、存款操作等 |
> | 第四阶段 | 银行销售点终端（POS） | 是利用银行销售点终端（POS）向用户提供自动扣款服务，这是现阶段电子支付的主要方式 |

续表

阶段	名称	特 点
第五阶段	网上支付	是最新发展阶段,电子支付可随时随地通过互联网络进行直接转账结算,这一阶段的电子支付称为网上支付

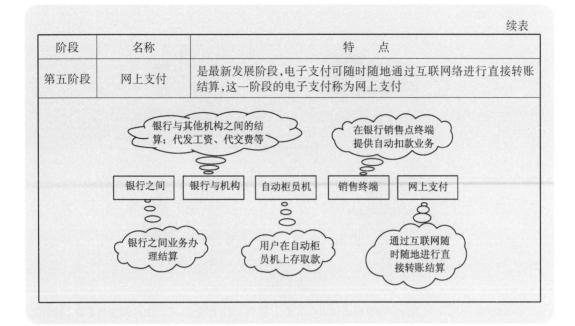

(1) 传统结算工具的局限性。
(2) 传统结算工具和电子商务结算工具的区别。

(二) 网上电子支付系统

目前在互联网上出现的支付系统模式已有十几种,这些大多包含信息加密措施的系统大致上可以划分为三类。第一类是数字化的电子货币系统;第二类是使用已有的安全清算程序对互联网的网上支付提供信息中介服务;第三类是针对银行卡主攻加密算法,使银行卡支付信息通过互联网向商家传递,利用金融专用网络提供独立的支付授信,或者采用智能卡技术实现联机支付。

(三) 在线电子支付方式

在线电子支付是电子商务的关键环节,没有实时的电子支付手段相配合,电子商务的优势和效率就体现不出来。因此实时电子交易和在线电子支付是电子商务的两个基本组成部分。互联网上的在线支付必须具有高度的安全性,这种安全性包括:完整认证客户,信息完整传输,无拒付支付,有效的查账机制,隐私权保护,可靠的信息服务(如图2-18所示)。

公共网络系统的安全性可以依靠用户和商家的认证、数据的加密及交易请求的合法性验证等多方面措施来保证。电子交易过程中必须确认用户、商家及所进行的交易本身是否合法可靠。一般要求建立专门的电子认证中心(CA)以核实用户和商家的真实身份以及交易请求的合法性。

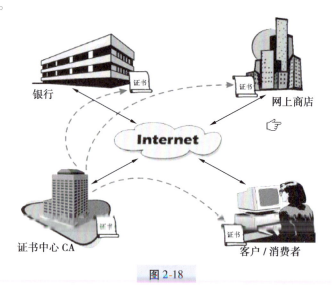

图 2-18

电子商务环境下使用的在线电子支付方式主要有：电子现金、银行卡、电子支票、智能卡和移动电子支付。

二、在线电子支付方式

（一）电子现金（Electronic Cash）

生活在校园里的学生，对校园 IC 卡再熟悉不过了，你知道吗，校园 IC 卡就是电子现金的一种。

电子现金又称为数字现金（Digital Cash），是一种表示现金的加密序列数，它可以用来表示现实中各种金额的币值，它是一种以数据形式流通的，通过网络支付时使用的现金。电子现金带来了纸币在安全和隐私性方面所没有的计算机化的便利，电子现金的应用开辟了一个全新的市场。

> ☞ 知识链接
>
> **有影响力的电子现金支付系统**
>
> 电子现金应用系统的提供商不是很多，我国还没有专业的电子现金提供商，这里介绍 4 个国际知名的电子现金应用系统提供商。
>
> ※ DigiCash（http：//www.digicash.com）：匿名电子现金支付系统，是专门从事电子支付系统和电子现金开发的公司，该公司开发了一种无条件匿名电子现金 Ecash。该公司的创始人 David Chaum 是这方面的先驱，被誉为"电子现金之父"。他提出的概念和模式对后来各类电子现金模式均有影响。
>
> ※ CyberCash（www.cybercash.com）公司提供用于小额电子现金事务的服务。在电子现金传输方面，CyberCash 与 DigiCash 相似，电子现金被从常规银行账户上传输给 CyberCash 电子钱包，然后买方就能用这些电子现金进行各种事务处理。

✹ Clickshare(www.clickshare.com)公司有面向报刊出版商的电子现金系统。
✹ eCoin(www.eCoin.net)公司发行的电子现金 eCoin 可用于在线购物支付。eCoin 提供在线小额支付服务。

电子现金的优点：
(1) 匿名性。电子现金用于匿名消费。买方用电子现金向卖方付款，除了卖方以外，没有人知道买方的身份或交易细节。
(2) 不可跟踪性。电子现金不能提供用于跟踪持有者的信息，不可跟踪性可以保证交易的保密性，也就维护了交易双方的隐私权。
(3) 减少实物现金的使用量。电子现金的应用推进了货币电子化的发展趋势，方便了消费者网上购物。
(4) 支付灵活方便。电子现金的使用范围比信用卡更广，银行卡支付仅限于被授权的商户，而电子现金支付却不受此限制。

电子现金存在的问题：
(1) 目前的使用量小。只有少数几家银行提供电子现金开户服务，也只有少数商家接受电子现金。
(2) 成本较高。电子现金对于硬件和软件的技术要求都较高，需要一个大型的数据库存储用户完成的交易和电子现金序列号以防止重复消费。
(3) 存在货币兑换问题。由于电子货币仍以传统的货币体系为基础，因此各国银行只能以各国本币的形式发行电子现金，因此从事跨国贸易就必须要使用特殊的兑换软件。
(4) 可丢失性。电子现金与普通钱币一样会丢失，如果买方的硬盘出现故障并且没有备份的话，电子现金就会丢失，就像丢失钞票一样。
(5) 不排除出现电子伪钞的可能性。一旦电子伪钞获得成功，那么发行人及其客户所要付出的代价则可能是毁灭性的。

即学即思

说说你使用校园 IC 卡、超市现金卡的体会，想想电子现金与传统现金有什么区别。

（二）银行卡(Bank Card)

目前在线购物大部分是用信用卡和借记卡来进行支付的。信用卡和借记卡是银行或金融公司发行的，是授权持卡人在指定的商店或场所进行记账消费的凭证，是一种特殊的金融商品和金融工具。信用卡可以透支一定的额度，借记卡不可以透支，只能在卡上存有的金额内支付。

做一做

将你或你家人的银行卡区分一下，哪些是信用卡，哪些是借记卡？

现以招商银行"一卡通"为例,了解网上使用银行卡的过程。

1. 网上支付申请

只要是招商银行"一卡通"的用户即可登录招商银行网站 www.cmbchina.com,点击"个人银行"进入"支付卡申请",开通网上支付功能;亦可携带本人身份证和"一卡通"到招商银行营业点申请办理本项服务的开通手续,取得网上支付卡和专用密码。

2. 专户转账

在成功申请网上购物功能后,招商银行即为用户在活期人民币储蓄账户下设立了"网上支付"专户,用户在进行网上消费前需将资金通过招商银行的电话银行或网上"支付卡理财"自助转入此专户。用户随时可以通过"支付卡理财"查询账户余额及明细、挂失、修改密码及网上购物。

3. 选购商品

用户可向任何提供招商银行"网上支付"服务的网上商户选购商品和服务,当选购完商品和服务并确认后,使用鼠标轻击"一卡通付款"栏,就会自动被引导到招商银行的网站并进入支付程序。

4. 网上支付

依次输入用户的网上支付卡号及网上专用密码,客户终端显示操作结果(如图 2-19 所示)。

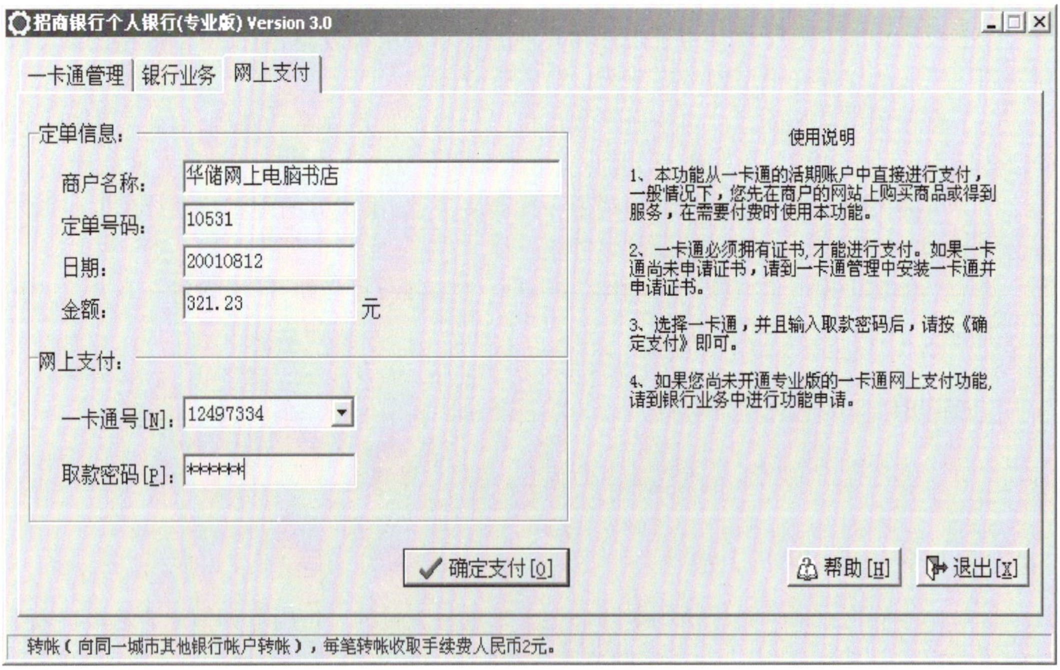

图 2-19

5. 交易确认

为避免出现由于商户库存不足等原因以致无法供货等情况,所有购物交易均须经商户确认后方告成立。客户可随时通过招商银行网页"支付卡理财"查询历史交易的成交状况。

知识链接

信用卡的起源

1915年世界上第一张信用卡诞生——美国。

中国银行珠海分行于1985年6月发行的中银卡,是我国国内发行的第一张信用卡。

银行卡组织

维萨国际组织(VISA International)

万事达国际组织(Master Card International)

JCB(Japanese Credit Bureau)

美国运通公司(American Express)

信用卡的种类

信用卡是银行卡的一种,银行卡目前的主要品种有信用卡、专用卡、电子钱包卡、购物卡、转账卡、提款卡等多种,其中信用卡是最主要的、使用最广泛的一种银行卡。

信用卡与其他银行卡的一个主要差别在于:信用卡不仅是一种支付工具,同时也是一种信用工具。使用信用卡可以透支消费,给用户带来了方便,但这同时也给银行带来了恶意透支的问题。信用卡的种类和使用特点如表2-2所示。

表2-2 信用卡的种类和使用特点

分类	类型	使用特点
结算方式	贷记卡	发卡行允许持卡人"先消费,后付款",提供给持卡人短期消费信贷,到期依据有关规定完成清偿
	借记卡	持卡人在开立信用卡账户时按规定向发卡行交一定的备用金,持卡人完成消费后,银行会自动从其账户上扣除相应的消费款项,急需时能为持卡人提供小额的善意透支
使用权限	金卡	允许透支限额相对较大(我国为1万元)
	普通卡	透支限额低(我国为5 000元)
持卡对象	个人卡	持有者是有稳定收入来源的社会各界人士,其信用卡账户上的资金属持卡人个人存款
	公司卡	又称单位卡,是各企事业单位、部门中指定人员使用的卡,其信用卡账户资金属公款
使用范围	国际卡	可以在全球许多国家和地区通行使用,如著名的VISA卡和MASTER卡等
	地方卡	只局限在某地区内使用,如我国各大商业银行发行的人民币长城卡、牡丹卡、太平洋卡等都属地方卡
载体材料	磁卡	在信用卡背后贴有的磁条内存储有关信用卡业务所必需的数据,使用时必须有专门的读卡设备读出其中所存储的数据信息
	IC卡	IC卡是集成电路卡(Integrated Circuits Card)的缩写,为法国人Roland Moreno于1970年所研制,并由法国BULL公司于1979年推出第一张可工作的IC卡。IC卡的卡片中嵌有芯片,信用卡业务中的有关数据存储在IC芯片中,既可以脱机使用也可以联机使用

（三）电子钱包（Electronic Purse）

> **知识链接**
>
> **电子钱包的起源**
>
> 英国西敏寺（National-Westminster）银行开发的电子钱包 Mondex 是世界上最早的电子钱包系统，于 1995 年 7 月首先在有"英国的硅谷"之称的斯温顿（Swindon）市试用。电子钱包被广泛应用于超级市场、酒吧、珠宝店、宠物商店、餐饮店、食品店、停车场、电话间和公共交通车辆之中。这是由于电子钱包使用起来十分简单，只要把 Mondex 卡插入终端，三五秒钟之后，卡和收据条便从设备付出，一笔交易即告结束，读取器将从 Mondex 卡中所有的钱款中扣除掉本次交易的花销。Mondex 卡终端支付只是电子钱包的早期应用，从形式上看，它与智能卡十分相似。而今天电子商务中的电子钱包则已完全摆脱了实物形态，成为真正的虚拟钱包了。
>
> 网上购物使用电子钱包，需要在电子钱包服务系统中进行。电子商务活动中的电子钱包软件通常都是免费提供的。用户可直接使用与自己银行账号相连接的电子商务系统服务器上的电子钱包软件，也可以通过各种保密方式利用互联网上的电子钱包软件。目前世界上有 VisaCash 和 Mondex 两大电子钱包服务系统，其他电子钱包服务系统还有 Master Card、Cash EuroPay 的 Clip 和比利时的 Proton 等。
>
> 电子钱包就是电子商务结算工具的一种，目前在深圳金融电子结算中心提供网上电子钱包，该电子钱包是深圳"金融联"支付网关的配套工具，通过电子钱包，消费者可以用"金融联"入网银行的任意一张银行卡完成网上付款。电子钱包的软件通常都是免费提供的。

电子钱包是电子商务活动中顾客购物常用的一种支付工具。电子钱包是一个可以由持卡人用来进行安全电子交易和储存交易记录的软件，就像生活中随身携带的钱包一样。

电子钱包具有以下功能：

（1）电子安全证书的管理，包括电子安全证书的申请、存储、删除等。

（2）安全电子交易，进行 SET 交易时辨认用户的身份并发送交易信息。

（3）交易记录的保存，保存每一笔交易记录以备日后查询。

持卡人要在 Internet 上进行符合 SET 标准的安全电子交易，必须安装符合 SET 标准的电子钱包。

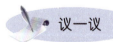

电子钱包、银行卡、电子现金有何区别？微信钱包是电子钱包吗？

做一做

网上查阅一下电子支票、智能卡的相关资料,说一说他们的使用方法及优缺点。

三、移动电子支付

(一)移动电子支付

移动支付,即允许用户使用其移动终端(通常是手机)对所消费的商品或服务进行账务支付的一种服务方式。从 2002 年开始,移动支付就已经成为移动增值业务中的一个亮点。2002 年 5 月,中国移动开始在浙江、上海、广东、福建等地进行小额支付试点,带动了相关兴趣方,尤其是以中国银联为主的金融机构对该业务予以极大关注。2003 年起各地移动通信公司纷纷推出相应的移动支付业务,北京移动通信公司推出名为"手机钱包"的手机支付业务,上海推出出租车上的银行移动 POS 机。如今,支付宝、微信已成为极具中国特色的移动支付方式,以至于许多人出门常常不带钱包。

移动支付

(二)移动支付的优点

移动支付作为一种崭新的支付方式,具有方便、快捷、安全、低廉等优点,将会有非常大的商业前景,而且将会引领移动电子商务和无线金融的发展。手机付费是移动电子商务发展的一种趋势,它包括手机小额支付和手机钱包两大内容。手机钱包就像银行卡,可以满足大额支付,它是中国移动近期的主打数据业务品牌,通过把用户银行账户和手机号码进行绑定,用户就可以通过短信息、语音、GPRS 等多种方式对自己的银行账户进行操作,实现查询、转账、缴费、消费等功能,并可以通过短信等方式得到交易结果通知和账户变化通知。

(三)移动支付的交易过程

(1)消费者通过 Internet 进入消费者前台系统选择商品;
(2)将购买指令发送到商家管理系统;
(3)商家管理系统将购买指令发送到无线运营商综合管理系统;
(4)无线运营商综合系统将确认购买信息指令发送到消费者前台消费系统或消费者手机上请求确认,如果没有得到确认信息,则拒绝交易;
(5)消费者通过消费者前台消费系统或手机将确认购买指令发送到商家管理系统;
(6)商家管理系统将消费者确认购买指令转交给无线运营商综合管理系统,请求缴费操作;
(7)无线运营商综合系统缴费后,告知商家管理系统可以交付产品或服务;
(8)商家管理系统交付产品或服务,并保留交易记录;
(9)将交易明细写入消费者前台消费系统,以便消费者查询。

移动支付在现实生活中的应用有哪些？

即学即思

(1) 世界上最早的电子钱包系统出现在（　　）。
　　A. 美国　　　　B. 英国　　　　C. 法国　　　　D. 澳大利亚
(2) 电子现金的英文称谓是（　　）。
　　A. Smart Card　　B. E-Cash　　C. E-purse　　D. E-cheque
(3) 目前我国智能卡的推广应用中还存在一些障碍，主要是安全问题和（　　）。
　　A. 资金问题　　B. 政策问题　　C. 成本问题　　D. 观念问题

做一做

(1) 说说互联网上常用的几种支付方式。
(2) 网上体验中国银行电子钱包的使用过程。
(3) 描述电子支票的使用过程，并将其和纸质支票的使用进行对比，以加深对其认识。

职业能力训练

(1) 申请数字证书，并查看该数字证书。
(2) 请到中国银行下载电子钱包，并结合数字证书进行一次网上支付。

学习任务二　熟悉网络银行

世界上第一家网络银行

你知道世界上第一家网络银行吗？它就是1995年10月18日在美国佐治亚州亚特兰大市正式开业的"安全第一网络银行SFNB"。它通过全球最大的计算机网络——"交互网络"向个人客户提供每周7天、每天24小时不间断的银行业务服务，客户不论在什么地方，只要有一台能够上网的计算机和一个网络账号，就可以享受服务。其业务包括用户储蓄、转账、账户情况咨询等,此外,还开展信用卡、证券交易、保险和公司财务管理等较为复杂的项目。

今天的你有没有享受到24小时不间断的银行业务服务?

1. 认知网络银行的含义及特点。
2. 掌握网络银行的分类和主要业务。
3. 了解网络银行面临的发展问题。

一、网络银行概述

(一)网络银行含义

网络银行又称网上银行、在线银行,是指银行利用 Internet 技术,通过 Internet 向客户提供开户、销户、查询、对账、行内转账、跨行转账、信贷、网上证券、投资理财等传统服务项目,使客户可以足不出户就能够安全便捷地管理活期和定期存款、支票、信用卡及个人投资等。可以说,网络银行是在 Internet 上的虚拟银行柜台。

网络银行又被称为"3A 银行",因为它不受时间、空间限制,能够在任何时间(Anytime)、任何地点(Anywhere)、以任何方式(Anyway)为客户提供金融服务。

> **重要提示**:若要申请网络银行服务可持本人有效身份证和银行卡,到相应银行的营业网店办理申请网络银行服务的相关手续,也可到相应银行的银行网站在线申请网上银行服务,但有些银行要求在线申请后,需本人持有效身份证和银行卡到银行柜台签约才能开通在线支付等网上银行的各种服务。
>
> 在创建自己的密码时,请选择一个不易被他人猜出的密码。勿将密码和个人资料,如生日、姓名、电话号码、门牌号或其他常用信息相关联。勿使用与其他网站或电子邮件相同的密码。交叉使用文字和数字并加入大小写,如 JE46Gmk9,避免使用重复的字符或连续的数字,如 mmmmmm、123456 等。

(二)网络银行快速发展的动力

(1) 技术发展是第一推动力;
(2) 扩展业务的需要;

(3) 追求利润是根本原因。

二、网络银行的特点

（一）全面实现无纸化交易

以前使用的票据和单据大部分被电子支票、电子汇票和电子收据所代替；原有的纸币被电子货币，即电子现金、电子钱包、电子信用卡所代替；原有纸质文件的邮寄变为通过数据通信网络进行传送。

（二）服务方便、快捷、高效、可靠

通过网络银行，用户可以享受到方便、快捷、高效和可靠的全方位服务。任何需要的时候使用网络银行的服务，不受时间、地域的限制，即实现了3A服务（Anywhere，Anyhow，Anytime）。

（三）经营成本低廉

由于网络银行采用了虚拟现实信息处理技术，网络银行可以在保证原有的业务量不降低的前提下，减少营业点的数量。

（四）简单易用

网上E-mail通信方式也非常灵活方便，便于客户与银行之间以及银行内部的沟通。

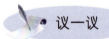

与传统银行业务相比，网上银行业务有哪些优势？

☞ 知识链接

招商银行在十余年的发展历程中，始终坚持"科技兴行"的战略。1995年推出的"一卡通"被同业誉为我国银行业在个人理财方面的一个创举。1996年在国内率先实现储蓄全国通存通兑，同年又推出IC卡变码印鉴，实现了公司业务通存通兑。1997年4月，招商银行建立了国内第一个银行网站，并于1998年4月推出"一网通"服务，成为国内首家推出网上银行业务的银行。同年，招商银行又开通了ATM机全国通兑网和POS机全国消费网，形成了现代化的全国个人金融服务网络。在强大而先进的科技手段支持下，招商银行"一卡通"发卡量迅猛增长，成为招商银行的拳头产品。在中央电视台和《人民日报》新闻信息中心联合开展的"全国34个主要城市居民消费者喜爱的品牌"调查活动中，招商银行"一卡通"被消费者评为最受欢迎的国内银行卡。1999年，招商银行率先在国内全面启动网上银行服务，建立了由网上企业银行、网上个人银行、网上证券、网上商城、网上支付组成的较为完善的网络银行服务体系。

三、网上银行的分类

网上银行发展的模式有两种：一种是完全依赖于互联网的无形的电子银行，也叫"虚拟银行"。所谓虚拟银行就是指没有实际的物理柜台作为支持的网上银行，这种网上银行一般只有一个办公地址，没有分支机构，也没有营业网点，采用国际互联网等高科技服务手段与客户建立密切的联系，提供全方位的金融服务。以美国安全第一网上银行为例，它成立于1995年10月，是在美国成立的第一家无营业网点的虚拟网上银行，它的营业厅就是网页画面，当时银行的员工只有19人，主要的工作就是对网络进行维护和管理。

另一种是在现有的传统银行的基础上，利用互联网开展传统的银行业务交易服务。即传统银行利用互联网作为新的服务手段为客户提供在线服务，实际上是传统银行服务在互联网上的延伸，这是目前网上银行存在的主要形式，也是绝大多数商业银行采取的网上银行发展模式。因此，事实上，我国还没有出现真正意义上的网上银行，也即"虚拟银行"，国内现在的网上银行基本都属于第二种模式。

四、网上银行业务介绍

一般说来网上银行的业务品种主要包括基本业务、网上投资、网上购物、个人理财、企业银行及其他金融服务。

（一）基本网上银行业务

商业银行提供的基本网上银行服务包括：在线查询账户余额、交易记录，下载数据，转账和网上支付等。

（二）网上投资

由于金融服务市场发达，可以投资的金融产品种类众多，国外的网上银行一般提供包括股票、期权、共同基金投资和CDs买卖等在内的多种金融产品服务。

（三）网上购物

商业银行的网上银行设立的网上购物协助服务，大大方便了客户网上购物，为客户在相同的服务品种上提供了优质的金融服务或相关的信息服务，加强了商业银行在传统竞争领域的竞争优势。

（四）个人理财助理

个人理财助理是国外网上银行重点发展的一个服务品种。各大银行将传统银行业务中的理财助理转移到网上进行，通过网络为客户提供理财的各种解决方案，提供咨询建议，或者提供金融服务技术的援助，从而极大地扩大了商业银行的服务范围，并降低了相关的服务成本。

（五）企业银行

企业银行服务是网上银行服务中最重要的部分之一。其服务品种比个人客户的服务品种更多，也更为复杂，对相关技术的要求也更高，所以能够为企业提供网上银行服务是商业银行实力的象征之一，一般中小网上银行或纯网上银行只能部分提供，甚至完全不提供这方面的服务。

企业银行服务一般提供账户余额查询、交易记录查询、总账户与分账户管理、转账、在线支付各种费用、透支保护、储蓄账户与支票账户资金自动划拨、商业信用卡等服务。此外，还包括投资服务等。部分网上银行还为企业提供网上贷款业务。

（六）其他金融服务

除了银行服务外，大商业银行的网上银行均通过自身或与其他金融服务商结盟合作的方式，为客户提供多种金融服务产品，如保险、抵押和按揭等，以扩大网上银行的服务范围。

即学即思

你用过网上银行吗？如果用过的话，你通常用的是什么类型的业务？

五、网上银行开通的步骤

各大银行网上银行开通的步骤基本相同，主要分柜台开通和网上自助开通两种，对于个人网上银行主要基于 U 盾和电子银行口令卡两种类型。下面以工商银行为例，介绍网银的开通程序。

工商银行可以开通网银的卡种包括牡丹灵通卡、牡丹信用卡、牡丹贷记卡、牡丹国际卡和理财金账户卡。客户可携带有效证件和银行卡到工行柜台，申请电子银行口令卡或U 盾。

（一）需填写的资料

个人开通工商银行电子银行服务需填写《中国工商银行电子银行个人客户注册申请表》，请务必知悉申请表背面的《中国工商银行电子银行个人客户服务协议》。

（二）应向工商银行提交的申请资料

（1）如已在本地开立账户，需提供《中国工商银行电子银行个人客户注册申请表》、本人有效身份证件、需注册的银行卡。

（2）如果客户未在本地开立账户，需提供相应注册卡申请表、《中国工商银行电子银行个人客户注册申请表》和本人有效身份证件。

（3）如果客户自带 U 盾，需提供相应介质。

（三）网上银行开通流程

客户填写资料→提交申请资料→网点审核客户资料→客户确认签字、开通→安装安全

证件和证书驱动→正常使用个人网上银行

六、第三方支付平台

随着电子商务的蓬勃发展,网上购物、在线交易对于消费者而言已经从一个新鲜事物变成了日常生活的一部分。对于网络商家而言,传统的支付方式如银行汇款等,需要购买者去银行或邮局办理烦琐的汇款业务;如果采用货到付款方式,给商家带来了一定风险和昂贵的物流成本。因此,网上支付平台在这种需求下逐步产生。在线支付作为电子商务的重要组成部分之一,成为网络商务发展的必然趋势。

第三方支付平台的应用,有效避免了交易过程中退换货、诚信等方面的危机,为商家开展 B2B、B2C 甚至 C2C 交易等电子商务和其他增值服务提供了完整的支持。所谓第三方支付平台,就是一些和国内外各大银行签约并具备一定实力和信誉保障的第三方独立机构提供的交易支持平台,相当于一个中介人的角色,连接着买家与卖家。买家在网上选定要购买的商品以后,交货款支付给第三方支付平台,平台收到货款以后通知卖家发货,买家收到商品后给出确认信息,第三方支付平台就会将货款转入卖家的账户中。由于整个交易过程中货款寄存在第三方支付平台这个中介处,因此买家不用担心自己付款以后卖家不发货,卖家也不必担心发货以后买家不付款。

☞ 知识链接

支付宝跃升全球最大电子支付平台

星岛环球网消息:2009 年 6 月,中国电子商务巨头阿里巴巴旗下的支付宝网络技术公司宣布,注册使用支付宝的用户数达到 2 亿人,正式超过 eBay 的 paypal,成为全球用户数最多的电子支付平台。

台湾《工商时报》报道,中国大陆使用网络购物的人数近年来以倍数成长,2008 年电子商务市场达到了 2.4 万亿元人民币的规模,但在网络使用人口超过 3 亿人的中国大陆,电子商务仍有很大的成长空间。

支付宝总裁邵晓锋指出,2 亿的用户数如果并肩站在一起,长度将可绕赤道两圈,是很大的用户规模,而现在支付宝也成为网络上各种商业活动的基础应用之一。

但是,以中国大陆庞大人口作为基础的支付宝要想真正超越 Paypal 规模,还有一段路要走。而且全球各地都有卖家使用 Paypal 进行交易,但是支付宝目前只局限在中国大陆市场,应用范围就比 Paypal 小了许多。

议一议

与网上银行和传统的汇款方式相比,第三方支付平台有哪些优势?

（一）国内第三方支付平台介绍

1. 支付宝（AliPay）

支付宝（中国）网络技术有限公司是国内领先的独立第三方支付平台，由阿里巴巴集团创办。支付宝致力于为中国电子商务提供"简单、安全、快速"的在线支付解决方案。

支付宝公司从2004年建立开始，始终以"信任"作为产品和服务的核心。不仅从产品上确保用户在线支付的安全，同时让用户通过支付宝在网络间建立起相互的信任。

2. 财付通

财付通网站（http://www.tenpay.com）作为功能强大的支付平台，是由中国最早、最大的互联网即时通信软件开发商腾讯公司创办，目的是为最广大的QQ用户群提供安全、便捷、简单的在线支付服务。腾讯公司为促进中国电子商务的发展需要，满足互联网用户的价值需求，针对网上交易安全问题，通过财付通精心推出了一系列服务。

3. 快钱

快钱是万达控股的第三方支付平台，成立时间较早，服务领域涵盖零售、商旅、保险、电子商务、物流、制造、医药、服装等各个领域。作为全国性的第三方支付平台，快钱可以进行全国性的收单和资金归集。

4. 京东金融

京东金融可以分为京东钱包、京东支付和京东快捷支付三大业务。京东收购了网银在线后，改名为京东钱包，独立于京东账号体系。京东以网银在线提供底层技术支持，衍生出京东支付。京东支付具有无须注册、内嵌无须跳转、费率低、跨平台支付等特点，是针对中小企业客户开发的支付产品。

（二）第三方支付工具申请与使用工作程序

以下以支付宝为例，介绍第三方支付工具的申请与使用。

1. 注册

用支付宝进行网络支付，需要先注册成为支付宝会员。单击支付宝主页上的"注册"按钮，进入注册页面。在支付宝注册会员时，如果已是淘宝网的会员，则可以用淘宝网会员名快速注册。如果还不是淘宝网会员，则可以用电子信箱或手机号码作为用户名注册。一旦注册成功，支付宝就会发出邮件进行确认，并让用户激活注册账户。

2. 账户充值

（1）进入支付宝账户，单击"充值"；
（2）选择网上银行并输入所要充值金额，给本支付宝账户充值；
（3）支付宝充值成功。

3. 使用支付宝进行在线支付

（1）浏览商品，选中所要购买的商品，选择支付宝支付；
（2）输入支付宝支付密码，将款项划到支付宝账户；
（3）确认后付款到支付宝账户，付款成功。

七、网上银行面临的发展问题

（一）法律法规与现实的需求脱节问题

网上银行仍然是经济金融活动的一部分，它离不开法律的规范和保护，而现行的法律又很难规范网上银行业务的发展和保护消费者权益。网上资金转账只要有一个环节出现错误，资金就不能正常支付，就会发生法律方面的纠纷，需要法律进行调节。

（二）安全问题十分突出

通过互联网进行交易，相关信息的保密性、真实性、完整性和不可否认性是最关键的因素。在我国尚没有法规来对付这些没有造成危害或危害较轻的网络犯罪的时候，如何确保交易安全、为个人保密，就成为网上银行发展最需解决的问题。目前各家商业银行虽然都采取了一定的安全防范措施、制定了相应规定，但是在执行上普遍存在管理不严格的现象，如密码的保管和定期更换、主机房的安全管理、灾难备份、病毒防范等。

（三）金融业的网络建设缺乏整体规划

就目前国内网上银行业务的基础环境来看，由于基础设施落后造成资金在线支付的滞后，部分客户在网上交易时仍不得不采用"网上订购，网下支付"的办法。虽然工、农、中、建四大商业银行都建立起自己的网站，但在网站的构架和服务内容上，仍然离电子商务和网络经济的要求有很大的距离。资金、人员等方面的投入严重不足，银行与高新技术产业结合不紧密，造成网络金融市场规模小、技术水平低、覆盖面小，基本上还停留在传统业务的电脑化上。同时，商业银行乃至整个金融业的网络建设缺乏整体规划，使用的软、硬件缺乏统一的标准，更谈不上拥有完整、综合的网上信息系统。

（四）监管意识和现有监管方式的滞后问题

中央银行对商业银行现有的监管，主要针对传统银行，重点是通过银行机构网点指标增减、业务凭证、报表的检查稽核等方式实施。而在网上银行时代，账务收支的无纸化、处理过程的抽象化、机构网点的虚拟化、业务内容的大幅增加，均使现有的监管方式在效率、质量、辐射等方面大打折扣，监管信息的真实性、全面性及权威性面临严峻的挑战，对基于互联网的银行服务业务监管将出现重大变化。

知识拓展

关于网络银行使用的建议：
（1）不要在网吧等公共场合使用网络银行；
（2）不要使用容易被猜中的号码或重复数字，如生日、电话号码等，作为您的密码；

（3）切勿向他人泄露密码、登录号、账号等重要资料，如您收到异常的电子邮件要求您提供上述资料，应坚决予以拒绝；

（4）确保在不被监察的情况下输入密码、登录名、账号等重要资料；

（5）应安装防病毒软件并经常更新病毒代码；

（6）小心"看似雷同"的假冒网页，这些网页专门骗取客户的个人资料，若对网页的真实性感到怀疑，切勿按照网页的提示进行任何操作。

议一议

银行卡、网上银行、支付宝账户之间的关系。

即学即思

你现在使用过哪家银行的银行卡？你觉得哪家银行服务好？

做一做

（1）搜集我国国内网上银行网址及客服电话。

（2）通过网络了解银行服务方式的交易成本。

职业能力训练

（1）利用业余时间到当地银行办卡和开通网上银行业务（网上银行类型自选，U盾还是口令卡自选）

（2）申请一个支付宝账户并使用支付宝进行一次网上购物。

学习任务三　电子商务安全

引导案例

2017年5月，一种名为"想哭"的勒索病毒席卷全球，在短短一周时间内，上百个国家和地区受到影响，中毒电脑中的一些"有价值的文件"如文档、影音、压缩包、源代码等被加密并修改文件的后缀名。之后病毒会发布一个消息，要求用户支付赎金来解密文件。据美国有线新闻报道，截至2017年5月15日，大约有150个国家的30多万台电脑被此病毒感染。

上述案例说明网络安全是电子商务中不容忽视的问题。

1. 了解电子商务安全现状和安全措施。
2. 掌握计算机病毒的种类及其防范。
3. 掌握网络入侵防范技术。

一、电子商务的安全威胁

在传统交易过程中,买卖双方是面对面的,因此很容易保证交易过程的安全性和建立起信任关系。但在电子商务过程中,买卖双方是通过网络来联系的,彼此远隔千山万水,由于互联网既不安全,也不可信,因而建立交易双方的安全和信任关系相当困难。电子商务交易双方都面临不同的安全威胁。

(一)卖方(销售者)面临的安全威胁

(1)系统中心安全性被破坏;
(2)竞争者的威胁;
(3)信用的威胁;
(4)假冒的威胁。

(二)买方(消费者)面临的安全威胁

(1)被人假冒;
(2)付款后不能收到商品;
(3)机密性丧失;
(4)拒绝服务;
(5)网络诈骗。

> **知识链接**
>
> **你知道计算机操作系统的安全级别吗?**
>
> 美国国防部于1983年发布的"可信计算机系统评估标准"(TCSEC,习惯上称橘皮书)是一个重要文件。美国国防部计算机安全中心将计算机系统的安全等级分为四大类,即A、B、C和D类,每一类中又分为不同的级别,用1、2、3来表示。A类的安全等级最高,D类的等级最低,每一类中数字越大,安全等级越高。这四类中,D类被划分为最小保护类,它只有一个级别,不符合A、B、C类安全性的产品统归为这一类。C类为和

自主保护类,分为C1C2级,按照TCSEC的划分,C2级必须具备的安全功能有:自主存取控制、标志、鉴别功能和审计。

值得关注的是:橘皮书仅适用于单机系统,却忽视了计算机联网工作时会发生的情况。因而橘皮书最新修订将准备处理与联网计算机有关的问题。

电子商务安全威胁是由哪些原因引起的?

二、国内电子商务安全现状

近年来,国内电子商务得到了蓬勃发展,但由于技术不完善和管理不到位,安全隐患还很突出。

(一)电子商务中存在的主要安全问题

(1)计算机网络安全;
(2)商品的品质;
(3)商家的诚信;
(4)货款的支付;
(5)商品的递送;
(6)买卖纠纷处理;
(7)网站售后服务。

(二)电子商务对安全的基本要求

(1)授权合法性;
(2)不可抵赖性;
(3)保密性;
(4)身份的真实性;
(5)信息的完整性;
(6)存储信息的安全性。

(三)电子商务安全措施

(1)确定通信中贸易伙伴身份的真实性;
(2)保证电子单证的保密性;
(3)确定电子单证内容的完整性;
(4)确定电子单证的真实性;

(5) 不可抵赖性；
(6) 存储信息的安全性。

（四）电子商务与网络安全的现状

运作在互联网上的电子商务，每天都在进行数以百万次计的各类交易，由于互联网的高度开放性与电子商务所要求的保密性是矛盾的，而互联网本身又没有完整的网络安全体制，因此基于互联网的电子商务安全无疑会受到严重威胁。

在电子商务的发展过程中，各产业对网络已经出现了高度的依赖性。一旦计算机网络受到攻击而不能正常运作，整个社会就会陷入危机的泥沼，所以这种高度的依赖性使社会经济变得十分"脆弱"。

黑客(Hacker)源于英语动词hack，意为"劈、砍"，引申的意思是"干了一件非常漂亮的事"。黑客则有"恶作剧"之意，尤其是指手法巧妙、技术高明的恶作剧。今天的黑客可分为两类：一类是骇客，他们想引人注目，千方百计入侵计算机网络系统，轻则做一些无伤大雅的恶作剧，重则删除、修改网页及摧毁网站；另一类是窃客，他们的行为带有强烈的目的性，这些窃客的目标往往瞄准了银行的漏洞和电子交易的账号，试图盗窃他人的资金和虚拟财产。黑客行为已对经济秩序、经济建设、国家信息安全构成严重威胁。

> ☞ **知识链接**
>
> **黑客攻击电子商务系统的手段**
>
> 1. 中断(攻击系统的可用性)：破坏系统中的硬件、硬盘、线路、文件系统等，使系统不能正常工作。
> 2. 窃听(攻击系统的机密性)：通过搭线与电磁泄漏等手段造成泄密，或对业务流量进行分析，获取有用情报。
> 3. 篡改(攻击系统的完整性)：篡改系统中的数据内容，修正消息次序、时间(延时和重放)。
> 4. 伪造(攻击系统的真实性)：将伪造的假消息注入系统，假冒合法人介入系统，重放截获的合法消息实现非法目的，否认消息的接入和发送等。

电子商务系统在防不胜防的破坏性活动面前，有时会显得软弱无力，谁都无法预测将会受到什么样的挑战。

信息安全漏洞难以堵塞，一方面是由于缺乏统一的信息安全标准、密码算法和协议，在安全与效率之间难以两全；另一方面则是由于大多数管理者对网络安全不甚了解。

❋ 三、计算机病毒及其防范

1983年美国科学家佛雷德·科恩最先证实电脑病毒的存在。计算机病毒是一种人为制造的寄生于计算机应用程序或操作系统中的可执行、可自行复制、具有传染性和破坏性的恶性程序。从1987年发现第一类流行电脑病毒起，病毒数每年正以40%的比率增加。一个小巧的病毒程序可令一台微型计算机、一个大型计算机系统或一个网络系统处于瘫痪状态。

(一)计算机病毒的种类

1. 蠕虫

它是一种短小的程序,这个程序使用未定义过的处理器来自行完成运行处理。它通过在网络中连续高速地复制自己,长时间地占用系统资源,使系统因负担过重而瘫痪。如震荡波、冲击波、尼姆达、恶邮差等。

2. 逻辑炸弹

这是一个由满足某些条件(如时间、地点、特定名字的出现等)时,受激发而引起破坏的程序。逻辑炸弹是由编写程序的人有意设置的,它有一个定时器,由编写程序的人安装,不到时间不爆炸,一旦爆炸,将造成致命性的破坏。如欢乐时光、时间逻辑炸弹等。

3. 特洛伊木马

它是一种未经授权的程序,它提供了一些用户不知道的功能。当使用者通过网络引入自己的计算机后,它能将系统的私有信息泄露给程序的制造者,以便他能够控制该系统。如Ortyc、Trojan木马病毒、木马Backdoor.Palukka、酷狼、IE枭雄、腾讯QQ木马病毒等。

4. 陷阱入口

陷阱入口是由程序开发者有意安排的。当应用程序开发完毕时,放入计算机中,实际运行后只有他自己掌握操作的秘密,使程序能正常完成某种事情,而别人则往往会进入死循环或其他歧路。

5. 核心大战

这是允许两个程序互相破坏的游戏程序,它能造成对计算机系统安全的威胁。

☞ **知识链接**

23岁的罗伯特·莫瑞斯(Robert T. Morris,Jr.)是美国康奈尔大学(Cornell University)的学生。1988年11月2日,他在自己的计算机上,用远程命令将自己编写的蠕虫(Worm)程序送进互联网。他原本希望这个"无害"的蠕虫程序可以慢慢地渗透到政府与研究机构的网络中,并且悄悄地待在那里,不为人知。然而,由于莫瑞斯在他的程序编制中犯了一个小错误,结果这个蠕虫程序疯狂地不断复制自己,并向整个互联网迅速蔓延。等到莫瑞斯发现情况不妙时,他已经无能为力了,他无法终止这个进程。

据说,莫瑞斯曾请哈佛大学的一位朋友在Arpanet网上发了一条关于这个蠕虫程序的警报,但由于Arpanet网络已经超载,几乎没有什么人注意到或接收到这条信息。于是,小小的蠕虫程序,在1988年11月2日至11月3日的一夜之间,袭击了庞大的互联网,其速度是惊人的。

(二)计算机病毒的危害

计算机病毒的危害可以分为对网络的危害和对计算机的危害两个方面。

1. 病毒对网络的主要危害

病毒程序通过"自我复制"传染正在运行的其他程序,并与正常运行的程序争夺计算机资源;通过大量发出数据包来堵塞网络;病毒程序可冲毁存储器中的大量数据,致使计算机其他用户的数据蒙受损失;病毒程序可导致以计算机为核心的网络失灵。

2. 病毒对计算机的危害

计算机病毒破坏磁盘文件分配表,使用户在磁盘上的信息丢失;将非法数据置入操作系统(如 DOS 的内存参数区),引起系统崩溃;删除硬盘或软盘上特定的可执行文件或数据文件;修改或破坏文件的数据;影响内存常驻程序的正常执行;在磁盘上产生虚假坏分区,从而破坏有关的程序或数据文件;更改或重新写入磁盘的卷标号;不断反复传染拷贝,造成存储空间减少,并影响系统运行效率;对整个磁盘或磁盘上的特定磁道进行格式化;系统挂起,造成显示屏幕或键盘的封锁状态。

(三) 计算机病毒的预防、检测和清除

计算机病毒可以通过网络反病毒技术来进行预防、检测和清除。

1. 网络反病毒技术

(1) 预防病毒技术。它通过自身常驻系统内存,优先获得系统的控制权,监视和判断系统中是否有病毒存在,进而阻止计算机病毒进入计算机系统和对系统进行破坏。这类技术有加密可执行程序、引导区保护、系统监控与读写控制(如防病毒卡等)。

(2) 检测病毒技术。它是对计算机病毒的静态或者动态特征进行判断的技术,如自身校验、关键字、文件长度的变化等。

(3) 消除病毒技术。它通过对计算机病毒的分析,开发出具有删除病毒程序并恢复原文件的软件。网络反病毒技术的具体实现方法包括对网络服务器中的文件进行频繁地扫描和监测;在工作站上采用防病毒芯片以及对网络目录和文件设置访问权限等。

2. 计算机病毒的防范措施

(1) 给自己的电脑安装防病毒软件。应用于网络的防病毒软件有两种:一种是单机版防病毒产品;另一种是联机版防病毒产品。前者是以事后消毒为原理的,当系统被病毒感染之后才能发挥这种软件的作用,适合于个人用户。后者属于事前的防范,其原理是在网络端口设置一个病毒过滤器,即事前在系统上安装防病毒的网络软件,它能够在病毒入侵到系统之前,将其挡在系统外边。

(2) 认真执行病毒定期清理制度。许多病毒都有一个潜伏期,有时虽然计算机仍在运行,但实际上已经染上了病毒。病毒定期清理制度可以清除处于潜伏期的病毒,防止病毒的突然爆发,使计算机始终处于良好的工作状态。

(3) 高度警惕网络陷阱。网络上常常会出现非常诱人的广告及免费使用的承诺,在从事网络营销时对此应保持高度的警惕。

(4) 不打开陌生地址的电子邮件。网络病毒主要的传播渠道是电子邮件,而电子邮件传播病毒的关键是附件中的病毒。

(四) 数据备份

计算机操作系统使用简单、功能强大,然而它极为脆弱,如果不小心将重要的文件删除或因病毒破坏等原因导致重要文件丢失,很可能造成无法挽回的损失,因此要定期、完整、真实、准确地将有关文件、数据转存到不可更改的介质上,并要集中和异地保存,以保证系统发生故障时能快速恢复。

四、网络入侵防范技术

（一）网络安全检测设备

预防为主是防范黑客的基本指导思想。网络安全检测设备主要用来对访问者进行监督控制，一旦发现有异常情况，马上采取应对措施，防止非法入侵者进一步攻击。

（二）禁止一些端口

黑客往往利用计算机网络系统的漏洞，通过一些特定端口进行入侵，而这些端口平时又不用，所以有必要将这些可能被黑客入侵的端口禁止掉，从而预防非法入侵者。如黑客往往通过135、139和445端口攻击网络服务。Backdoor.Gapin木马病毒往往通过1039端口使黑客控制被病毒感染的计算机。"恶鹰变种C"病毒使用2047端口。可以利用墙堡个人防火墙禁止病毒可能入侵的端口，通过填写防火墙规则设置，过滤病毒使用的端口。

（三）控制权限

可以将网络系统中易感染病毒的文件的属性、权限加以限制。一定要设置服务器管理员（Administrator）的密码和数据库的密码，密码不能为空。在服务器上尽量不要设置共享文件夹。对各终端用户，只能给予他们只读权限，断绝病毒入侵的渠道，从而达到预防的目的。

（四）防火墙

防火墙是目前保证网络安全的必备的安全软件，它通过对访问者进行过滤，可以使系统限定什么人在什么条件下可以进入自己的网络系统，甚至可以阻止来自可疑的IP地址的访问。

职业能力训练

（1）2005年2月份发现了一种骗取美邦银行（Smith Barney）用户账号和密码的"网络钓鱼"电子邮件，该邮件利用了IE的图片映射地址欺骗漏洞，并精心设计脚本程序，用一个显示假地址的弹出窗口遮挡住了IE浏览器的地址栏，使用户无法看到此网站的真实地址。当用户使用未打补丁的Outlook打开此邮件时，状态栏显示的链接是虚假的。当用户点击链接时，实际连接的是钓鱼网站http://*.*.41.155.60:87/s。该网站页面酷似Smith Barney银行网站的登录界面，而用户一旦输入了自己的账号密码，这些信息就会被黑客窃取。

（2）2004年7月发现的某假公司网站（网址为http://www.1enovo.com），而真正网站为http://www.lenovo.com，诈骗者利用了小写字母l和数字1很相近的障眼法。诈骗者通过QQ散布"××集团和××公司联合赠送QQ币"的虚假消息，引诱用户访问。一旦访问该网站，首先生成一个弹出窗口，上面显示"免费赠送QQ币"的虚假消息。而就在该弹出窗口出现的同时，恶意网站主页面在后台即通过多种IE漏洞下载病毒程序lenovo.exe（TrojanDownloader.Rlay），并在2秒钟后自动转向到真正网站主页，用户在毫无觉察中就感染了病毒。病毒程序执行后，将下载该网站上的另一个病毒程序bbs5.exe，用来窃取用户的传奇账号、密码和游戏装备。当用户通过QQ聊天时,还会自动发送包含恶意网址的消息。

根据上述案例想一想:

(1)网上交易如何防止诈骗、病毒?

(2)对于账户的账号、密码的修改如何才能安全?

学习任务四 网络安全保障技术

广东发展银行网络安全架构

从1998年开始,广东发展银行最初的网络安全体系就依据思科SAFE蓝图部署。SAFE主张,网络安全建设不能一蹴而就,而应该是一个动态的过程。所以在最初的部署中,思科主要协助广东发展银行解决了最突出的网络安全问题——网络对外连接出口的安全问题。

随着广东发展银行业务的迅速发展,尤其是近年来,用户纷纷把业务转移到网上进行,广东发展银行的网上业务呈几何数字增长。在这种情况下,广东发展银行提出,为了更好地抵御网上的非法访问,做好关键用户的网上认证,确保能够给用户提供不间断的高质量金融服务,必须要在原有的基础上,进一步加强银行在网络安全方面的部署。

上述案例中所指的网络安全方面的部署,主要与网络安全保障技术相关。

1. 掌握防火墙技术的种类和功能。
2. 理解加密技术的原理。
3. 了解数字信封技术和电子签名技术。

一、防火墙技术

(一)防火墙概述

1. 防火墙的概念

防火墙是在内部网和互联网之间构筑的一道屏障,是在内外有别及在需要区分处设置有条件的隔离设备,用以保护内部网中的信息、资源等不受来自互联网中非法用户的侵犯。具体来说,防火墙是一类硬件及软件,它控制内部网与互联网之间的所有数据流量,控制和防止内部网中的有价值数据流入互联网,也控制和防止来自互联网的无用垃圾和有害数据流入内部网。简单地说,防火墙是一个进入内部网的信息都必须经过的限制点,它只允许授权信息通过,而其本身不能被渗透。

2. 防火墙系统的构成

防火墙主要包括安全操作系统、过滤器、网关、域名服务和电子邮件处理五个部分。防火墙常常被安装在受保护的内部网络连接到互联网的接点上。防火墙的主要目的是控制组,只允许合法的数据流通过,过滤器则执行由防火墙管理机构制订的规则,检验各数据组决定是否允许放行。有的防火墙可能在网关两侧设置两个内、外过滤器,外过滤器保护网关不受攻击,网关提供中继服务,辅助过滤器控制业务流,而内过滤器在网关被攻破后提供对内部网络的保护。

(二) 防火墙系统的功能和不足之处

1. 防火墙的主要功能

(1) 保护易受攻击的服务。防火墙能过滤那些不安全的服务。只有预先被允许的服务才能通过防火墙,强化身份识别体系,防止用户的非法访问和非法用户的访问。

(2) 控制对特殊站点的访问。防火墙能控制对特殊站点的访问,隐藏网络架构。如有些主机能被外部网络访问,而有些则要被保护起来,防止不必要的访问。在内部网中只有电子邮件服务器、FTP服务器和WWW服务器能被外部网访问,而其他访问则会被防火墙禁止。

(3) 集中化的安全管理。对于一个企业而言,使用防火墙比不使用防火墙可能更加经济一些。这是因为如果使用了防火墙,就可以将所有修改过的软件和附加的安全软件都放在防火墙上集中管理。

(4) 检测外来黑客攻击的行动。防火墙集成了入侵检测功能,提供了监视互联网安全和预警的方便端点。

(5) 对网络访问进行日志记录和统计。如果所有对互联网的访问都经过防火墙,那么防火墙就能记录下这些访问,并能提供网络使用情况的统计数据。当发生可疑操作时,防火墙能够报警并提供网络是否受到监测和攻击的详细信息。

2. 防火墙系统的不足之处

尽管防火墙有许多防范功能,但由于互联网的开放性,它也有一些力不能及的地方,主要表现在:

(1) 防火墙不能防范不经由防火墙(绕过防火墙)或者来自内部的攻击;

(2) 防火墙不能防止感染了病毒的软件或文件的传输;

(3) 防火墙不能防止数据驱动式攻击。当有些表面看来无害的数据被邮寄或复制到互联网主机上并被执行而发起攻击时,就会发生数据驱动攻击。

(三) 防火墙的类型

防火墙根据不同的标准有不同的分类。比如根据其实现的形式,防火墙可以分为软件防火墙和硬件防火墙。根据其防护的规模,防火墙可以分为个人级防火墙和企业级防火墙。根据其实现的网络层次,防火墙又可以分为数据包过滤、应用级网关和复合型三种类型。

1. 数据包过滤

数据包过滤(Packet Filtering)技术是在网络层对数据包进行选择,选择的依据是系统内设置的过滤逻辑,被称为访问控制表(Access Control Table)。通过检查数据流中每个数据包的源地址、目的地址及所用的端口号、协议状态等因素或它们的组合来确定是否允许该数据包通过。数据包过滤防火墙逻辑简单,价格便宜,易于安装和使用,网络性能和透明性好,传输性能、可扩展能力强。

2. 应用级网关

应用级网关(Application Level Gateways)也常常称为代理服务器,主要采用协议代理服务(Proxy Services),就是在运行防火墙软件的堡垒主机上运行代理服务程序。应用型防火墙不允许网络间的直接业务联系,而是以堡垒主机作为数据转发的中转站。堡垒主机是一个具有两个网络界面的主机,每一个网络截面与它所对应的网络进行通信。既能作为服务器接收外来请求,又能作为客户转发请求。如果认为信息是安全的,那么代理就会将信息转发到相应的主机上,用户只能够使用代理服务器支持的服务。在业务进行时,堡垒主机监控全过程并完成详细的日志(log)和审计(audit),这就大大地提高了网络的安全性。应用级防火墙易于建立和维护,造价较低,比数据包过滤防火墙更安全,但缺少透明性,效率相对较低。

3. 复合型防火墙

数据包过滤防火墙虽有较好的透明性,但无法有效地区分同一 IP 地址的不同用户;应用级防火墙可以提供详细的日志及身份验证,但又缺少透明性。因此,在实际应用中,往往将两种防火墙技术结合起来,相互取长补短,从而形成复合型防火墙(如图 2-20 所示)。

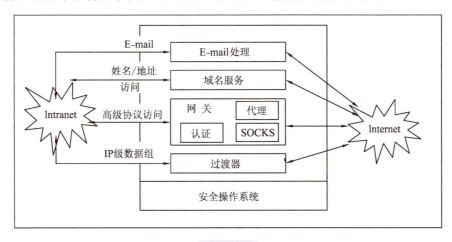

图 2-20

二、加密技术

加密技术是实现电子商务安全的一种重要手段,目的是为了防止合法接收者之外的人获取机密信息,这就产生了一门学科——密码学。

(一)密码学概述

密码学又分为两类,密码编码学和密码分析学。密码编码学研究设计出安全的密码体制,防止被破译,而密码分析学则研究如何破译密文。

加密包含两个元素:加密算法和密钥。加密算法就是基于数学计算方法与一串数字(密钥)对普通的文本(信息)进行编码,产生不可理解的密文的一系列步骤。密钥是用来对文本进行编码和解码的数字。将这些文字(称为明文)转成密文的程序称作加密程序。发送方将消息在发送到公共网络或互联网之前进行加密,接收方收到消息后对其解码或称为解密,所用的程序称为解密程序。

(二)加密和解密的示范

一个简单的加密方法是把英文字母按字母表的顺序编号作为明文,将密钥定为17,加密算法为将明文加上密钥17,就得到一个密码表。

字母	A	B	C	…	Z	空格	,	.	/	:	?
明文	01	02	03	…	26	27	28	29	30	31	32
密文	18	19	20	…	43	44	45	46	47	48	49

解密算法则是将密文减去密钥17,得到明文,再翻译成对应的字母和符号。

(三)加密的分类

按密钥和相关加密程序类型可把加密分为两类:对称加密和非对称加密。

1. 对称加密

它用且只用一个密钥对信息进行加密和解密,由于加密和解密用的是同一密钥,所以发送者和接收者都必须知道密钥。

对称加密方法对信息编码和解码的速度很快,效率也很高,但需要细心保存密钥。如果密钥泄露,以前的所有信息都失去了保密性,致使以后发送者和接收者进行通信时必须使用新的密钥。将新密钥发给授权双方是很困难的,关键是传输新密码的信息必须进行加密,这又要求有另一个新密钥。对称加密的另一个问题是其规模无法适应互联网这类大环境的要求。想用互联网交换保密信息的每对用户都需要一个密钥,这时密钥组合就会是一个天文数字。因为密钥必须安全地分发给通信各方,所以对称加密的主要问题就出在密钥的分发上,包括密钥的生成、传输和存放。

2. 非对称加密

非对称加密也叫公开密钥加密,它用两个数学相关的密钥对信息进行编码。1977年麻省理工学院的三位教授(Rivest、Shamir和Adleman)发明了RSA公开密钥密码系统。他们的发明为敏感信息的交换方式带来了新的途径。在此系统中有一对密钥,给别人用的就叫公钥,给自己用的就叫私钥。这两个可以互相并且只有为对方加密或解密,用公钥加密后的密文,只有私钥能解。RSA的算法如下:

(1) 选取两个足够大的质数 P 和 Q。
(2) 计算 P 和 Q 相乘所产生的乘积 n = P×Q。
(3) 找出一个小于 n 的数 e,使其与(P-1)×(Q-1)互为质数。

另找一个数 d,使其满足(e×d)MOD[(P-1)×(Q-1)] = 1,其中 MOD(模)为相除取余。

(n,e)即为公钥;(n,d)为私钥。

加密和解密的运算方式为:明文 M = Cd(MOD n);密文 C = Me(MOD n)。这两个质数无论哪一个先与明文密码相乘,对文件加密,均可由另一个质数再相乘来解密。但要用一个质数来求出另一个质数,则是非常困难的,因此将这一对质数称为密钥对。

举例来说,假定 P = 3,Q = 11,则 n = P×Q = 33,选择 e = 3,因为 3 和 20 没有公共因子。(3×d)MOD(20) = 1,得出 d = 7。从而得到(33,3)为公钥;(33,7)为私钥。加密过程为将明文 M 的 3 次方模 33 得到密文 C,解密过程为将密文 C 的 7 次方模 33 得到明文。

与对称加密相比,非对称加密有若干优点:第一,在多人之间进行保密信息传输所需的密钥组合数量很小。在 n 个人彼此之间传输保密信息,只需要 n 对密钥,远远小于对称加密系统需要 n(n-1)/2 的要求。第二,公钥的发布不成问题,它没有特殊的发布要求,可以在网上公开。第三,非对称加密可实现电子签名。

三、数字信封技术

数字信封技术是结合了对称加密技术和非对称加密技术优点的一种加密技术,它克服了对称加密中密钥分发困难和非对称加密中加密时间长的问题,使用两个层次的加密来获得公开密钥技术的灵活性和对称密钥技术的高效性。数字信封技术的工作原理是使用对称密钥来加密数据,然后将此对称密钥用接收者的公钥加密,称为加密数据的"数字信封",将其和加密数据一起发送给接收者。接收者接收后先用自己的私钥解密数字信封,得到对称密钥,然后使用对称密钥解密数据。

四、电子签名技术

对信息进行加密只解决了电子商务安全的第一个问题,而要防止他人破坏传输的数据,还要确定发送信息人的身份,还需要采取另外一种手段——电子签名(也称数字签名)。

(一) 电子签名的概念

电子签名技术是将摘要用发送者的私钥加密,与原文一起传送给接收者,接收者只有用发送者的公钥才能解密被加密的摘要。在电子商务安全保密系统中,电子签名技术有着特别重要的地位,在电子商务安全服务中的源鉴别、完整性服务、不可否认服务中都要用到电子签名技术。电子商务中,完善的电子签名应具备签字方不能抵赖、他人不能伪造、在公证人面前能够验证真伪的能力。目前的电子签名建立在公钥加密体制基础上,是非对称加密技术的另一类应用。电子签名主要有三种应用广泛的方法:RSA 签名、DSS 签名和 Hash 签名。

Hash签名是最主要的电子签名方法,也称之为数字摘要法(Digital Digest)。它是将电子签名与要发送的信息捆在一起,所以比较适合电子商务。它的主要方式是,报文的发送方从明文文件中生成一个128比特的散列值(数字摘要)。在数字摘要算法中,文件数据作为单向散列运算的输入,这个输入通过哈希(Hash)函数产生一个哈希值。发送方用自己的私钥对这个散列值进行加密来形成发送方的电子签名。然后该电子签名将作为附件和报文一起发送给接收方。报文的接收方首先从接收到的原始报文中计算出128比特的散列值(数字摘要),接着用发送方的公钥来对报文附加的电子签名解密。如果两个散列值相同,那么接收方就能确认该电子签名是发送方的。如果有人改动了文件,哈希值就会相应地改变,接收者即能检测到这种改动过的痕迹。通过电子签名能够实现对原始报文的鉴别和不可抵赖性。

(二)电子签名与书面文件签名的相同相通之处

(1)信息是由签名者发送的;
(2)信息自签发后到收到为止未曾做过任何修改。
这样电子签名就可用来防止:① 电子商务信息作伪;② 冒用他人名义发送信息;③ 发出(收到)信件后又加以否认。电子签名是用数个字符串来代替书写签名或印章,并起到同样的法律效用。

(三)电子签名的优点

电子签名除了具有手工签名的全部功能外,还具有易更换、难伪造、可进行远程线路传递等优点,它是目前实现电子商务数据传输中安全保密的主要手段之一。在电子支付系统中,电子签名起到代替传统银行业务中在支票等纸面有价证券上进行真实签名的作用,用来保证报文等信息的真实性。

(四)带有电子签名及验证的文件在公开网络上的安全传输

带有电子签名的文件可以通过验证(Verification)来证明文件是否来自发送者,但电子签名并不能保证文件在公开网络上传输的完整性和保密性。如何才能真正实现带有电子签名及验证的文件在公开网络上的安全传输呢?现在我们需要把数字信封技术和电子签名技术结合在一起,来实现这一目标。

(1)发送方首先用哈希函数对原文件生成一个数字摘要(哈希值),用自己的私钥对这个数字摘要进行加密来形成发送方的电子签名,并随附在文件之后,成为文件的一个组成部分。

(2)发送方选择一个对称密钥对带有电子签名的原文件加密,并通过网络传输到接收方。

(3)发送方用接收方的公钥给对称密钥加密,并通过网络把加密后的密钥密文传输到接收方。

(4)接收方使用自己的私钥对密钥密文进行解密,得到对称密钥。

(5)接收方用对称密钥对原文件密文进行解密,同时得到原文件的电子签名。

(6)接收方用发送方的公钥对电子签名进行解密,得到电子签名中的哈希值。

(7)接收方用哈希函数对得到的原文件重新计算哈希值,并与解密电子签名得到的哈希值进行对比。如果两个哈希值是相同的,说明原文件是完整的,在传输过程中没有被破坏。

职业能力训练

分析一下 E-mail 使用中的安全技术有哪些。

学习任务五　网络认证系统

引导案例

在远程贸易谈判中,贸易双方需要在加密页面中对话,如何确保参与加密对话的人确实是其本人呢?

案例提示

要确保电子商务的交易安全,仅有加密技术是不够的,全面的保护还要求认证和识别技术。

学习目标

1. 认知各种认证技术。
2. 了解中国知名的认证中心。

一、认证技术

由于电子商务是在网络中完成的,交易双方互相之间不见面,为了保证每个人及机构(如银行、商家)都能唯一而且被无误地识别,这就需要进行身份认证。对于非对称加密,有一对密钥,即公钥和私钥。公钥可以向网络公开,私钥由用户自己保存,公钥加密过的数据只有其本人的密钥能解开,这样就保证了数据的安全性。经私钥加密过的数据可被所有持有对应公钥的人解开,由于私钥只有用户一人保存,这样就证明该信息发自密钥持有者,这种特性可用作签名,具有不可替代性及不可反悔性。虽然公钥/私钥提供了一种认证用户的方法,但它们并不保证公钥实际上属于所声称的拥有者。为了确保公钥真正属于某一个人,公钥应当被值得信赖的机构认证。在经过认证后,公钥及其他信息一起就形成数字证书,数字证书可以作为鉴别个人身份的证明。

（一）认证中心（CA）

电子商务认证授权机构也称为电子商务认证中心（Certificate Authority，CA）。在电子商务交易中，无论是数字时间戳服务（DTS）还是数字证书（Digital ID）的发放，都不是靠交易的双方自己能完成的，而需要有一个具有权威性和公正性的第三方来完成。CA 就是承担网上安全电子交易的认证服务，它能签发数字证书，并能确认用户身份。CA 通常是一个服务性机构，主要任务是受理数字证书的申请、签发及管理数字证书。

（二）认证中心的职能

认证中心具有下列四大职能：

1. 证书发放

可以有多种方法向申请者发放证书，可以发放给最终用户签名的或加密的证书。向持卡人只能发放签名的证书，向商户和支付网关可以发放签名并加密的证书。

2. 证书更新

持卡人证书、商户和支付网关证书应定期更新，更新过程与证书发放过程是一样的。

3. 证书撤销

证书的撤销可以有许多理由，如私钥被泄密、身份信息的更新或终止使用等。

4. 证书验证

在进行交易时，通过出示由某个 CA 签发的证书来证明自己的身份，如果对签发证书的 CA 本身不信任，可逐级验证 CA 的身份，一直到公认的权威 CA 处，就可确信证书的有效性。认证证书是通过信任分级体系来验证的，每一种证书与签发它的单位相联系，沿着该信任树直接到一个认可信赖的组织，就可以确定证书的有效性。

（三）认证体系的结构

认证体系呈树型结构，根据功能的不同，认证中心划分成不同的等级，不同等级的认证中心负责发放不同的证书。持卡人证书、商户证书、支付网关证书分别由持卡人认证中心、商户认证中心、支付网关认证中心颁发，而持卡人认证中心证书、商户认证中心证书和支付网关认证中心证书则由品牌认证中心或区域性认证中心颁发。品牌认证中心或区域性认证中心的证书由根认证中心颁发。

（四）数字证书

1. 数字证书的概念

数字证书是一个担保个人、计算机系统或者组织的身份和密钥所有权的电子文档。证书由社会上公认的认证中心发行。认证中心负责在发行证书前需要证实个人身份和密钥所有权，如果由于它签发的证书造成不恰当的信任关系，该机构需要负责任。

2. 数字证书的类型

应用程序能识别的证书类型如下：

（1）客户证书。

（2）服务器证书（站点证书）。

（3）安全邮件证书。
（4）CA机构证书。

3. 数字证书的内容

（1）证书数据。① 版本信息；② 证书序列号，每一个由CA发行的证书必须有一个唯一的序列号；③ CA所使用的签名算法；④ 发行证书CA的名称；⑤ 证书的有效期限；⑥ 证书主题名称；⑦ 被证明的公钥信息，包括公钥算法、公钥的位字符串表示；⑧ 包含额外信息的特别扩展。

（2）发行证书的CA签名。证书第二部分包括发行证书的CA签名和用来生成电子签名的签名算法。任何人收到证书后都能使用签名算法来验证证书是由CA的签名密钥签发的。

4. 数字证书的有效性

只有下列条件为真时，数字证书才有效：

（1）证书没有过期。所有的证书都有一个有效期，只有在有效期限以内证书才有效。

（2）密钥没有被修改。如果密钥被修改，就不应该再使用。密钥对应的证书就应当收回。

（3）用户有权使用这个密钥。例如雇员离开了某家公司，雇员就不能再使用公司的密钥，密钥对应的证书就需要收回。

（4）证书必须不在无效证书清单中。认证中心负责回收证书，发行无效证书清单。

> ☞ 知识链接
>
> **世界著名的认证中心Verisign**
>
> 世界上较早的数字证书认证中心是美国的Verisign公司（www.verisign.com）。该公司成立于1995年4月，位于美国的加利福尼亚州。它为全世界50个国家提供数字证书服务，有超过45 000个互联网的服务器接受该公司的服务器数字证书，使用它提供的个人数字证书的人数已经超过200万。

二、中国知名的认证中心

近年来国内也成立了一批认证中心，这里介绍几个知名的认证中心。

（1）中国数字认证网（www.ca365.com）。
（2）中国金融认证中心（www.cfca.com.cn）。
（3）中国电子邮政安全证书管理中心（www.chinapost.com.cn/CA/index.htm）。
（4）北京数字证书认证中心（www.bjca.org.cn）。
（5）广东省电子商务认证中心（www.cnca.net）。
（6）上海市电子商务安全证书管理中心有限公司（www.sheca.com）。
（7）海南省电子商务认证中心（hn.cnca.net）。
（8）天津CA认证中心（www.ectj.net/ca/ca-1/ca.htm）。
（9）山东省CA认证中心（www.ca.gov.cn）。

职业能力训练

登陆以上认证中心网站,了解其主要业务。

学习任务一　了解现代物流

 **引导案例**

前面案例中我们知道小李替王阿姨在网上选购了一套《史记》,订购、付款都能在网上实现,可是那套《史记》还是要借助现实中的物流企业才能到达购买者手中。

 案例提示

随着电子商务的进一步推广与应用,物流的重要性对电子商务的影响日益明显,如果你要开设网店,准备工作中应该包含物流的准备,例如与快递公司的合作,这样网店里的商品才能有准确合理的运费报价。

 **学习目标**

1. 了解物流的基本概念。
2. 认知物流管理要素和目标。

一、现代物流概述

(一) 物流概念的产生与演变

物流概念的发展经过了一个漫长而曲折的过程。回顾物流的发展历程并理解历史上经典的物流概念,不仅有利于人们了解物流的发展规律,更有利于全面深入地理解物流的内涵。

☞ 知识链接

　　物流概念传入我国主要有两条途径。一是20世纪60年代末直接从日本引入"物流"这个名词,并沿用"PD"这一英文称谓;另一条途径是20世纪80年代初,物流随着欧美的市场营销理论传入我国。欧美的"市场营销"教科书中,几乎毫无例外地都要介绍PD,使我国的营销领域逐渐开始接受物流观念。20世纪80年代后期,当西方企业用Logistics取代PD之后,我国和日本仍把Logistics翻译为"物流",有时也直译为"后勤"。1989年4月,第八届国际物流会议在北京召开,"物流"一词的使用才日益普遍。

我国在引进物流概念的过程中,为了将Logistics与Physical Distribution区分开来,也常常将前者称为"现代物流",而将后者称为"传统物流"。

(二) 物流的含义

物流是由"物"和"流"两个基本要素组成的。

物流中的"物"指一切可以进行物理性位置移动的物质资料。物流中的"流",指的是物理性运动。这种运动也称之为"位移",而诸如建筑物、未砍伐的森林、矿体等因不发生物理性运动(尽管其所有权会发生转移),就不在物流的研究范畴之中。但建造建筑物的材料、一经砍伐的树木、一经开采出来的矿物就成为物流的对象。

☞ 知识链接

　　我国2001年8月1日起实施的国家标准《物流术语》中定义:
　　物流(Logistics)是指物品从供应地向接收地的实体流动过程。根据实际需要,将运输、储存、装卸、搬运、包装、流通加工、配送、信息处理等基本功能实施有机结合。

(三) 物流的分类

目前,对物流的研究主要从两个方面着手:一是从宏观角度,研究社会物流;一是从微观角度,研究企业物流。

1. 社会物流

社会物流是指面向社会,以一个社会为范畴的物流。社会物流是处在企业外部、各个企业之间的物流。它包括企业相互间的购进物流、销售物流、返品物流、回收物流和废弃物流。社会物流是一种宏观物流,处在流通领域,一般都伴随有商流发生。

2. 企业物流

企业物流是从企业角度研究与之有关的物流活动。企业内部物流处在企业内部,是在生产领域,相对于社会宏观物流而言,它是一种微观物流。企业内部物流的一个特点,是不伴随有商流发生。它是一种生产物流,由企业内部的原材料库到各个车间、各个工序做成工件,再组装成部件,最后装配成成品存放到成品库的整个物料流动过程。

议一议

企业自营物流模式——亚马逊

亚马逊(www.amazon.com)是全球最大的网上书店、音乐盒带商店和录像带店,其网上销售的方式有网上直销和网上拍卖,它的配送中心在实现其经营业绩的过程中功不可没。亚马逊有以全资子公司的形式经营和管理的配送中心,拥有完整的物流、配送网络。到1999年,它在美国、欧洲和亚洲共建立了15个配送中心,面积超过350万平方英尺。

查阅亚马逊相关资料,议一议亚马逊提供给消费者的送货方式和送货期限有哪些种类可供选择。

(四) 物流的基本功能要素

根据我国的物流术语标准,物流活动由物品的包装、装卸搬运、运输、储存、流通加工、配送、物流信息等工作内容构成,以上内容也常被称之为"物流的基本功能要素"。

即学即思

物流包括哪些基本功能要素?

二、物流管理

物流管理(Logistics Management)是指为了以最低的物流成本达到客户满意的服务水平,对物流活动进行的计划、组织、协调与控制。

(一) 物流管理的内容

(1) 商品计划。企业的商品计划包括采购计划和销售计划,这些内容都含有物流管理的内容。

(2) 库存管理。良好的库存管理常常决定着企业成功与否。库存较多可以确保商品不会脱销,但库存管理费用却会相应增加;库存少,库存管理费用也少,但商品脱销风险增加。良好的库存管理是试图在保持最小存货与提供最好的服务之间达到平衡。

(3) 采购。采购是普通供应链管理中的关键步骤。通过电子商务提交订单会减少在供应链中等待的时间。

(4) 劳务管理。劳务管理是在仓库内使用的方法,用来控制劳务资源并管理、跟踪和奖励。

(5) 商品运输管理及装载量的计划。运输涉及从供应商到用户的货物的移动,其目的是保证以合适的时间、以良好的状况和最小的成本交货。装载量计划可以合理安排利用现有资源,使每个运输工具最大限度地运转。

良好的物流管理可以提高企业竞争力,挖掘企业潜力,降低总的经营成本;同时也可以提高客户满意程度,扩大销售,提高市场占有率,最终将给企业带来利润的增加,成为企业重要的竞争优势。

(二)物流管理的目标

现代物流管理追求的目标可以概括为"7R":将适当数量(Right Quantity)的适当产品(Right Product),在适当的时间(Right Time)和适当的地点(Right Place),以适当的条件(Right Condition)、适当的质量(Right Quality)和适当的成本(Right Cost)交付给客户。

三、物流系统

物流系统是指在一定的时间和空间里,由所需输送的物料和有关设备、输送工具、仓储设备、人员以及通信联系等若干相互制约的动态要素构成的具有特定功能的有机整体。

物流系统由物流作业系统和物流信息系统构成。

(一)物流作业系统

在运输、保管、搬运、包装、流通加工等作业中使用种种先进技能和技术,并使生产据点、物流据点、运输配送路线、运输手段等网络化,以提高物流活动的效率。

(二)物流信息系统

在保证订货、进货、库存、出货、配送等信息通畅的基础上,使通信据点、通信线路、通信手段网络化,提高物流作业系统的效率。

职业能力训练

如果你是一家大型企业的管理者,你会从哪些方面着手进行物流管理?

引导案例

"千里眼"与"顺风耳"

阿明在网上购买了几件商品,这天他想知道自己所买的宝贝有没有发货。点击淘宝网中"已买到的宝贝",进入页面后,点击"查看物流"按钮(如图2-21所示),足不出户,就可以了解你的宝贝正在何处。

物流信息

```
发货方式：  自己联系
物流编号：  LP00005232957846
物流公司：  中通速递
运单号码：  762003366792
物流跟踪：  以下信息由物流公司提供，如无跟踪信息或有疑问，请查询中通速递官方网站或联系其公示电话

2012-01-06 05:56:21  无锡中转部  快件在无锡中转部装车,正发往扬州
2012-01-06 06:10:17  无锡中转部  快件在无锡中转部装车,正发往常州
2012-01-07 01:08:25  常州中转部  快件在常州中转部装车,正发往扬州
2012-01-05 19:46:46  永康       永康的胡国军已收件
2012-01-05 19:49:04  永康       快件在永康装车 正发往金华中转部
2012-01-06 05:59:27  无锡中转部  快件在无锡中转部装车,正发往扬州
2012-01-07 09:30:10  扬州       快件到达扬州,上一站是扬州
2012-01-07 11:09:54  扬州       扬州的老沈
2012-01-07 21:21:47  扬州       已签收,签收人是张签收网点是扬州

亲，您的订单已发货，如还未出现物流跟踪记录，请耐心等候
```

图 2-21

图 2-21 中所显示的物流详细信息恰恰体现了电子商务物流的特点。

1. 理解现代物流与电子商务的关系。
2. 了解电子商务中的物流模式。
3. 了解现代物流技术特点。

电子商务物流是在传统物流概念的基础上，结合电子商务中信息流、商流、资金流的特点而提出的，是电子商务环境下物流的新的表现方式。因此，电子商务物流的概念可以表述为"基于信息流、商流、资金流网络化的物资或服务的配送活动，包括软体商品（或服务）的网络传送和实体商品（或服务）的物理传送"。

一、现代物流与电子商务的关系

电子商务是 21 世纪新的商务工具，它将像杠杆一样撬动传统产业和新兴产业，促进传

统产业的转型,新兴产业的发展,而在这个过程中,现代物流将成为这个杠杆的支点。物流与电子商务的关系极为密切。物流对电子商务的实现至关重要,电子商务对物流的影响也极为巨大。

(一) 现代物流——实现电子商务的保证

现代物流既保障生产,又服务于商流,合理化、现代化的物流,通过优化库存结构、减少资金占压保障了现代化生产的高效进行。在商流活动中,商品所有权在购销合同签订的那一刻起,便由供方转移到需方,而商品实体并没有因此而移动。在电子商务下,消费者通过上网点击购物,完成了商品所有权的交割过程,即商流过程。但电子商务的活动并未结束,只有商品和服务真正转移到消费者手中,商务活动才告以终结。在整个电子商务的交易过程中,物流实际上是以商流的后续者和服务者的姿态出现的。

(二) 现代物流是电子商务概念的重要内容

自1998年起,电子商务成为热门新兴行业,但物流和配送的瓶颈问题也日益突出,并一度导致电子商务降温。从电子商务降温以来,就开始了物流热,物流作为一个新兴的行业,发展潜力很大。国家领导人也一再强调发展物流行业是中国经济新的增长点,降低物流成本也是企业的第三利润源泉。在这样一个政府支持的软环境下,物流的发展空间会更大。

(三) 现代物流是实现"以顾客为中心"理念的根本保证

从传统商品交换到如今的电子商务,其中最大的改变就是电子商务不受时间、地点的限制。电子商务可以把所有的商品买卖虚拟成一个大的商场,在任何时间、地点都可以买到世界上任何一种商品。电子商务的出现,在最大程度上方便了最终消费者。而作为消费者购买了商品,最关心的问题是商品能否安全迅速地送到手中?这就需要解决物流及配送等问题。因此,电子商务的发展需要物流做基础,物流是实现"以顾客为中心"理念的根本保证。

二、电子商务下的物流发展趋势

电子商务时代的来临,给全球物流带来了新的发展,使物流具备了一系列新特点。

(一) 信息化

电子商务时代,物流信息化是电子商务的必然要求。物流信息化表现为物流信息的商品化、物流信息搜集的数据库化和代码化、物流信息处理的电子化和计算机化、物流信息传递的标准化和实时化以及物流信息存储的数字化等。因此,条形码技术(Bar Code)、数据库技术(Database)、电子订货系统(Electronic Ordering System,EOS)、电子数据交换(Electronic Dater Interchange,EDI)、快速反应(Quick Response,QR)、有效客户反馈(Effective Customer Response,ECR)以及企业资源计划(Enterprise Resource Planning,ERP)等技术与观念在我国的物流中将会得到普遍的应用。没有物流的信息化,任何先进的技术设备都不可能应用于物流领域,信息技术及计算机技术在物流中的应用将会彻底改变世界物流的面貌。

（二）自动化

自动化的基础是信息化，自动化的核心是机电一体化，自动化的外在表现是无人化，自动化的效果是省力化。另外，自动化还可以扩大物流作业能力，提高劳动生产率以及减少物流作业的差错等。物流自动化的设施非常多，如条形码、语音、射频自动识别系统、自动分拣系统、自动存取系统、自动导向车以及货物自动跟踪系统等。

（三）网络化

物流领域网络化的基础也是信息化。这里指的网络化有两层含义：一是物流配送系统的计算机通信网络，包括物流配送中心与供应商或制造商的联系要通过计算机网络，与下游顾客之间的联系也要通过计算机网络。比如，物流配送中心向供应商提出订单这个过程，就可以使用计算机通信方式，借助于增值网（Value-Added Network，VAN）上的电子订货系统和电子数据交换技术来自动实现，物流配送中心通过计算机网络收集下游客户订货的过程也可以自动完成。二是组织的网络化，即所谓的内联网（Intranet）。

> **☞ 知识链接**
>
> 台湾地区的电脑业在20世纪90年代创造出了"全球运筹式产销模式"。这种模式的基本点是按照客户订单组织生产，采取分散形式生产，即将全世界的电脑资源都利用起来，采取外包的形式将一台电脑的所有零部件、元器件和芯片外包给世界各地的制造商去生产，然后通过全球的物流网络将这些零部件、元器件和芯片发往同一个物流配送中心进行组装，由该物流配送中心将组装的电脑迅速发给订户。这一过程需要有高效的物流网络支持，当然物流网络的基础是信息和计算机网络。
>
> 物流的网络化是物流信息化的必然，是电子商务物流活动的主要特征之一。目前，Internet（互联网）等全球网络资源的可用性及网络技术的普及为物流的网络化提供了良好的外部环境。

（四）智能化

这是物流自动化、信息化的一种高层次应用。物流作业过程中大量的运筹和决策，如库存水平的确定、运输（搬运）路径的选择、自动导向车的运行轨迹和作业控制、自动分拣机的运行以及物流配送中心经营管理的决策支持等问题都需要借助于大量的知识才能解决。在物流自动化的进程中，物流智能化已成为电子商务物流发展的一个新趋势，需要通过专家系统、机器人等相关技术来解决。

（五）柔性化

柔性化本来是为实现"以顾客为中心"的理念而在生产领域提出的。但要真正做到柔性化，即能真正根据消费者需求的变化来灵活调节生产工艺，没有配套的柔性化的物流系统是不可能达到目的的。

单元二 电子商务认知与技术

> **知识链接**
>
> 20世纪90年代,国际生产领域纷纷推出弹性制造系统(Flexible Manufacturing System,FMS)、计算机集成制造系统(Computer Integrated Manufacturing System,CIMS)、制造资源系统(Manufacturing Requirement Planning,MRP)、企业资源计划以及供应链管理的概念和技术,这些概念和技术的实质是要将生产和流通进行集成,根据需求端的需求组织生产,安排物流活动。
>
> 因此,柔性化的物流正是适应生产、流通与消费的需求而发展起来的一种新型物流模式。这就要求物流配送中心要根据消费者需求"多品种、小批量、多批次、短周期"的特色,灵活组织和实施物流作业。

另外,物流设施和商品包装的标准化,物流的社会化和共同化也都是电子商务物流发展的新特点、新趋势。

三、电子商务下的物流模式

电子商务的优势之一就是能大大简化业务流程,降低企业运作成本。而电子商务下企业成本优势的建立和保持必须以可靠和高效的物流运作为保证。现代企业要在竞争中取胜,不仅需要生产适销对路的产品,采取正确的营销策略,以及强有力的资金支持,更需要加强"品质经营",即强调"时效性",其核心在于服务的及时性、产品的及时性、信息的及时性和决策反馈的及时性。这些都必须以强有力的物流能力作为保证。

(一)物流一体化

随着市场竞争的不断深化和加剧,企业建立竞争优势的关键,已由节约原材料的"第一利润源泉"、提高劳动生产率的"第二利润源泉",转向建立高效的物流系统的"第三利润源泉"。

> **知识链接**
>
> 20世纪80年代,西方发达国家,如美国、法国和德国等就提出了物流一体化的理论,应用和指导其物流发展并取得了明显的效果。生产商、供应商和销售商均获得了显著的经济效益。美国十几年的经济繁荣期即与该国重视物流一体化的理论研究与实践,加强供应链管理,提高物流效率和物流水平分不开的。亚太物流联盟主席、澳大利亚著名的物流专家指出,物流一体化就是利用物流管理,使产品在有效的供应链内迅速移动,使参与各方的企业都能获益,使整个社会获得明显的经济效益。

所谓物流一体化就是以物流系统为核心的由生产企业,经由物流企业、销售企业,直至消费者供应链的整体化和系统化。它是指物流业发展的高级和成熟阶段。

物流一体化的发展可进一步分为三个层次:物流自身一体化、微观物流一体化和宏观物流一体化。物流自身一体化是指物流系统的观念逐渐确立,运输、仓储和其他物流要素趋向完备,子系统协调运作,系统化发展。微观物流一体化是指市场主体企业将物流提高到企业战略的地位,并且出现了以物流战略作为纽带的企业联盟。宏观物流一体化是指物流业发展到这样的水平:物流业占到国家国民总收入的一定比例,处于社会经济生活的主导地位。它使跨国公司从内部职能专业化和国际分工程度的提高中获得规模经济效益。

(二)第三方物流

第三方物流(Third Party Logistics,TPL)是指由物流劳务的供方、需方之外的第三方去完成物流服务的物流运作方式。第三方就是指提供物流交易双方的部分或全部物流功能的外部服务提供者。在某种意义上可以说,它是物流专业化的一种形式。

第三方物流随着物流业发展而发展。第三方物流是物流专业化的重要形式。物流业发展到一定阶段必然会出现第三方物流的发展,而且第三方物流的占有率与物流产业的水平之间具有相关关系。西方国家的物流业实证分析证明,独立的第三方物流要占社会的50%,物流产业才能形成。所以,第三方物流的发展程度反映和体现着一个国家物流业发展的整体水平。

第三方物流与物流一体化既相互联系又有所区别,物流一体化是物流产业化的发展形式,它必须以第三方物流充分发育和完善为基础。物流一体化的实质是一个物流管理的问题,即专业化物流管理人员和技术人员,充分利用专业化物流设备、设施,发挥专业化物流运作的管理经验,以求取得整体最佳的效果。同时,物流一体化的趋势为第三方物流的发展提供了良好的发展环境和巨大的市场需求。

从物流业的发展看,第三方物流是在物流一体化的第一个层次时出现萌芽的。但是这时只有数量有限的功能性物流企业和物流代理企业。第三方物流在物流一体化的第二个层次得到迅速发展。专业化的功能性物流企业和综合性物流企业以及相应的物流代理公司出现,发展很快。这些企业发展到一定水平,物流一体化就进入到第三个层次。

☞ **知识链接**

西方发达国家在发展第三方物流、实现物流一体化方面积累了较为丰富的经验。德国、美国、日本等先进国家认为,实现物流一体化,发展第三方物流,关键是具备一支优秀的物流管理队伍。要求管理者必须具备较高的经济学和物流学专业知识和技能,精通物流供应链中的每一门学科,整体规划水平和现代管理能力都很强。

第三方物流和物流一体化为中国国有大中型企业带来一次难得的发展机遇,即探索适合中国国情的第三方物流运作模式,降低生产成本,提高效益,加强竞争力。

联邦快递(www.FedEx.com)主要以第三方物流、配送企业的身份参与电子商务。该公司在物流网络和信息网络以及客户资源上远比一般的电子商务公司具有优势。该公司认为,既然公司已经具备了从信息、销售到配送所需的全部资源和经验,那么公司就必须拓展电子商务业务。

说说联邦快递完全获得电子商务方面成功的原因。

(三) 第四方物流

第四方物流定义为"一个供应链集成商,它调集和管理组织自身的以及具有互补性的服务提供商的资源、能力和技术,以提供一个综合的供应链解决方案"。第四方物流可以通过整个供应链的影响力,提供综合的供应链解决方案,也为其顾客带来比第三方物流更大的价值。

第四方物流的功能:

(1) 供应链管理功能,即管理从货主到用户的整个供应链的全过程。

(2) 运输一体化功能,即负责管理运输公司、物流公司之间在业务操作上的衔接与协调问题。

(3) 供应链再造功能,即根据货主在供应链战略上的要求,及时改变或调整战略战术,使其保持高效率运作。

☞ 知识链接

全国首家能够提供供应链管理、物流咨询等高端增值服务的第四方物流公司——广州安得供应链技术有限公司已正式成立。该公司将自己的业务范围定位于供应链和物流管理咨询、系统实施及物流培训等三大块,包括物流管理的战略性咨询,涉及战略采购、供应链重组、物流网络规划等,并向第三方物流企业提供一整套完善的供应链解决方案。

电子商务对物流发展有哪些影响?

四、新型配送中心

(一) 电子商务物流配送

1. 配送的含义

配送的概念与运输以及旧式送货都不同,简单地讲,配送是按用户的订货要求,以现代化的送货形式,在配送中心或其他物流据点进行货物配备,以合理的方式送交用户,实现资源最终配置的一种经济活动。配送作为一种现代流通组织形式,是将商流、物流、信息流集于一身,具有独特的运作模式的物流活动。配送包含物流作业的所有活动,从某种意义上说,配送是物流的一个缩影,或是在特定范围内对全部物流功能的体现。因此也有人将配送称为"小物流"。

> **知识链接**
>
> 中华人民共和国国家标准物流术语将配送（distribution）定义为：在经济合理区域范围内，按用户的订货要求，对物品进行拣选、加工、包装、分割、组配等作业，并按时送达指定地点的物流活动。

2. 电子商务物流配送

电子商务下的物流配送，就是信息化、现代化、社会化的物流配送。它是指物流配送企业采用网络化的计算机技术和现代化的硬件设备、软件系统及先进的管理手段，针对社会需求，严格地、守信用地按用户的订货要求，进行一系列分类、组配、整理、分工、配货等理货工作，定时、定点、定量地交给没有范围限度的各类用户，满足其对商品的需求。换句话说，电子商务这种新经济形态，是由网络经济和现代物流共同创造出来的，是两者一体化的产物。

电子商务物流配送的特征：

（1）信息化。实行信息化管理是新型物流配送的基本特征，这也是实现现代化和社会化的前提保证。

（2）现代化。电子商务下的新型物流配送，在水平、范围、层次等各环节上比传统物流配送要更全面、更现代化。现代化程度的高低是区别新型物流配送和传统物流配送的一个重要特征。

（3）社会化。社会化程度的高低也是区别新型物流配送和传统物流配送的一个重要特征。

（二）配送中心

配送活动的进行往往是从配送中心开始的，作为一种重要的物流节点，配送中心在物流系统中具有重要的地位，特别是对于一些连锁经营的企业和制造企业。

所谓配送中心，指的是接受并处理末端用户的订货信息，对上游运来的多品种货物进行分拣，根据用户订货要求进行拣选、加工、组配等作业，并进行送货的设施和机构。

> **知识链接**
>
> 根据中华人民共和国国家标准物流术语的规定，从事配送业务的物流场所和组织，应具备下列条件：
> （1）主要为特定的用户服务；
> （2）配送功能健全；
> （3）完善的信息网络；
> （4）辐射范围小；
> （5）多品种、小批量；
> （6）以配送为主，储存为辅。

1. 配送中心的类型（按经营主体划分）

（1）以制造商为主体的配送中心。这种配送中心里的商品100%是由制造商自己生产制造的，是指将预先配齐的成组元器件运送到规定的加工和装配工位。

（2）以批发商为主体的配送中心。按部门或商品类别的不同,把每个制造厂的商品集中起来,然后以单一品种或搭配向消费地的零售商进行配送。这种配送中心的商品来自各个制造商。

（3）以零售业为主体的配送中心。零售商发展到一定规模后,就可以考虑建立自己的配送中心,为专业商品零售店、超市、百货商店、建材商场、粮油食品商店、宾馆、饭店等服务。

（4）以仓储运输业者为主体的配送中心。这种配送中心最强的是运输配送能力,地理位置优越,如港湾、铁路和公路枢纽,可迅速将到达的货物配送给用户。它提供仓储位置给制造商或供应商,而配送中心的货物仍属于制造商或供应商所有,配送中心只是提供仓储管理和运输配送服务。

2. 电子商务下的新型配送中心应具备的条件

（1）高水平的企业管理。新型物流配送中心作为一种全新的流通模式和运作结构,其管理水平要求达到科学化和现代化。只有通过合理的科学管理制度、现代化的管理方法和手段,才能确保物流配送中心基本功能和作用的发挥,从而保障相关企业和用户整体效益的实现。

（2）新型物流配送中心对人员的要求。新型物流配送中心的人才配置要求必须配备数量合理、具有一定专业知识和较强组织能力、结构合理的决策人员、管理人员、技术人员和操作人员,以确保新型物流配送中心的高效运转。

（3）新型物流配送中心对装备配置的要求。新型物流配送中心面对成千上万的供应商和消费者及瞬息万变的市场,承担着为众多用户进行商品配送和及时满足他们不同需求的任务,这就要求必须配备现代化装备和应用管理系统,具备必要的物质条件,尤其要重视计算机网络的应用。

新型物流配送中心需要配置的硬件系统有:① 仓储设备,包括料架、栈板、电动堆高机、拣发台车、装卸省力设备、流通加工设备;② 配运设备,包括厢式大小货车、手推车、通信设备;③ 咨询设备,包括网络连线设备、计算机系统设备、电子标签拣货设备、通信设备;④ 仓储设施,包括仓库库房及辅助设施。

新型物流配送中心需要配置的软件系统有:① 仓管系统,包括优秀的仓储管理和操作人员、仓储流程规划、储存安全管理、存货管理;② 配运系统,包括优秀的配运人员、配送路径规划、配送安全管理、服务态度;③ 资讯系统,包括进货管理系统、储位管理系统、补货管理系统、出发检取系统、车辆排程系统、流通加工管理系统、签单核单系统、物流计费系统、EIQ、MIS、EIS、EDI、VAN、Internet、信息系统规划等。

沃尔玛公司共有六种形式的配送中心:一种是"干货"配送中心,主要用于生鲜食品以外的日用商品进货、分装、储存和配送,该公司目前这种形式的配送中心数量最多。第二种是食品配送中心,包括不易变质的饮料等食品,以及易变质的生鲜食品等,需要有专门的冷藏仓储和运输设施,直接送货到店。第三种是山姆会员店配送中心,这种业态批零结合,有三分之一的会员是小零售商,配送商品的内容和方式同其他业态不同,使用独立的配送中心。由于这种商店1983年才开始建立,数量不多,有些商店使用第三方配送中心的服务。考虑到第三方配送中心的服务费用较高,沃尔玛公司已决定在合同期满后,用自行建立的山姆会员店配送中心取代。第四种是服装配送中心,不直接送货到店,而是分送到其他配送中心。第五种是进口商品配送中心,为整个公司服务,主要作用是大量进口以降低进价,再根据要货情况送往其他配送中心。第六种是退货配送中心,接收店铺因各种原因退回的商品,其中一部分退给供应商,一部分送往折扣商店,一部分就地处理,其收益主要来自出售包装箱的收入和供应商支付的手续费。

试分析沃尔玛公司配送的优点。

即学即思

电子商务物流配送中心的运作类型有哪几种?

五、现代物流技术

(一) 条形码技术

现代物流中,条形码技术应用最为广泛,已应用于交通运输、仓储管理、物流配送和商品销售等各个环节。条形码简称条码,是由一组黑白相间、粗细不同的条状符号组成,条码隐含着数字信息、字母信息、标志信息、符号信息,主要用以表示商品的名称、产地、价格、种类等,是全世界通用的商品代码的表示方法。

1. 条形码的优越性

条形码是迄今为止最经济、实用的一种自动识别技术。条形码技术具有以下几个方面的优点:

(1) 可靠准确。有资料可查,键盘输入平均每 300 个字符一个错误,而条码输入平均每 15 000 个字符一个错误。如果加上校验出错率是千万分之一。

(2) 数据输入速度快。键盘输入,一个每分钟打 90 个字的打字员 1.6 秒可输入 12 个字符或字符串,而使用条码,做同样的工作只需 0.3 秒,速度提高了 5 倍。

(3) 经济便宜。与其他自动化识别技术相比较,推广应用条码技术,所需费用较低。

(4) 灵活、实用。条码符号作为一种识别手段可以单独使用,也可以和有关设备组成识别系统实现自动化识别,还可和其他控制设备联系起来实现整个系统的自动化管理。同时,在没有自动识别设备时,也可实现手工键盘输入。

(5) 自由度大。识别装置与条码标签相对位置的自由度要比 OCR 大得多。条码通常只在一维方向上表达信息,而同一条码上所表示的信息完全相同并且连续,这样即使是标签有部分缺欠,仍可以从正常部分输入正确的信息。

(6) 设备简单。条码符号识别设备结构简单,操作容易,无须专门训练。

(7) 易于制作。条码可印刷,称为"可印刷的计算机语言"。条码标签易于制作,对印刷技术设备和材料无特殊要求。

2. 一维条形码

一维条形码的条纹是由一组宽度不同、反射率不同的黑色的条和白色的空按规定的编码规则组合起来的。目前使用频率较高的几种码制是：EAN、UPC、三九码、库德巴(Codabar)码和 Code 128 码。国际上通用的和公认的物流条码主要是 UPC 条形码和 EAN 条形码。我国制定的通用商品条形码结构与 EAN-13 条形码结构相同。它是由 13 位数字及相应的条码符号组成：前缀码，由三位数字组成，是国家的代码，目前我国商品使用的前缀码为"690""691""692"；制造商代码，由四位数字组成；商品代码，由五位数字组成，表示每个制造商的商品，由制造商决定；校验码，由一位数字组成，用以校验前面各码的正误。

☞ 知识链接

EAN 码：EAN 码是国际物品编码协会制定的一种商品用条码，通用于全世界。EAN 码符号有标准版(EAN-13)和缩短版(EAN-8)两种，我们日常购买的商品包装上所印的条码一般就是 EAN 码。

UPC 码：UPC 码是美国统一代码委员会制定的一种商品用条码，主要用于美国和加拿大地区，我们在美国进口的商品上可以看到。

39 码：39 码是一种可表示数字、字母等信息的条码，主要用于工业、图书及票证的自动化管理，目前使用极为广泛。

库德巴(Codabar)码：库德巴码也可表示数字和字母信息，主要用于医疗卫生、图书情报、物资等领域的自动识别。

Code 128 码：128 可表示 ASCII 0 到 ASCII 127 共计 128 个 ASCII 字符。

3. 二维条形码

二维条形码是由一种"点单元"组成的图形。用它来表示商品时，一个符号可以将商品的所有属性表示出来，如我们可以将货物的名称、尺寸、重量、发货地、发货人、收货地、收货人、运输方式等 1K 以上的数据，全部存储在一个二维条形码中。

如果说一维条形码是商品的身份证，二维条形码则是商品便携的数据库。二维条形码具有高密度、大容量、安全性强的特点。我国采用的是 PDF417 二维条码。

4. 条形码技术的应用

商业自动化系统是一个商业销售点(Point of Sales, POS)实时系统。POS 系统以条码为手段，以计算机为中心，实现对商店的进、销、存的管理，快速反馈进、销、存各个环节，为经营决策提供信息。

条码数据采集系统为企业资源计划(Enterprise Resource Planning, ERP)系统提供准确的统计数据，可分不同的时间段、生产计划、产品实时统计出生产报表；能够统计分厂生产、生产线完成数、包装线工作量、产品完工等生产数据，并能给企业成本管理提供有力的保障。

此外，条码技术还广泛地应用于交通管理、金融文件管理、商业文件管理、病历管理、血库血液管理等各个方面。条码技术作为数据标志和数据自动输入的一种手段已被人们广泛利用，渗透到计算机管理的各个领域。

（二）射频技术

射频识别技术（Radio Frequency Identification，缩写 RFID）是 20 世纪 90 年代开始兴起的一种自动识别技术，射频识别技术是一项利用射频信号通过空间耦合（交变磁场或电磁场）实现无接触信息传递并通过所传递的信息达到识别目的的技术。

射频技术的基本原理是电磁理论。射频系统的优点是不局限于视线，识别距离比光学系统远，射频识别卡可具有读写能力，可携带大量数据，难以伪造和有智能等。

射频技术的应用：射频识别收转发装置通常安装在运输线的一些检查点上，接收装置收到射频识别标签信息后，连同接收地的位置信息上传至通信卫星，再由卫星传送给运输调度中心，送入企业的信息数据库中。

我国射频识别技术主要应用于物料跟踪、运载工具和货物识别等要求非接触数据采集和交换的场合。高速公路使用射频识别技术可以不停车收费，我国铁路系统使用射频识别技术记录货车车厢编号的试点已完成，并投入运行，一些物流公司也正在准备将射频识别技术用于物流管理中。

（三）全球定位系统技术

与其他导航系统相比，全球定位系统（Global Positioning System，GPS）的特点是定位精度高、实时导航、执行操作简便、全球、全天候作业、抗干扰性能好、保密性强、功能多、应用广。GPS 是军民两用的系统，其应用范围极其广泛。

> **☞ 知识链接**
>
> 全球定位系统是美国从 20 世纪 70 年代开始研制的，历时 20 年，耗资 200 亿美元，于 1994 年全面建成，具有在海、陆、空进行全方位实时三维导航与定位能力的新一代卫星导航定位系统，且具有全天候、高精度、自动化、高效益等显著特点。GPS 由美国国防部发射的 24 颗卫星组成，这 24 颗卫星分布在高度为 2 万公里的 6 个轨道上绕地球飞行。每条轨道上拥有 4 颗卫星，在地球上任何一点，任何时刻都可以同时接受到来自 4 颗卫星的信号。也就是说 GPS 的卫星所发射的空间轨道信息覆盖着整个地球表面。用户通过测量到太空各可视卫星的距离来计算他们的当前位置，卫星的坐标相当于精确的已知参考点。每颗 GPS 卫星每一时刻发布其位置和时间数据信号，用户接收机可以测量每颗卫星信号到接收机的时间延迟，根据信号传输的速度就可以计算出接收机到不同卫星的距离。同时收集到至少 4 颗卫星的数据时就可以解算出三维坐标、速度和时间。

GPS 全球卫星定位系统由三部分组成：空间部分——GPS 星座；地面控制部分——地面监控系统；用户设备部分——GPS 信号接收机。

GPS 的基本定位原理是，卫星不间断地发送自身的星历参数和时间信息，用户接收到这些信息后经过计算求出接收机的三维位置、三维方向以及运动速度和时间信息。

GPS 作为目前最先进的导航与定位系统，将会越来越普遍地应用到现代物流中。

（1）用于汽车自定位、跟踪调度。陆地救援结合地理信息系统和现代通信技术的车载监控与导航系统是未来全球卫星定位系统应用的主要领域之一。

（2）用于内河及远洋船队航线的测定、航向的调度、监测及水上救援。在我国，全球卫星定位系统最先使用于远洋运输的船舶导航，提高航运能力。

（3）用于空中交通管理、进场着陆、航路导航。它可以缩短机场的飞机起降时间间隔，使起降路线灵活多变，使更多的飞机以最佳航线和高度飞行，还可减少飞机误点，增加飞机起降的安全系数。

（4）用于铁路运输管理，可以大大提高其路网及运营的透明度，为货主提供更高质量的服务。

（5）用于货物跟踪管理，物流运输企业。利用这项技术后，所有被运送货物物流全过程的各种信息都集中在中心计算机里，业主可以随时查询货物的位置及状态。

（四）地理信息系统（GIS）技术

地理信息系统（Geographic Information System，GIS）的应用实现了对物流运输过程的分析、控制，使整个过程更加科学合理，并确保整个过程的安全性。地理信息系统是一门集计算机科学、地理学、环境科学、空间科学、信息科学和管理科学为一体的新兴边缘学科，有时也称为资源与环境信息系统。

地理信息系统既是管理和分析空间数据的应用工程技术，又是跨越地球科学、信息科学和空间科学的应用基础学科。其技术系统由计算机硬件、软件和相关的方法过程所组成，用以支持空间数据的采集、管理、处理、分析、建模和显示，以便解决复杂的规划和管理问题。

采用地理模型分析方法，可适时地提供多种空间的和动态的地理信息。GIS 的基本功能是将表格型数据转换为地理图形显示，然后对显示结果进行浏览、操作和分析，其显示范围可以从洲际地图到非常详细的街区地图，显示对象包括人口、销售情况、运输线路以及其他内容。

GIS 技术的应用：

（1）车辆路线模型，用于解决一个起点、多个终点的货物运输，以及如何降低费用，保证服务质量的问题。

（2）网络物流模型，用于解决最有效的分配货物路径的问题。

（3）分配集合模型，可以解决确定服务范围和销售市场的问题。

（4）设施定位模型，用于确定一个或多个设施的问题。

即学即思

常用的电子商务物流技术有哪几种？

职业能力训练

（1）海尔公司的"一流三网"。

海尔的"一流"，就是订单信息流。没有订单不生产；要生产订单，不要生产库存，这是订单信息流。

三网：

① 计算机信息网。物流操作基本上在计算机信息网络平台上运作，这就为物流效率的提高提供了很好的基础。

② 全球供应资源网。海尔的供应是全球化的。海尔已经是国际性的企业了，它在国外有很多工厂，那些工厂用当地的资源、当地的人力、当地的资金，在当地市场进行销售。在美国市场的占有率在逐年提升，在美国是名牌，是中国人的骄傲，"海尔中国造"这个词在世界上叫得响当当。其供应资源网络符合经济全球化趋势，资源得到了更合理的配置。

③ 全球配送资源网。企业管理的精髓在于怎样有效地整合，或者是充分利用有限的资源，这是企业管理的出发点。既然供应是全球化的网络，它的配送也要全球配送，形成全球配送资源网络。

"一流三网"的作用：

首先，"一流三网"为订单而采购，消灭库存。

在海尔，仓库不再是储存物资的水库，而是一条流动的河，河中流动的是按单采购的生产必需的物资，也就是根据订单来进行采购、制造等活动，这样，从根本上消除了呆滞物资，消灭了库存。海尔集团每个月平均接到 6 000 多个销售订单，这些订单的定制产品品种达 7 000 多个，需要采购的物料品种达 15 万余种。新的物流体系将呆滞物资降低了 73.8%，仓库面积减少了 50%，库存资金减少了 67%。

其次，"一流三网"实现双赢，赢得全球供应链网络。

海尔通过整合内部资源、优化外部资源使供应商由原来的 2 336 家优化至 978 家，国际化供应商的比例却上升了 20%，建立了强大的全球供应链网络，有力地保障了海尔产品的质量和交货期。不仅如此，更有一批国际化大公司已经以其高科技和新技术参与到海尔产品的前端设计中，目前可以参与产品开发的供应商比例已高达 32.5%。

再次，"一流三网"实现三个 JIT（Just in Time 即时），即 JIT 采购、JIT 配送和 JIT 分拨物流的同步流程。

目前通过海尔的 BBP 采购平台，所有的供应商均在网上接受订单，并通过网上查询计划与库存，及时补货，实现 JIT 采购；货物入库后，物流部门可根据次日的生产计划利用 ERP 信息系统进行配料，同时根据看板管理 4 小时送料到工位，实现 JIT 配送；生产部门按照 B2B、B2C 订单的需求完成订单以后，满足用户个性化需求的定制产品通过海尔全球配送网络送达用户手中。目前海尔在中心城市实现 8 小时配送到位，区域内 24 小时配送到位，全国 4 天以内到位。

最后，"一流三网"实现了新经济速度。

在企业外部，海尔 CRM（客户关系管理）和 BBP 电子商务平台的应用架起了与全球用户资源网、全球供应链资源网沟通的桥梁，实现了与用户的零距离。目前，海尔 100% 的采购订单由网上下达，使采购周期由原来的平均 10 天降低到 3 天；网上支付已达到总支付额的 20%。在企业内部，计算机自动控制的各种先进物流设备不但降低了人工成本、提高了劳动效率，还直接提升了物流过程的精细化水平，达到质量零缺陷的目的。计算机管理系统搭建了海尔集团内部的信息高速公路，能将电子商务平台上获得的信息迅速转化为企业内部的信息，以信息代替库存，达到零营运资本的目的。

海尔在物流方面所做的探讨与成功，尤其是采用国际先进的协同电子商务系统进一步提升了海尔在新经济时代的核心竞争力,提高了海尔的国际竞争力,给国内其他企业带来了哪些新的启示?

(2) 全球最大的网上书店亚马逊网上书店2002年年底开始赢利,这是全球电子商务发展的福音。美国亚马逊网上书店自1995年7月在美国开业以来,经历了7年的发展历程。到2002年年底全球已有220个国家的4 000万网民在亚马逊书店购买了商品,亚马逊为消费者提供的商品总数已达到40多万种。随着近几年来在电子商务发展受挫,许多追随者纷纷倒地落马之际,亚马逊却顽强地活了下来并脱颖而出,创造了令人振奋的业绩:2002年第三季度的净销售额达8.51亿美元,比上年同期增长了33.2%;2002年前三个季度的净销售额达25.04亿美元,比上年同期增长了24.8%。虽然2002年前三个季度还没有赢利,但净亏损额为1.52亿美元,比上年同期减少了73.4%;2002年第四季度的销售额为14.3亿美元,实现净利润300万美元。亚马逊的扭亏为盈无疑是对B2C电子商务公司的巨大鼓舞。

为什么在电子商务发展普遍受挫时亚马逊的旗帜不倒?是什么成就了亚马逊今天的业绩?亚马逊的快速发展说明了什么?带着这一连串的疑问和思索探究亚马逊的发展历程后惊奇地发现,正是被许多人称为是电子商务发展"瓶颈"和最大障碍的物流拯救了亚马逊,是物流创造了亚马逊今天的业绩。

问题:通过对亚马逊的生存和发展经历的研究能带给我们的企业哪些有益的启示呢?

单元三

国际贸易实务认知与技术

项目一　国际贸易认知

学习任务一　国际贸易知识概要

 引导案例

布朗和霍根多伦合著的《国际经济学》的第一章谈道：住在美国东部的皮尔瑞纳先生和太太一天的早上生活，所接触的每一件用品都是外国的产品。一清早，他们是被日本生产的索尼牌闹钟叫醒的，广播中谈到中东危机，皮尔瑞纳先生想是否会引起汽油价格的上涨，他是应该买德国生产的 Mercedes 牌小轿车还是购买日本生产的 Honda 车。在皮尔瑞纳先生家里，每天的早餐是使用法国制造的咖啡壶，加拿大输送至美国的天然气，烧煮来自印度尼西亚、巴西、哥伦比亚的混合咖啡。此外，早餐还有瑞士生产的饼干和面包，夹着比利时生产的草莓酱。报纸上说玉米价格在下跌，是因为欧洲国家减少进口美国的谷物和肉类，皮尔瑞纳先生担忧该城市经济不如以前好。

 案例提示

从皮尔瑞纳先生家一天早上的描述中，可以看出世界各国的经济正在通过国际贸易而紧紧联系在一起，国际贸易对国民经济的影响已反映在生活的每个角落，商品国际化已渗透到人们的日常生活之中，对外贸易已经成为我们每日所要接触的事物中的一种。

学习目标

1. 认知国际贸易的概念和产生的条件。
2. 能把握国际贸易的各种分类。
3. 会根据实际客观评价中国的国际贸易发展。

一、国际贸易的概念

国际贸易是指世界各国(地区)之间商品和劳务的交换活动,是各国(地区)之间分工的表现形式,反映了世界各国(地区)在经济上的相互依赖与联系。这是从国际范围、世界范围来看的各国(地区)之间商品和劳务交换活动,因此经常又被说成是世界贸易或全球贸易。

> ☞ **知识链接**
>
> 第二次世界大战后,在第三次科学技术革命的影响下,在资本输出迅速增长和贸易自由化的作用下,国际货物贸易取得了巨大的发展。世界货物出口贸易额从1950年的550亿美元跃到1980年的19 986亿美元,2000年增长到62 000亿美元,2008年进一步上升到161 270亿美元。

二、国际贸易产生的条件

必须具有可供交换的剩余产品。这不仅是国内商品交换的基础,同样也是国际贸易产生的最基本的条件。

必须有各自为政的社会实体——国家的存在。只有这样才有真正意义上跨越国界的商品交换——国际贸易。

此外,还有生产的社会分工,只有生产者从事不同产品的生产,才会存在生产产品品种的单一性和消费者需求多样性的矛盾,从而产生相互交换产品的客观要求。

总之,社会生产力的发展、剩余产品的出现、社会分工的扩大和国家的形成是国际贸易产生与发展的基础。

三、国际贸易的分类

(一) 按商品形式分类

1. 有形贸易(Tangible Goods Trade)

有形贸易是指那些有形的、看得见的物质属性商品的进出口贸易活动,也称货物贸易。

相关链接

国际贸易中的货物种类繁多,为了便于统计,联合国秘书处起草了1950年版的《联合国国际贸易标准分类》,该标准经历了四次修订,最近的一次修订是2006年。在2006年的修订本里,把国际货物贸易共分为10大类、66章、262组、1 023个分组和2 652个基本项目。这10大类商品分别为:食品及主要供食用的活动物(0);饮料及烟类(1);燃料以外的非食用粗原料(2);矿物燃料、润滑油及有关原料(3);动植物油脂及油脂(4);未列名化学品及有关产品(5);主要按原料分类的制成品(6);机械及运输设备(7);杂项制品(8);没有分类的其他商品(9)。在国际贸易统计中,一般把0—4类商品称为初级产品,把5—8类商品称为制成品。

2. 无形贸易(Intangible Goods Trade)

无形贸易是指一切不具备物质自然属性的商品或无形商品的国际交易活动,也称服务贸易。

重要提示:有形贸易和无形贸易的区别:

有形贸易在通过一国海关时必须向海关申报,海关依据海关税则对出口或进口的商品征税,并列入海关的每日统计表中,有形商品的进出口额是国际收支的主要构成部分。

无形贸易则不经过海关,其贸易额通常不显示在海关的贸易统计表中,无形贸易额是国际收支的重要组成部分。

(二)按商品流向分类

1. 出口贸易(Export Trade)

出口贸易是指本国生产或加工的商品输往国外市场销售,又称输出贸易。例如,运出国境供驻外使领馆使用的货物、旅客个人使用带出国境的货物均不列入出口贸易。

2. 进口贸易(Import Trade)

进口贸易是指将外国商品输入本国市场销售,又称输入贸易。例如,外国使领馆运进供自用的货物、旅客带入供自用的货物均不列入进口贸易。

3. 转口贸易(Entrepot Trade)

转口贸易是指商品生产国和消费国通过第三国进行的贸易,对第三国而言就是转口贸易。即使商品直接从生产国运到消费国去,只要两者之间并未直接发生交易关系,而是由第三国转口商分别同生产国与消费国发生的交易关系,仍然属于转口贸易范畴。

相关链接

从事转口贸易的大多数是地理位置优越、运输条件便利以及贸易限制较少的国家或地区。例如:伦敦、新加坡、中国香港等,它们具备上述条件,便于货物集散,所以转口贸易发达。

4. 过境贸易(Transit Trade)

过境贸易又称通过贸易,某种商品从甲国经乙国输往丙国销售,该商品的输入和输出对乙国而言即为过境贸易。这种贸易对乙国来说,既不是进口,也不是出口,仅仅是商品过境而已。

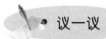

转口贸易与过境贸易的区别。

重要提示:在转口贸易中,商品的所有权先从生产国出口者那里转到第三国(或地区)商人手中,再转到最终消费该商品的进口国商人手中。而在过境贸易中,商品所有权无需向第三国商人转移。

(三) 按清偿工具分类

1. 自由结汇贸易(Free-Liquidation Trade)

自由结汇贸易是指用国际货币进行商品或劳务价款结算的一种贸易方式,又称现汇贸易。买卖双方按国际市场价格水平议价,按国际贸易惯例议定具体交易条件。交货完毕以后,买方按双方商定的国际货币付款。

2. 易货贸易(Barter Trade)

易货贸易是指以经过计价的货物作为清偿手段的国际贸易,又称换货贸易。在实际做法上比较灵活,例如,在交货时间上,可以进口与出口同时成交,也可以有先有后;在支付办法上,可用现汇支付,也可以通过账户记账,从账户上相互冲抵;在成交对象上,进口对象可以是一个人,而出口对象则是由进口人指定的另一个人等。这种方法一般在外汇支付困难、外汇管制较严的国家较多采用。

(四) 按贸易关系分类

1. 直接贸易(Direct Trade)

直接贸易是指货物生产国将货物直接出口到消费国,消费国直接进口生产国的货物时两国之间发生的贸易,即由进出口两国直接完成的贸易。

2. 间接贸易(Indirect Trade)

间接贸易是指商品生产国不直接向消费国出口,商品消费国也不直接从生产国进口,而经由第三国商人来完成贸易。间接贸易有些是出于政治方面的原因,有些是由于交易双方的信息不通畅而形成的。

(五) 按经济发展水平分类

1. 水平贸易(Horizontal Trade)

水平贸易是指经济发展水平比较接近的国家之间开展的贸易活动。例如,北北之间、南南之间以及区域性集团内的国际贸易,一般都是水平贸易。

2. 垂直贸易(Vertical Trade)

垂直贸易是指经济发展水平不同的国家之间的贸易。例如,发达国家与发展中国家之间进行的贸易大多属于这种类型。这两类国家在国际分工中所处的地位相差甚远,其贸易往来有着许多与水平贸易大不一样的特点。南北之间的贸易一般就属此类。

(六)按统计进出口标准分类

1. 总贸易(General Trade)

总贸易是指以国境为标准统计的进出口贸易。总贸易可以分为总进口和总出口。总进口是指一定时期内(如一年内)跨国境进口的总额。总出口是指一定时期内(如一年内)跨国境出口的总额。总进口和总出口之和称作总贸易额。世界上很多国家采用总贸易方式来统计,我国也采用此方法统计。

2. 专门贸易(Special Trade)

专门贸易是指以关境为标准统计的进出口贸易。专门贸易可以分为专门进口和专门出口。专门进口是指一定时期内(如一年内)跨关境进口的总额,专门出口是指一定时期内(如一年内)跨关境出口的总额。专门贸易额就是专门进口额与出口额的总和。世界上有些国家采用专门贸易方式来统计。

各国都按自己的统计方式公布对外贸易的统计数据,并向联合国报告。联合国公布的国际贸易统计数据一般注明总贸易或专门贸易。过境贸易列入总贸易,不列入专门贸易。

做一做

某年世界总货物进口额为9.6万亿美元,总货物出口额为8.4万亿美元,问该年世界货物贸易额是多少?为什么?

(七)按贸易国数目分类

1. 双边贸易(Bilateral Trade)

双边贸易是指两国政府之间商定的贸易规则和调节机制下的贸易。两国政府往往通过签订贸易条约或协定来规定贸易规则和调节机制,要求两国在开展贸易时必须遵守贸易条约或协定中的规定。例如,在《中美贸易条约》下开展的中美贸易就是一种双边贸易。

2. 多边贸易(Multilateral Trade)

多边贸易是指在多个国家政府之间商定的贸易规则和调节机制下的贸易。例如,世界贸易组织中的国家所开展的贸易就属于多边贸易。

四、中国的对外贸易发展历程

> **知识链接**
>
> 中国改革开放40年来经济发展领域所取得的成就,离不开中国与世界市场之间的相互联系和相互影响。作为承载全球将近五分之一人口的大国,中国对世界经济的影响自然不容小觑。40年来,中国始终坚持对外开放的基本政策,积极融入经济全球化的发展进程。在经济全球化日益面临重大阻力的背景下,中国始终积极推动双边及多边贸易、投资发展。1978年,中国进出口贸易额为355亿元;2017年,根据海关总署的统计,中国外贸进出口总值已经达到27.79万亿元,是1978年的782.82倍。其中,进口额由1978年的187.4亿元上升至2017年的15.33万亿元;出口额由1978年的167.6亿元上升至2017年的12.46万亿元。显然,中国对外贸易的迅速发展为国际市场和国际贸易的繁荣做出了越来越大的贡献。特别是在2008年全球金融危机爆发之后,受到全球经济不景气的影响,全球贸易额增长率长期处于低位,中国进出口贸易相对稳定的增长态势为全球贸易的稳定增长做出了不小贡献。2018年4月世界贸易组织发布的年度全球贸易报告显示,中国商品贸易出口继续位居世界第一位,占全球份额的12.8%,而中国商品贸易进口仅次于美国,位居全球第二位。

(一)中国已经是贸易大国,但还不是贸易强国

(1) 我国人均贸易额不大。

(2) 我国出口产品技术含量与产品附加值普遍不高,具有核心技术、自主知识产权的产品较少。

(3) 我国享有国际知名度的品牌很少。

(4) 在多边贸易规则制定中,我国不能占据主导地位。

(5) 我国尚未形成一大批管理水平高,综合实力强,能够参与国际竞争与合作的企业。

(二)外贸进出口中的"两多两少"仍然困扰着中国

(1) 贸易摩擦多。中国是世界上发生贸易摩擦最多的国家之一。目前国际上大概每5起反倾销案中,就有1起是针对中国的。

(2) 资源消耗多。中国每万元GDP的综合能耗比是全球平均水平的3.4倍。

> **知识链接**
>
> 经济合作与发展组织(简称经合组织,即OECD),是由美国、加拿大和欧洲的30个发达国家组织起来的一个国际组织,他们在成员国开展评估取得经验的基础上,对中国进行了环境绩效评估,评估采用了与其他所有OECD国家环境评估相同的方法。前不久《OECD中国环境绩效评估报告》的中文版正式出版。《报告》认为中国OECD能耗强度(即中国的单位GDP能耗)比OECD国家平均水平高20%左右。

（3）附加值少。虽然有很多"中国制造"，但缺乏"中国创造"。

（4）知名品牌少。世界最具影响力品牌100强、全球品牌价值100强中，很少有中国企业入选，这明显与中国经济地位是不相适应的。

做 一 做

请网上查找2017年世界500强中我国企业有哪些。

职业能力训练

据海关统计，2017年，我国货物贸易进出口总值27.79万亿元人民币，比2016年（下同）增长14.2%，扭转了此前连续两年下降的局面。其中，出口15.33万亿元，增长10.8%；进口12.46万亿元，增长18.7%；贸易顺差2.87万亿元，收窄14.2%。具体情况为：2017年，我国进出口值逐季提升，分别为6.17万亿元、6.91万亿元、7.17万亿元和7.54万亿元，分别增长21.3%、17.2%、11.9%和8.6%。一般贸易进出口15.66万亿元，增长16.8%，占我国进出口总值的56.4%，比2016年提升1.3个百分点。对欧盟、美国和东盟进出口分别增长15.5%、15.2%和16.6%，三者合计占我国进出口总值的41.8%。同期，我国对俄罗斯、波兰和哈萨克斯坦等国进出口分别增长23.9%、23.4%和40.7%，均高于总体增幅。2017年，我国民营企业进出口10.7万亿元，增长15.3%，占我国进出口总值的38.5%，比2016年提升0.4个百分点。其中，出口7.13万亿元，增长12.3%，占出口总值的46.5%，继续保持出口份额居首的地位，比重提升0.6个百分点；进口3.57万亿元，增长22%。2017年，我国机电产品出口8.95万亿元，增长12.1%，占我国出口总值的58.4%。其中，汽车出口增长27.2%，计算机出口增长16.6%，手机出口增长11.3%。同期，传统劳动密集型产品合计出口3.08万亿元，增长6.9%，占出口总值的20.1%。进口方面，全年进口铁矿砂10.75亿吨，增加5%；原油4.2亿吨，增加10.1%；大豆9 554万吨，增加13.9%；天然气6 857万吨，增加26.9%；成品油2 964万吨，增加6.4%。此外，进口铜469万吨，减少5.2%。同期，我国进口价格总体上涨9.4%。其中，铁矿砂进口均价上涨28.6%，原油上涨29.6%，大豆上涨5%，天然气上涨13.9%，成品油上涨25.3%，铜上涨28%。2017年12月，中国外贸出口先导指数为41.1，较上月回落0.7，表明2018年一季度我国出口仍面临一定压力。其中，根据网络问卷调查数据显示，当月，我国出口经理人指数为44.2，较上月回落0.6；新增出口订单指数、出口经理人信心指数分别回落0.4、1.2至48.3、50，出口企业综合成本指数回升0.4至20.5。

请根据2017年我国进出口数据，结合当前全球经济、政治形势，分析我国外贸形势。

学习任务二　国际贸易业务流程

引导案例

张海毕业后到某新技术开发总公司上班，第一天上班公司总经理简单地对张海说："公司没有现成业务，你必须自己养活自己，没有业绩就得走人。"这是很大的压力。最初，张海依然信心十足，每天奔波忙碌，到处收集各类贸易信息。例如，当时的《国际商报》《经济参考》《人民日报》海外版均有国际贸易供求信息，可在落实这些信息时，却没有一条能够进行到"下一步"的——一般而言，向这些信息发出的询盘都毫无反应。时间越久，信息量越大，就越是茫然。公司当然不会无限制地给张海时间，很多的国际联络成本也是公司不会支持的。张海逐渐地体会到，这样乱抓信息，跟着公共信息跑，是没谱的事情，一定要找到实实在在的可落实的东西才有希望。于是，张海开始挖掘资源，先从他所在的大学里挖掘。有一天碰到位教授，他同张海说他一直和一家美国大公司搞合作，为这家公司研究某中国特产产品的品种改良，并告诉张海这家美国公司每年要从中国大量进口此产品。张海便决定将这种产品作为最主要的开发产品，因为这一信息是最可靠的。张海先与这位教授谈了合作的事情，并许诺倘若开发成功，给予这位教授利润额15%的提成，这样教授便有了积极性。他为张海详细地提供了产品的产地、供货商以及产品的品质、规格、技术指标等情况。除了那家美国大公司外，他还帮张海查找了其他经营此产品的国外公司。张海首先去落实产地的情况，经过对产地的实际调研，张海知道了这种产品的供货期、供货量、质量控制等关键条件，并在广泛接触的供货商中选择了两家感觉好的合作者。收集完了产地情报，回公司认真整理后，张海计算了成本与价格，并制定了利润率，然后开始同国外客户进行联络。因为准备充分，国外客户的各种问题都能得到有效解答，再加上张海突出了自己公司的技术优势与信誉优势，报价又很合理，张海赢得了客户的信任。当这笔业务进行到要签合同时，公司总经理很支持张海。合同签订后，张海的压力反而更大了，因为风险出现了——假如国内的企业不给供货，或供货达不到外商要求怎么办？张海决定亲自到产地进行监督，直至货物进到港口为止。

案例提示

从张海成功的案例中知道，做国际贸易比国内贸易要复杂得多，不但事先要做好充分的准备，踏踏实实落实每一个步骤，而且要充分发挥自己的优势资源，不去做表面上看很有诱惑力的、自己不熟悉的贸易。一旦瞄准一项事情，就要做到底，同时在关键时刻要敢于承担风险。

学习目标

1. 认知国际贸易的特点。
2. 能把握国际贸易业务流程。

一、国际贸易的特点

货物贸易是国际贸易中最主要的组成部分。在对外贸易中,不仅要考虑经济利益,还应配合外交活动,认真贯彻国家的对外方针、政策,切实按国际规范行事,恪守"重合同、守信用"的原则,对外树立良好的形象。

与国内贸易相比,国际贸易具有许多不同于国内贸易的特点,主要表现在下列几个方面。

(一) 国际贸易难度比较大

由于国际贸易跨越了国与国的界限,在贸易过程中会出现各种各样的困难,主要表现在以下几个方面:

1. 语言不同

各国由于历史文化的不同,在语言和文字上有很大的差别。为使交易顺利进行,必须采用同一种语言。当今国际贸易上通行的语言是英文,但有些地区还不普遍使用。如法国及中非、西非国家通行的是法语,西班牙和大部分中南美国家则普遍采用西班牙语。

2. 法律、风俗习惯不同

各贸易国家的商业法律、风俗习惯、宗教、信仰等并不完全一致,有的差别很大,这些都给国际贸易顺利进行带来了很大的困难。

> **相关链接**
>
> 中国出口到伊斯兰国家的鞋子,曾因鞋底的图案类似于古兰经中"真主"的文字而产生了贸易纠纷,不仅鞋子被焚毁,商店被砸,而且还要求中国企业为之公开道歉。

3. 贸易障碍多

为了争夺国际市场,保护本国企业和市场,各国都采取了各种各样的贸易措施来限制外国商品的进口,涉及经济、政治、法律等方面。

> **相关链接**
>
> 在前些年的绿色壁垒中,一些国家利用绿色风潮——环保之风,打着保护环境、保障人民生命安全的口号将大量的商品拒之国门外。例如,美国借口墨西哥的渔民在捕捉金枪鱼的时候伤害了经常跟在金枪鱼鱼群后面的海豚,而拒绝墨西哥的金枪鱼进入美国市场。

4. 市场调查困难

进行对外贸易,开拓国外市场,必须掌握市场动态,进行市场调查和分析,同时还要了解贸易对象的资信状况等。因国际市场大且多变,给市场调查带来了很大的困难。

5. 各国的货币与度量衡差别大

在国际贸易中,各国一般都采用浮动汇率制,而每日的汇价都在不停地变化,应采用何种货币计价来降低和避免外汇风险?不同的货币如何兑换?度量衡不一致如何换算?例如,计量单位"吨"就有三种理解:公吨、长吨、短吨。这些问题都增加了国际贸易的难度与复杂性。

(二)国际贸易风险比较大

在国际贸易中,自买卖双方接洽开始,要经过报价、还价、确认而后订约,直到履约的基本流程。在此期间将会出现各种各样的风险,主要表现在以下几个方面:

1. 信用风险

买卖双方的财务状况可能发生变化,有时甚至危及履约,出现信用风险。

2. 商业风险

因货样不符、交货期晚、单证不符等情况的出现,进口商往往拒收货物,从而给出口商造成商业风险。

3. 汇兑风险

交易双方如果以外币计价,在外汇汇率不断变化的情况下,如果信息不灵,就会出现汇兑风险。

4. 运输风险

国际贸易中货物运输里程一般都会超过国内贸易,在运输过程中可能会遇到各种自然灾害、意外事故和各种其他外来风险。

5. 价格风险

对外贸易多是大宗交易,贸易双方签约后,货价可能上涨或下跌,对买卖双方存在价格风险。

6. 政治风险

一些国家因政治变动,贸易政策法令不断修改,常常使经营贸易的厂商承担很多政治风险。

即学即思

除上面说的六种比较大的国际贸易风险外还有哪些风险?

(三)国际货物贸易交易环节多

在国际货物贸易中,交易过程的中间环节多,除了双方当事人外,还涉及中间商、代理商以及为货物贸易服务的相关部门,如商检、仓储、运输、保险、银行、车站、港口、海关等,若一个部门,一个环节出了差错,就会影响整笔交易的正常进行。

(四)国际贸易的市场竞争更加激烈

在国际货物贸易中,一直存在着争夺市场的激烈竞争,竞争的形式有的表现为价格竞争,有的表现为非价格竞争,竞争种类繁多,不胜枚举。在通信业发达的今天,国际、国内市场环境比较透明,竞争有时甚至达到了白热化的程度。

(五)对从事国际贸易的人才素质要求更高

从事国际贸易的人员不仅要精通外语,了解国外的政治、法律制度、风俗和文化、宗教等,而且还要具有良好的商业信誉,熟悉国际贸易惯例,掌握各种专业理论知识与基本技能,具有远大的眼光,善于交流,具备开拓创新的能力、驾驭市场的能力和善于应战与随机应变的能力,以及具备经营管理企业的能力。

（1）说一说新时期国际贸易的特点。
（2）新时期我国对外贸易有何特点？

二、国际贸易业务流程

在进出口业务中,尽管业务环节很多,但是各个环节之间均有密切的、内在的联系。无论是出口贸易还是进口贸易,它们的基本业务程序均可概括为以下三个阶段:准备阶段、磋商和订立合同阶段、履行合同阶段。

（一）出口贸易的基本流程

1. 出口交易前的准备

出口交易前的准备工作,主要包括下列事项:
（1）加强对国外市场与客户的调查研究,选择适销的目标市场和资信好的客户。
（2）制订出口商品经营方案或价格方案,以便在对外洽商交易时心中有数。
（3）组织货源、备货或制订出口商品的生产计划。
（4）开展多种形式的广告宣传和促销活动,必要时及时在目标市场进行商标注册。

2. 出口交易磋商和合同订立

外贸企业在与选定的国外客户建立业务关系以后,即可就出口交易的具体内容与对方进行实质性谈判,即交易磋商。磋商的内容主要是买卖货物的各项交易条件。交易磋商一般要经过询盘、发盘、还盘、接受等环节。除另有约定外,国际货物买卖合同于接受生效时即告订立。

3. 出口合同的履行

出口合同被有效订立以后,买卖双方根据合同规定,各自履行自己的义务。目前我国出口贸易中使用较多的是 FOB、CFR 或 CIF 条件,支付方式中比较复杂的是使用信用证支付。我国外贸企业在履行这类出口合同时,需要进行的工作主要有以下几项:
（1）准备货物,保证按时、按质、按量交付合同约定的货物。在备货过程中,在取得检验或检疫合格证书,或自行检验符合要求以后,才能对外装运出口。
（2）落实信用证,做好催证、审证和改证工作。
（3）及时租船订舱,安排装运,办理保险,及时办理出口报关手续。
（4）缮制、备妥有关单据,及时向银行交单结汇,收取货款。
（5）办理出口收汇核销和出口退税。

知识链接

出口贸易流程如图 3-1 所示。

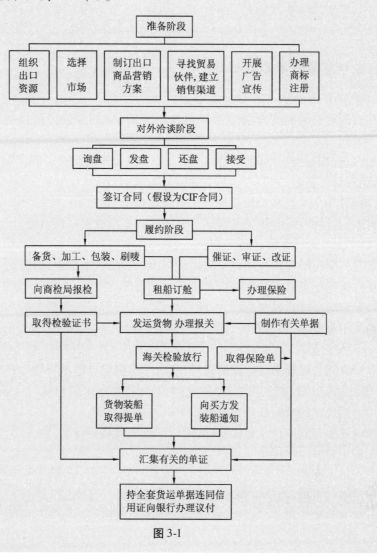

图 3-1

议一议

我国某出口企业以 CIF 条件(纽约)与美国某公司订立了 200 套家具的出口合同。合同规定某年 12 月交货。11 月底,我企业出口商品仓库发生雷击火灾,致使一半左右的出口家具被烧毁。我企业以发生不可抗力事故为由,要求免除交货责任,美方不同意,坚持要求我方按时交货。我方无奈经多方努力,于次年 1 月初交货,美方要求索赔。

根据以上资料分析：
(1) 我方要求免除交货责任的要求是否合理？为什么？
(2) 美方的索赔要求是否合理？为什么？

（二）进口贸易的基本流程

1. 进口交易前的准备

（1）在对国外市场和外商资信情况调查研究的基础上，选择适当的采购市场和供货对象。

（2）制订进口商品经营方案或价格方案，以便在对外洽商交易和采购商品时做好充分的准备，避免盲目行事。

此外，根据《中华人民共和国货物进出口管理条例》的规定，凡属限制进口的货物，进口经营者应视不同货物事先向相关主管部门办理进口配额或进口许可证。

2. 进口交易磋商和合同订立

进口贸易的交易磋商和合同订立的做法与出口贸易基本相同，但特别应做好比价工作，以便在与外商谈判中争取到对我国企业最有利的条件。

在通过发盘与接受达成交易后，一般还需要签订一份有一定格式的书面合同，如购货合同或购货确认书等。

3. 进口合同的履行

履行进口合同与履行出口合同的程序相反，工作侧重点也不一样。在进口贸易中，如果是按 FOB 条件和信用证付款方式订立的合同，其履行程序一般包括下列事项：

（1）按合同规定的时间和内容向银行申请开立信用证。
（2）及时租船订舱或订立运输合同，通知国外卖方装货日期，催促卖方备货装船。
（3）派船到对方口岸接运货物。
（4）办理货运保险。
（5）审核有关单据，在单证相符的情况下付款赎单。
（6）办理进口货物报关手续，接卸货物，并验收货物。

☞ 知识链接

进口贸易流程如图 3-2 所示。

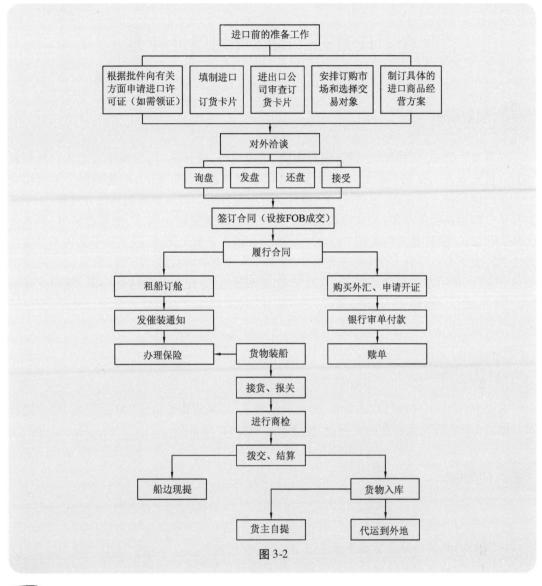

图 3-2

职业能力训练

甲公司委托乙公司进口设备一台,合同规定索赔期限为货到目的港后 60 天。当货到目的港卸船后,乙公司立即将设备运交甲公司,因甲公司厂房尚未完工,设备无法安装调试。半年后厂房建好,发现安装完毕的设备无法正常运转。经商检部门检验证明,该设备是改装的淘汰产品,于是甲公司要求乙公司对外索赔。但外商拒绝赔偿,甲公司遭受巨大经济损失。

问题:甲公司在此事件中应该吸取什么教训?

学习任务三 国际贸易单证种类

 引导案例

在日常生活中,买西瓜的时候,现看现挑,讨价还价,讲好选好,给钱抱瓜走人。外贸就不行。首先双方一般见不着面,也看不到货(可以看样品)。量又大,不管搁谁手里都得花一大笔的储藏费。路又远,运费贵——按外贸行业最便宜的海运集装箱运输方式算,一个集装箱从广州运到德国汉堡,光运费就上万。再加上国际贸易以中间商、批发商居多,香港商人从大陆采购,也许是卖到美国,这么一堆货物在世界上搬来搬去,成本算下来大米都要变黄金了。怎么办?干脆,货尽量不动,用一套文件作为货物的代表与象征,贸易商之间就倒卖这套文件,最后谁拿到这堆纸片,这批货物就算谁的,方便省钱。这样一来,货物在外贸中,基本上就在三点移动:出发地港口、远洋货轮、目的地港口。而代表货物的文件,则尽情折腾转手不碍事。

 案例提示

案例中,这套文件既然代表货物,那可就值钱了:如果货物价值1 000万美元,那么这叠纸片就值1 000万美元。在外贸行业,这叠纸片统称为"单证"。

 学习目标

1. 认知单证的概念和重要性。
2. 能把握单证工作的基本要求。
3. 会根据进出口业务程序对国际贸易单证进行分类。

一、单证的概念

单证是指在国际结算中应用的单据、文件与证书的统称,凭借它来处理国际买卖货物的交付、运输、保险、商检、报关、结汇等。狭义的单证指单据和信用证;广义的单证则指各种文件和凭证。

单证作为一种贸易文件,它的流转环节构成了贸易程序。单证工作贯穿于企业的外销、进货、运输、收汇的全过程,工作量大,时间性强,涉及面广,除了外贸企业内部各部门之间的协调外,还必须和银行、海关、交通运输部门、保险公司、商检机构、有关行政管理机关发生多方面的联系。环环相扣,相互影响,互为条件。

即学即思

国内某饲料生产企业采用凭单付汇结算方式从美国进口玉米50吨。如果你是该企业外贸业务员,负责这批货物的进口,你将要求对方提供哪些单据才予以付款?

二、单证工作的基本要求

单证工作应做到"三一致,五要求"。三一致:单证一致,单单一致,单货一致。五要求:正确、完整、及时、简洁、整洁。

(1)"正确"是单证工作的前提。它包括两个方面的内容:一方面要求各种单据必须做到"三相符"(即单据与信用证相符、单据与单据相符、单据与实际货物相符);另一方面要求各种单据必须符合有关国际惯例和进出口国有关法令和规定。在信用证业务中,单据的正确性要求精确到不能有一字之讹,同时还要求出口人出具的单据种类、份数和签署等必须与信用证的规定相符。

(2)"完整"是构成单证合法性的重要条件之一,是单证成为有价证券的基础。它包含三方面的内容:一是单据内容完整;二是单据种类完整;三是单据份数完整。

(3)"及时"是指进出口单证工作的时间性很强,必须紧紧掌握装运期、交单期、信用证的有效期及时出单。它包括两个方面的内容:一是各种单据的出单日期必须符合逻辑,如保险单、检验证的日期应早于提单的日期,而提单的日期不应晚于信用证规定的最迟装运期限,否则,就会造成单证不符;二是交单议付不得超过信用证规定的交单有效期。

(4)"简洁"是指单证的内容应力求简化。单证应按国际惯例填写,不要烦琐,以免节外生枝。

(5)"整洁"是指单证表面整洁、美观、大方,单证内容简洁明了。单证是否整洁,不但反映出制单人的业务熟练程度和工作态度,而且还会直接影响出单的效果。

三、单证的种类

(一) 合同(Contract)

合同是统称,买卖双方均可出具。如系卖方制作,可称为销售确认书(Sales Confirmation),买方出具则可称为采购确认书(Purchased Confirmation)。除了与国内销售合同相同的要素以外,还可以根据不同产品的特点附加条款。此外,正式的外贸合同,往往还有更详细的约定,比如信用证条件下的信用证开证要求,对各种不可抗力的规定等细则。

理论上,合同应该"一式两份,双方各执一份经签章的正本为凭",可在外贸实务中不大苛求照搬执行,一般的传真件也就行了,作为备忘录。更多的还是依靠商业信用,以及预付款、信用证等实质的把控手段。合同本身反倒显得不重要了。

☞ 知识链接

外贸合同 Contract

编号 No：
日期 Date：
签约地点 Signed at：
卖方 Sellers：
地址 Address： 邮政编码 Postal Code：
电话 Tel： 传真 Fax：
买方 Buyers：
地址 Address： 邮政编码：Postal Code：
电话 Tel： 传真 Fax：

买卖双方同意按下列条款由卖方出售，买方购进下列货物：
The sellers agree to sell and the buyers agree to buy the undermentioned goods on the terms and conditions stated below.

1 货号 Article No.：
2 品名及规格 Description&Specification：
3 数量 Quantity：
4 单价 Unit Price：
5 总值：
数量及总值均有____%的增减，由卖方决定。
Total Amount：
With ____% more or less both in amount and quantity allowed at the sellers option.
6 生产国和制造厂家 Country of Origin and Manufacturer
7 包装 Packing：
8 唛头 Shipping Marks：
9 装运期限 Time of Shipment：
10 装运口岸 Port of Loading：
11 目的口岸 Port of Destination：
12 保险：由卖方按发票金额110%投保至_____为止的_____险。
Insurance：To be effected by buyers for 110% of full invoice value covering _____ up to _____ only.
13 付款条件：
买方须于_____年____月____日将保兑的，不可撤销的，可转让可分割的即期信用证开到卖方。信用证议付有效期延至上列装运期后15天在中国到期，该信用证中必须注明允许分运及转运。
Payment：
By confirmed, irrevocable, transferable and divisible L/C to be available by sight draft to reach the sellers before ____/____/____ and to remain valid for negotiation in China until

15 days after the aforesaid time of shipment. The L/C must specify that transhipment and partial shipments are allowed.

14 单据 Documents：

15 装运条件 Terms of Shipment：

16 品质与数量、重量的异议与索赔 Quality/Quantity Discrepancy and Claim：

17 人力不可抗拒因素：

由于水灾、火灾、地震、干旱、战争或协议一方无法预见、控制、避免和克服的其他事件导致不能或暂时不能全部或部分履行本协议，该方不负责任。但是，受不可抗力事件影响的一方须尽快将发生的事件通知另一方，并在不可抗力事件发生15天内将有关机构出具的不可抗力事件的证明寄交对方。

Force Majeure：

Either party shall not be held responsible for failure or delay to perform all or any part of this agreement due to flood, fire, earthquake, draught, war or any other events which could not be predicted, controlled, avoided or overcome by the relative party. However, the party affected by the event of Force Majeure shall inform the other party of its occurrence in writing as soon as possible and thereafter send a certificate of the event issued by the relevant authorities to the other party within 15 days after its occurrence.

18 仲裁：

在履行协议过程中，如产生争议，双方应友好协商解决。若通过友好协商未能达成协议，则提交中国国际贸易促进委员会对外贸易仲裁委员会，根据该会仲裁程序暂行规定进行仲裁。该委员会决定是终局的，对双方均有约束力。仲裁费用，除另有规定外，由败诉一方负担。

Arbitration：

All disputes arising from the execution of this agreement shall be settled through friendly consultations. In case no settlement can be reached, the case in dispute shall then be submitted to the Foreign Trade Arbitration Commission of the China Council for the Promotion of International Trade for Arbitration in accordance with its Provisional Rules of Procedure. The decision made by this commission shall be regarded as final and binding upon both parties. Arbitration fees shall be borne by the losing party, unless otherwise awarded.

19 备注 Remark：

卖方　Sellers： 买方　Buyers：

签字　Signature： 签字　Signature：

（二）发票（Invoice）

发票或称商业发票（Commercial Invoice）。外贸的"发票"概念和国内的财务发票完全不同。外贸发票是出口商自己制作、出具的文件，用于说明此票货物的品名、数量、单价、总值等，以及其他一些说明货物情况的内容。发票格式不拘，但必须包括上述要素，并全名落款。发票必须注明一个发票号码(自己拟定),出票时间。可以按照需要一式几份,由若干正本和副本组成。发票的末端通常有 E.&O.E. 字样,意为"有错当查",即此份发票如有错漏允许更改。

☞ **知识链接**

正通国际贸易有限公司

ZHENGTONG INTER. TRADING CO. LTD

发 票

```
45B,XIWUDAOKOU,HAIDIAN
DISTRICT,BEIJING,100080     No:_____
P. R. CHINA    INVOICE    Date:_____
TEL:86-10-62047387
FAX:86-10-62575099
Accountee:_____
```

Shipped Per Steamer:_____
From _____ To _____
B/L No. _____ Contract No. ____ _____
Shipping Mark & Nos. _____

Description of Goods	Quantity	Unit Price	Amount

TOTAL:

JIAHE INTER. TRADING CO. LTD

45B,XIWUDAOKOU,HAIDIAN DISTRICT,

BEIJING,CHINA.

E.&O.E.

(三) 装箱单(Packing List)

装箱单与外贸发票对应,性质一样,主要用于说明货物的包装情况,如品名、数量、包装方式、毛重、体积等。视产品类别的需要还可以加上其他详细说明,如净重等。样式与发票相仿,只是不需要注明货物价值。通常也需要若干正本和副本。

(四) 提单(Bill of Loading)

提单就是货物交付货运公司以后,由货运公司出具的证明,用以代表物权,以及以其在目的地提货。提单是最核心单证,某种意义上就是货物的代表、货款的价值。根据运输方式的不同,分为空运提单(简称 AWB)和海运提单(简称 B/L)及其他。但实务中以海运提单最为常见,空运提单次之。

提单由货运公司根据发货人提供的发货人和收货人地址、目的地、货物描述等相关数据来填制,经发货人确认无误后签章出具。一般三正三副,任何一份正本均可提货。一经提货,其余两份即告失效。除了提单上的固定栏目外,海运提单在签发的时候还必须加注"上船时间"(on Board Date)字样,这是计算实际交货期的标准。

☞ **知识链接**

提单 BILL OF LOADING

1) SHIPPER		10) B/L NO.
2) CONSIGNEE		CARRIER C O S C O 中国远洋运输(集团)总公司 CHINA OCEAN SHIPPING(GROUP)CO. **ORIGINAL** Combined Transport BILL OF LADING
3) NOTIFY PARTY		
4) PLACE OF PECEIPT	5) OCEAN VESSEL	
6) VOYAGE NO.	7) PORT OF LOADING	
8) PORT OF DISCHARGE	9) PLACE OF DELIVERY	

11) MARKS   12) NOS.&KINDS OF PKGS   13) DESCRIPTION OF GOODS   14) G.W.(kg) 15) MEAS(m³)

16) TOTAL NUMBER OF CONTAINERS OR PACKAGES(IN WORDS)

FREICHT & CHARGES	REVENUE TONS	RATE	PER	PREPAID	COLLECT

PREPAID AT	PAYABLE AT	17) PLACE AND DATE OF ISSUE
TOTAL PREPAID	18) NUMBER OF ORIGINAL B(S)L	21)
LOADING BOARD THE VESSEL 19) DATE 20) BY		

（五）装船通知（Shipping Advice）

装船通知是船开前或不迟于船开当日，由发货人出具给收货人的装船情况通知。格式不限，但应包括下列内容：收货人（Consignee）、发货人（Consigner）、货物名（Goods）、提单号（B/L Number）、集装箱/铅封号（Container/Seal Number）、船名（Vessel Name）、航次（Voyage）、目的港（Destination Port）、起航日（ETD，Estimated）和预计抵达日（ETA，Estimated Time of Arrival）等项目。

（六）保险单（Insurance Policy）

为防范国际货物运输中可能发生的毁损，对一些价值较高的货物，贸易商通常会办理保险。

保险公司根据投保的险种开具保险单，作为货物单据之一。

> **案例**
>
> 有一份FOB合同，买方已向保险公司投保一切险，货物从卖方仓库运往装运码头途中发生承保范围内的风险损失，事后卖方以保险为一切险，要求保险公司赔偿，但遭拒绝，后来卖方又请买方以买方的名义凭保单向保险公司索赔，但同样遭到拒绝。
>
> 请根据所掌握的有关知识，对上述案例做出判断并分析原因。

（七）商检证、质量证、重量证、卫生证等（Certificate of Commodity Inspection, Quality, Weight, Sanitary ...）

根据国家规定或按照客户需求、行业习惯，部分商品出口必须经过国家质量监督检验检疫局强制检验并出具检验证书。根据检验项目的不同分为质量证、重量证、卫生证等。

实际上，很多商品的常规检验都包含了质量、重量、卫生、重金属等检测项目，至于检验证书的名称是什么，则可根据客户的要求选择。即证书内容一样，标题不同罢了。

（八）原产地证

原产地证包括一般原产地证（Certificate of Origin）和普惠制原产地证（GSP FORM A）。原产地证是证明出口货物生产或制造地的证明文件，是出口产品进入国际贸易领域的"身份证"。货物进口国据此对进口货物给予不同的关税待遇和决定限制与否。我国的原产地证有固定印刷格式，一般由商检局出具。

普惠制产地证是依据给惠国要求而出具的能证明出口货物原产自受惠国的证明文件，并能使货物在给惠国享受普遍优惠关税待遇。同样一般由商检局出具。

原产地证和普惠制产地证，也可以由各地的贸易促进会和商会出具，格式一样，只是盖章不同。

☞ **知识链接**

原产地证书（正本）

1. 出口商的名称、地址、国家	证书号： 中华人民共和国政府和新西兰政府自由贸易协定 原产地证书 签发国_____ （填制方法详见证书背页说明）
2. 生产商的名称、地址（在已知情况下）	
3. 收货人的名称、地址、国家	
4. 运输方式及路线（就所知而言） 离港日期 船只/飞机/火车/货车编号 装货口岸 到货口岸	5. 供官方使用 □ 可以享受_____自由贸易协定优惠待遇 □ 不能享受_____自由贸易协定优惠待遇 理由： .... 进口国官方机构的授权人签字
	6. 备注
7. 项目号（最多20项）	8. 唛头及包装号	9. 包装数量及种类；商品名称	10. HS 编码（以六位数编码为准）	11. 原产地标准	12. 毛重、数量（数量单位）或其他计量单位（升、立方米等）	13. 发票号、发票日期及发票价格
14. 出口商申明 下列签字人证明上述资料及申明正确无误，所有货物产自 （国家） 且符合自由贸易协定原产地规则的相关规定。该货物出口至 （进口国） 申报地点、日期及授权签字人的签字	15. 证明 根据所实施的监管，兹证明上述信息正确无误，且所述货物符合《中华人民共和国政府和新西兰政府自由贸易协定》原产地要求。 地点、日期、签字及授权机构印章

（九）出口收汇核销单

出口收汇核销单是由国家外汇管理局统一分配的外汇收入申报管理单据。在出口前，先向外管局领取，按格式填好后作为出口报关单据之一交给海关，海关清关后盖章退回。在收到国外付款后，连同银行收汇水单一并交到外汇管理局办理核销，然后才能办理退税。

（十）进出口货物报关单

进出口货物报关单在进出口报关时填制并提交海关。不过目前除大型外贸公司或出口企业外，众多出口商一般委托货运代理公司一并代理报关事宜。

知识链接

进口货物报关单

预录入编号：　　　　　　　　　海关编号：

进口口岸*	备案号		进口日期*	申报日期
经营单位	运输方式		运输工具名称	提运单号
收货单位*	贸易方式		征免性质	征税比例*
许可证号	起运国（地区）*		装货港*	境内目的地*
批准文号	成交方式	运费	保费	杂费
合同协议号	件数	包装种类	毛重（千克）	净重（千克）
集装箱号	随附单据		用途*	
标记唛码及备注				
项号 商品编号 商品名称 规格型号 数量及单位 原产国（地区）* 单价 总价 币制 征免				
税费征收情况				
录入员 录入单位	兹声明以上申报无讹并承担法律责任		海关审单批注及放行日期（签章）	
报关员			审单　　　审价	
单位地址	申报单位（签章）		征税　　　统计	
邮编　　　电话				

（十一）信用证

以信用证为结算方式的，在信用证开出并抵达出口商（信用证受益人）的银行后，银行会做通知，并将信用证连同通知转交出口商。（本部分内容在项目五中详细介绍）

此外，在实务中偶然还会见到其他的单据，例如：

（1）海关发票（Customs Invoice）。海关发票是出口商应进口商海关要求出具的一种单据，基本内容同普通的商业发票类似，其格式一般由进口国海关统一制定，可在各国海关的官方网站上下载。

（2）领事发票（Consular Invoice）。领事发票是由进口国驻出口国的领事出具的一种特别印制的发票。这种发票证明出口货物的详细情况，进口国用其防止外国商品的低价倾销，同时可用作进口税计算的依据，有助于货物顺利通过进口国海关。

（3）汇票（Draft）。汇票是由出票人签发的，要求付款人在见票时或在一定期限内向收款人或持票人无条件支付一定款项的票据。汇票是国际结算中使用最广泛的一种信用工具。

根据下面制单背景材料填制进口货物报关单：
(1) 经营单位及收货单位：宁波靓丽制衣有限公司(3320910588)。
(2) 贸易方式：一般贸易(0110)。
(3) 装运：2008年11月20日由花桥号船从日本大阪到宁波港。
(4) 合约号：KC209689。
(5) 产品名称：尼龙布(39156000)。
(6) 数量：500 000件。
(7) 净重：2 060千克。
(8) 毛重：2 260千克。
(9) 价格：USD0.25/件。
(10) 总价格：USD125 000.00。
(11) 付款方式：信用证支付。

项目二　商品品质、数量与包装的技术

学习任务一　商品品质与数量

引导案例

出口合同规定的商品为"手工制造书写纸"。买主收到货物后，经检验发现该货物部分工序为机械操作，而我方提供的所有单据均表示为手工制造，按该国法律应属"不正当表示"和"过大宣传"。商品遭用户退货，致使进口人蒙受巨大损失，要求我方赔偿。我方拒赔，主要理由有：(1) 该商品的生产工序基本上是手工操作，在关键工序上完全采用手工制造；按本国行业习惯均表示为手工制造。(2) 该笔交易是经买方当面先看样品成交的，而实际货物质量又与样品一致，因此应认为该货物与双方约定的品质相符。

本案例合同中约定采用"手工制造"商品制造方法表示商品品质，是属于"凭说明买卖"的一种表示方法。从各国法律和公约来看，凭说明约定商品品质，卖方所交商品的品质与合

同说明不符,则买方有权撤销合同并要求损害赔偿。本案中我方从根本上违反了买卖双方在合同中约定的品质说明,从而构成卖方的违约行为,应承担所交货物与合同说明不符的责任。同时,贸易中如果采用样品表示商品质量需要在合同中明示或默示地做出具体规定,而本案的合同中没有明确表示双方是采用样品成交,所以我方所说的交易货物与样品一致不能称为拒赔理由。

结果:经中国国际贸易促进委员会有关人士调解,双方取得谅解,中方赔偿部分损失。

学习目标

1. 认知品质条款的表示方法。
2. 能合理运用品质条款,规避品质条款中的各种陷阱。
3. 认知商品数量条款中的各式计重单位并能合理利用。
4. 认知商品数量的重量计量方法。
5. 能合理运用数量条款,规避数量条款中的各种陷阱。

一、商品的品质(Quality of Goods)

(一)商品品质的含义

商品的品质即商品的外观形态和内在品质的综合。外观形态指商品的外形、色泽、款式和透明度等,如商品的大小、长短、造型、款式、色泽、味觉等;内在品质指商品的物理性能、机械性能、化学成分、生物特征、技术指标等,如纺织品的色牢度、防水性能,机械商品的精密度,肉禽类商品的各种菌类含量等。

买卖双方在进行交易时,不仅要明确商品的名称,还要规定它的具体品质,否则就像引导案例中那样,无从肯定买卖合同的物质基础,交易也就无法进行。

(二)商品品质的表示方法

1. 凭实物样品表示商品品质

(1)看货买卖(Sale by Actual Quality)。这是一种买卖双方根据成交货物的实际品质进行交易的方式。现实交易中,看货买卖一般多用于拍卖、展卖、寄卖等贸易中,如珠宝、首饰、字画等交易。

(2)凭样品买卖(Sale by Sample)。这是指买卖双方在洽商时,由其中某一方提供少量足以代表商品品质的实物作为样品,并以此作为交货依据的方式。凭样品买卖的交易步骤如表3-1所示。

表3-1 凭样品买卖的交易步骤

分 类	概 念	具体交易步骤
凭卖方样品买卖 (Sale by Seller's Sample)	在双方交易中,以卖方提供的样品作为货物交付依据	卖方提供样品→卖方留样,并封样→买方确认→依样交易
凭买方样品买卖 (Sale by Buyer's Sample)	在双方交易中,以买方提供的样品作为货物交付依据	买方提供样品→卖方依样承制→依样交易
凭对等样品买卖 (Sale by Counter's Sample)	在双方交易中,卖方收到买方提供的样品之后根据来样复制或从现有货物中选择品质相近的产品作为样品提交买方确认过的回样,亦称为对等样品,并以此作为货物交付依据	买方提供样品→卖方仿制样品→买方确认卖方仿制的样品(对等样品)→依样交易

议一议

在国际贸易中,买卖双方到底采用哪种样品买卖对自己更加有利呢?

案例

我方与越南某客商凭样品达成一笔出口镰刀的交易。合同中规定复验有效期为货物到达目的港后的60天。货物到目的港经越商复验后,未提出任何异议。但事隔半年,越商来电称:镰刀全部生锈,只能降价出售,越商因此要求我方按成交价格的40%赔偿其损失。我方接电后立即查看我方留存的复样,也发现类似情况。

问题:我方应否同意对方的要求?为什么?

2. 凭说明表示商品品质

(1) 凭规格买卖(Sale by Specification)。规格是用来反映商品品质的若干主要指标,用规格确定商品品质,作为交货依据的交易称为凭规格买卖。如化学成分、含量、纯度、性能、大小、容量、长短、粗细等都是常用的一些规格指标。这是国际贸易中被广泛采用的一种品质表示方法。

例如,复方西瓜霜成分:西瓜霜50%,射干6%,甘草16.8%,川贝母15%,广豆根6%,薄荷0.2%,青黛6%。

(2) 凭等级买卖(Sale by Grade)。以商品的等级表示商品品质的交易称为凭等级买卖。商品的等级指同一类商品,按其质地的差异,或尺寸、形状、重量、成分、构造、效能等的不同,用文字、数字或符号所做的分类。如特级(Special Grade)、一级(First Grade)、二级(Second Grade),大号(Large)、中号(Medium)、小号(Small)等。这类方法在生丝、橡胶、羊毛、棉花等商品交易中经常被采用。

例如羊角大椒干：

	颜色	水分 （最高）	黄梢 （最高）	虫蛀 （最高）	破碎掉把 （最高）
一等	紫红	22%	2%	3%	5%
二等	紫红	22%	5%	5%	10%
三等	紫红	25%	10%	10%	20%

（3）凭标准买卖（Sale by Standard）。商品的标准是政府机构或商业团体统一制定和公布的规格或等级。以标准表示商品品质的交易称为凭标准买卖。

在国际贸易中，商品标准一般由国际标准化组织制定，如现行的ISO9000质量管理和质量保证系列标准以及ISO14000环境管理系列标准。而对于某些品质变化较大，难以规定统一标准的农副产品，往往采用"良好平均品质"（Fair Average Quality，FAQ）和"上好可销品质"（Good Merchantable Quality，GMQ）来区分品质。

☞ 知识链接

国际标准化组织

国际标准化组织（International Standardization Organization）简称ISO，是世界上最大的非政府性标准化专门机构，是国际标准化领域中一个十分重要的组织。ISO的任务是促进全球范围内的标准化及其有关活动，以利于国际间产品与服务的交流，以及在知识、科学、技术和经济活动中发展国际间的相互合作。

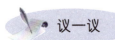

请上网查一下在国际贸易中还有哪些通行的行业标准。

（4）凭品牌或商标买卖（Sale by Brand or Trade Mark）。品牌是工商企业给自己制造或销售的产品所冠的名称。商标是用于区别商品或者服务来源，由文字、图形、字母、数字、三维标志、颜色组成，或者上述要素的组合，具有显著特征的标志。人们在交易中以商标或品牌来区别商品品质的交易称为凭品牌或商标买卖。

议一议

下列分别是哪种品牌或商标？

（5）凭产地名称买卖（Sale by Name of Origin）。在国际贸易中，双方在交易中以产地名称来表示商品品质的交易称为凭产地名称交易。有些地区的产品，特别是一些传统农副产品,具有独特的加工工艺,在国际上享有盛誉,得到市场认可,因此在交易中,仅凭产地就可以说明其品质水平。例如:东北大豆、涪陵榨菜、杭州丝绸、山东大蒜,等等。

(6)凭说明书和图样买卖(Sale by Descriptions and Illustrations)。在国际贸易中,有些机、电、仪等技术密集型产品,因其结构复杂,对材料和设计的要求严格,很难用几个指标来说明品质全貌,一般附有说明书或图纸、图样等文件来说明具体的性能和结构特征。按这种方式进行的交易,就被称为凭说明书和图样买卖。

案例

韩国 KM 公司向我国 BR 土畜产公司订购大蒜 650 公吨,双方当事人几经磋商最终达成了交易。但在缮制合同时,由于山东胶东半岛地区是大蒜的主要产区,通常我国公司都以此为大蒜货源基地,所以 BR 公司就按惯例在合同品名条款中打上了"山东大蒜"。可是在临近履行合同时,大蒜产地由于自然灾害导致歉收,货源紧张,BR 公司紧急从其他省份征购,最终按时交货。但 KM 公司来电称,所交货物与合同规定不符,要求 BR 公司做出选择,要么提供山东大蒜,要么降价,否则将撤销合同并提出贸易赔偿。

问题:
1. 在该案例中交易双方采用了哪种方式表示商品的品质?
2. KM 公司的要求是否合理?请评述此案。

(三)品质条款的规定

1. 品质的机动幅度条款和品质公差

品质机动幅度是指对特定品质指标在一定幅度内可以机动,具体方法有规定范围、极限和上下差异三种。

例如,阳澄湖大闸蟹:

规定范围: 每只 195/205 克
规定极值: 每只 200 克以上
规定上下差异: 每只 200 克,允许上下变动 2%

品质公差是指国际上行业公认的允许产品品质出现的误差。

议一议

如果你经营小龙虾出口业务,你在签订品质条款时会选择哪种方式?又会设置哪些机动幅度条款?

2. 表示品质的方法运用正确

品质条款的内容要简单、具体、明确,能用一种方法表示品质的,一般不要用两种或两种以上的方法来表示,应避免使用"大约""左右""合理误差"等不能分清责任又不方便检查的字眼。

3. 品质条款要有科学性和合理性

签订品质条款时要充分考虑到商品的具体要求以及品质指标之间的内在联系,品质指标必须符合实际情况,不能订得过高,也不能订得过低。

案例

我国某公司出口纺织原料一批,合同规定水分最高15%,杂质不超过3%,但在成交前曾向买方寄过样品,订约后,我方又电告对方成交货物与样品相似。货到后,买方提出货物的质量比样品低7%的检验证明,并要求我方赔偿损失。

问题:
1. 我方在交易时,对品质条款的处理是否有不当之处? 如果有,分别是哪些地方?
2. 我方是否应该赔偿?

二、商品的数量(Quantity of Goods)

(一)商品数量的含义

在国际贸易中,构成有效合同的必备条件除了商品品质以外,还有商品的数量。商品的数量是指用一定的度量衡制度表示出的商品的重量、个数、长度、面积、容积等的量。商品的数量不仅仅决定着交易的金额,还受到进口国政府的一些配额限制,当交易数量和合同数量不相符时,买方还有权提出索赔,甚至拒收货物。

(二)商品数量的计量单位

1. 国际贸易中的度量衡制度

目前,常用的度量衡制度有公制、英制、美制及国际单位制(如表3-2所示)。

表3-2 常用的度量衡制度

类 别	具 体 要 求
公制 (The Metric System)	基本单位为千克和米。采用十进位制,换算方便,使用较多
国际单位制 (The International System)	是国际标准计量组织在公制基础上制定公布的。其基本单位包括千克、米、秒、摩尔、坎德拉、安培和开尔文等七种。是我国的法定计量单位
英制 (The british System)	基本单位为磅和码。为英联邦国家所采用,而英国因加入欧盟,在一体化进程中已宣布放弃英制,采用公制
美制 (The U. S. System)	基本单位和英制相同,为磅和码,但有个别派生单位不一致。如英制为长吨等于2 200磅,而美制为短吨等于2 000磅。此外容积单位加仑和蒲式耳,英美制名称相同,大小不同

2. 计量单位的确定方法

国际贸易中的计量单位往往随着商品的性质不同而不尽相同,主要有以下六种(如表3-3所示)。

表 3-3　国际贸易中主要的计量单位

类别	举　　例	适用商品
重量单位	克、千克、公吨、长吨、短吨、磅等	天然产品、工业制成品等
长度单位	米、厘米、码、英尺等	纺织品、绳索、电线电缆等
个数单位	只、件、双、打、罗、令、卷、箱、桶等	活牲畜、鞋帽、玩具等
面积单位	平方米、平方码、平方英尺等	木板、玻璃板、地毯、皮革等
体积单位	立方米、立方英尺、立方码等	木材、化学气体、天然气等
容积单位	公升、加仑、蒲式耳等	小麦、玉米、煤油、汽油、酒精等

由于各计量单位存在差异，因此，同一计量单位表示的实际数量有时也会有很大不同，需要在交易过程中特别注意。

例如，重量单位吨，有公吨、长吨、短吨之分。

1 公吨 = 1 000 千克

1 长吨 = 1 016 千克

1 短吨 = 907.2 千克

做一做　议一议

1. 克与磅、米与码、英尺之间如何换算？
2. 在国际贸易中钻石、黄金使用什么计量单位？

（二）重量的计量方法

1. 毛重（Gross Weight）

毛重是指商品本身的重量加包装物的重量。这种计重办法一般适用于低值商品。

2. 净重（Net Weight）

净重是指商品本身的重量，即毛重除去皮重的商品实际重量。《联合国国际货物销售合同公约》规定，如果合同中未订明商品重量的计算办法，按惯例即以净重计。国际上计量皮重的方法也有很多，主要有按实际皮重、按平均皮重、按习惯皮重、按约定皮重等。

3. 公量（Conditioned Weight）

有些商品，如棉花、羊毛、生丝等有比较强的吸湿性，所含的水分受客观环境的影响较大，其重量也就很不稳定。为了准确计算这类商品的重量，国际上通常采用按公量计算，其计算方法是以商品的干净重（即烘去商品水分后的重量）加上国际公定回潮率与干净重的乘积所得出的重量，即为公量。公量的计算公式有下列两种：

公量 = 商品净重 × (1 + 公定回潮率)

公量 = 商品实际重量 × (1 + 公定回潮率)/(1 + 实际回潮率)

做一做

内蒙古某公司向韩国出口10公吨羊毛,标准回潮率为11%,经抽样证明10公斤纯羊毛用科学方法抽干水后为净重8公斤干羊毛,求该批货物的公量。

4. 理论重量(Theoretical Weight)

理论重量是从商品的规格中推算出的重量。单件重量乘以件数得出总重量,主要用于某些有固定和统一规格的货物,其形状规则,密度均匀,每一件的重量大致相同,如钢板、马口铁等。

5. 法定重量(Legal Weight)

法定重量 = 纯商品的重量 + 内包装的重量

(三) 数量条款的规定

1. 条款要明确、具体

为了避免不必要的贸易纠纷,进出口合同中的数量条款应当明确具体。如"大约""左右"等模糊词不宜出现。

2. 明确计量方法

按重量成交的商品应规定计量重量的方法,合同中如未规定重量的计算方法,一般按净重计算。按件数成交的商品,其数量应与包装件数相匹配。

> **案例**
>
> 我国某出口公司与某国进口商按每公吨500美元的FOB价格(大连)成交某农产品200公吨,合同规定包装条件为每25千克双线新麻袋装,信用证付款方式。该公司凭证装运出口并办妥了结汇手续。事后对方来电称,该公司所交货物扣除皮重后实际到货不足200公吨,要求按净重计算价格,退回因短量多收的货款。我公司则以合同未规定按净重计价为由拒绝退款。
>
> 问题:对方公司的做法是否可行?并说明理由。

3. 明确机动幅度

在实际履行合同的过程中,有的商品如玉米、小麦、煤炭等大宗农副产品、矿产品及某些工业制成品,由于成交数量大,计量不易精确,买卖双方可在合同中明文规定允许卖方多交或少交合同数量的百分之几,这也称为溢短装条款。使用机动幅度时要注意机动数量商品的单价一般按合同单价计算,需要另行计算的要在合同中注明。

> **案例**
>
> 某公司定购钢板400 m/t,计6英尺、8英尺、10英尺、12英尺四种规格各100 m/t,并附每种数量可增减5%的溢短装条款,由卖方决定。今卖方交货为:6英尺,70 m/t;8英尺,80 m/t;10英尺,60 m/t;12英尺,210 m/t。总量未超过420 m/t的溢短装上限的规定。
>
> 问题:对于出口商按实际装运数量出具的跟单汇票,进口商是否有权拒收拒付?

职业能力训练

某进出口公司向国外某公司出口一批大豆,合同中规定数量为1 200吨,可有5%的伸缩,多交部分按合同价格计算金额,商品的合同价格为6 000元/吨。合同订立后,大豆价格一直看涨,到出货时已经涨到6 200元/吨。

（1）卖方在出货时可以装载量的上限和下限分别是多少?

（2）如果你是卖家,你会装载多少大豆?最终的交易金额会是多少?为什么?

学习任务二　商品包装

上海出口公司A与香港公司B成交自行车1 000辆,由A缮制合同一式两份,其中包装条款规定为"packed in wooden case"(木箱装)。将此合同寄至B方,然后由B签回。B签回的合同上于原包装条款后加"C. K. D"字样,但未引起A公司注意。此后,B公司按合同开证,A公司凭信用证规定制单结汇完毕。货到目的港。B发现是整辆自行车箱装,由于自行车整辆进口需要多交纳20%进口税,因此,拒收货物并要求退还货物。卖方此时才意识到C. K. D.是指"completely knocked down(完全拆散)"。

案例中,卖方忽略C. K. D.,造成实际装载与合同不符,有不可推卸的责任。按照国际惯例,虽然卖方已经结汇,但是买方依然有拒收货物的权利。

结果:A公司认赔。

1. 能合理选择运输包装方式。
2. 能合理选择销售包装方式。
3. 认知包装的各种标志和条形码。
4. 认知中性包装和定牌包装。
5. 能规避包装条款中的各种陷阱。

一、商品的包装

包装条款是国际货物买卖合同中的重要交易条件。好的包装不仅能够起到保护商品、美化商品、宣传商品的作用,而且还能在方便储存、运输、销售、使用和促进商品增值上起到不可忽略的作用。按照一些国家的法律解释,如果一方违反了所约定的包装条件,另一方有权提出索赔,甚至可以拒收货物。

(一)运输包装(Shipping Packing)

在国际贸易中,人们习惯把包装中以运输储运为主要目的的包装称之为运输包装,又称为外包装。主要分为以下两种:

1. 单件运输包装

单件运输包装是指货物在运输过程中作为一个计件单位的包装。按包装造型不同分为箱、桶、袋、包等。按包装用料不同分为纸质、木质和金属质包装等。

2. 集合运输包装

集合运输包装是在单件包装的基础上,把若干单件组合成一件大包装,以适应港口机械化作业的要求。集合包装能更好地保护商品,提高装卸效率,节省运输费用。常见的集合包装方式有集装箱、托盘和集装袋。

> **知识链接**
>
> 集装箱(Container):指有标准尺度和强度、专供运输业务中周转使用的大型装货箱,如图3-3所示。
>
> 托盘(Pallet):用于集装、堆放、搬运和运输的放置作为单元负荷的货物和制品的水平平台装置,如图3-4所示。
>
> 集装袋(Flexible Container):是集装单元器具的一种,配以起重机或叉车,就可以实现集装单元化运输,如图3-5所示。

图 3-3
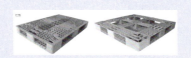
图 3-4

图 3-5

(二)销售包装(Sale Packing)

销售包装又称内包装或小包装,是直接接触商品并随商品进入零售网点,和消费者或用户直接见面的包装。主要形式有便于陈列展览的展开式、推选式、悬挂式包装;便于识别商品的透明式、开窗式包装;便于携带和使用的易开式、携带式、喷雾式包装;还有有利于增加销售的配套式、礼品式包装。

1. 包装画面

销售包装的画面要美观大方,富有艺术上的吸引力,并突出商品特点,图案和色彩应适应有关国家的民族习惯和爱好,在设计画面时,应投其所好,以利扩大销售。

2. 说明文字

在销售包装上应有必要的文字说明,如商标、品名、产地、数量、规格、成分、用途和使用方法等,文字说明要同画面紧密结合,互相衬托,彼此补充,以达到宣传和促销的目的,使用的文字必须简明扼要,并让销售市场的顾客能看懂,必要时也可以中外文同时并用。

3. 条形码

商品包装上的条形码由一组带有数字的黑白及粗细间隔不等的平行条纹所组成,这是利用光电扫描阅读设备为计算机输入数据的特殊的代码语言(如图3-6 所示)。目前国际上通行的条形码主要有两种:一种是美国统一代码委员会编制的 UPC 条码;另一种是国际物品编码协会编制的 EAN 条码。

图3-6

> 在荷兰某一超级市场上有黄色竹制罐装的茶叶一批,罐的一面刻有"中国茶叶"四字,另一面印有我国古装仕女图,非常精美,颇具民族特点,但是却少人问津!请问为什么?

二、包装标志

1. 运输标志

运输标志又称唛头(Shipping Mark),它通常是由一个简单的几何图形和一些英文字母、数字及简单的文字组成,其作用在于使货物在装卸、运输、保管过程中容易被有关人员识别,以防错发错运。主要内容包括:

(1) 目的地的名称或代号;

(2) 收发货人的名称、代号或缩写;

(3) 参考号,如运单号、订单号和发票号;

(4) 件号,每件货物的顺序号和总件数均需标上。

2. 指示性标志(Indicative Mark)

根据商品的特性提出应注意的事项,在商品的外包装上用醒目的图形或文字表示的标志称为指示性标志。常用的标志如图3-4 所示。

表3-4 商品包装常用标志

标志名称	标志图形	含 义
易碎物品		运输包装件内装易碎品,因此搬运时应小心轻放

续表

标志名称	标志图形	含义
禁用手钩		搬运运输包装时禁用手钩
向上		表明运输包装件的正确位置是竖直向上
怕晒		表明运输包装件不能直接照射
怕辐射		包装物品一旦受辐射便会完全变质或损坏
怕雨		包装件怕雨淋
禁止堆码		该包装件不能堆码并且其上也不能放置其他负载
禁止翻滚		不能翻滚运输包装

3. 警告性标志(Warning Mark)

警告性标志又称危险品标志,是指在易燃品、爆炸品、有毒品、腐蚀性物品、放射性物品的运输包装上标明其危险性质的文字或图形说明。常用的警告性标志如图3-7所示。

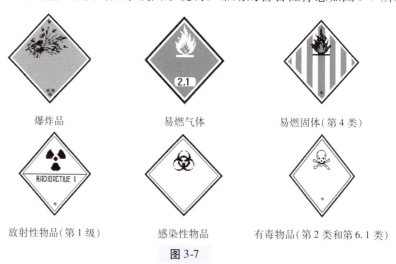

图 3-7

三、定牌包装、中性包装

（一）定牌包装

定牌包装就是买方要求卖方在出口商品的包装上使用买方指定的牌名或商标的做法。这种方式下买方可以树立自己的品牌、控制价格并扩大市场；卖方可以利用买方的品牌效应扩大销量。但是交易过程中要注意买方的品牌是否涉及侵权，合同中应注明如果侵权，责任在买方。

（二）中性包装

中性包装是指商品和内外包装上均无生产国别和生产厂商名称。常用的中性包装有两种：一是无牌中性包装，这种包装既无生产国别、地名、厂名，也无商标牌号；二是有牌中性包装，这种包装不注明商品生产国别、地名、厂名，但要注明买方指定商标或牌号。

案例

2002年世界杯期间，日本一进口商为了促销运动饮料，向中国出口商订购T恤衫，要求以红色为底色，并印制"韩日世界杯"字样，此外不需印制任何标志，以在世界杯期间作为促销手段随饮料销售赠送现场球迷。合同规定2002年5月20日为最后装运期，我方组织生产后于5月25日将货物按质按量装运出港，并备齐所有单据向银行议付货款。然而货到时由于日本队止步于16强，日方估计到可能的积压损失，以单证不符为由拒绝赎单，在多次协商无效的情况下，我方只能将货物运回以在国内销售减少损失，但是在货物途经海关时，海关认为由于"韩日世界杯"字样及英文标志的知识产权为国际足联所持有，而我方外贸公司不能出具真实有效的商业使用权证明文件，因此海关以侵犯知识产权为由扣留并销毁了这一批T恤衫。

请分析海关的处理是否正确。

菲律宾客户与上海某自行车厂洽谈进口"永久牌"自行车10 000辆，但要求我方改用"剑"牌商标，并在包装上不得注明"made in china"字样。买方为何提出这种要求？我方能否接受？为什么？

四、包装条款的规定

（一）包装要求要明确、具体

为了避免不必要的贸易纠纷，进出口合同中的包装条款不宜笼统，一定要明确、具体。

例如"适合海运包装"(Seaworthy Packing)、"习惯包装"(Customary Packing)和"卖方惯用包装"(Sellers Usual Packing)之类的术语不宜出现。

（二）包装费用要落实

出口货物的包装通常由卖方提供，包装费用一般包括在货价之内，不单独计价。当买方有特殊要求的，可以单独计价，但要在合同条款中注明费用承担。

（三）包装运输标志要落实

包装运输的标志一般由卖方决定，但如果买方要求提供，则需在合同中订明样式、内容及提供期限，过期不提供，卖方可自行决定。

（四）注意特殊要求和风俗习惯

各国对包装的要求越来越严格，有的国家不允许使用玻璃和陶瓷作包装材料，有的国家禁止使用稻草、报纸作衬垫等，同时，还要符合各国的风俗习惯。

职业能力训练

我方某进出口公司对外出口鱿鱼丝2吨，合同规定纸箱装，每箱20千克（内装200小包，每包200克）。交货时，由于此种包装的包装袋短缺，于是换成每包1千克的大包装，每箱20包，每箱的总重量还是20千克。对方查验货物时，发现包装不符，便电告我方以包装不符为由，拒绝付款，并要求赔偿损失。

问题：
（1）我方的做法是否妥当，为什么？
（2）对方的做法是否合理，为什么？

项目三　贸易术语和商品价格的技术

学习任务一　贸易术语

引导案例

我国某公司以CFR条件出口一批陶瓷制品。我方将货物按期装运港口装船后，即将有关单据通过银行寄交买方，并要求买方支付货款。事后，业务人员突然发现，由于业务繁忙，忘记向买方发出装船通知，而此时，买方来电称："由于你方未发装船通知，致使我方无法投保,现货轮已罹难,该批货损应由你方负担并赔偿我方利润以及费用损失。"我方以货物越过船舷风险由买方承担为由,拒绝索赔。试问:该货物的损失责任应由谁承担?为什么?

该货物的损失责任应由卖方承担。因为,在 CFR 条件成交的情况下,租船订舱和办理投保手续分别由卖方和买方办理。因此,卖方在装船完毕后应及时向买方发出装运通知,以便买方办理投保手续,否则,由此产生的风险应有卖方承担。

1. 认知贸易术语概念。
2. 能把握贸易术语解释的主要国际惯例。
3. 会根据贸易术语的特点及其在交货地点、风险、责任、费用方面的划分,明确买卖双方的责任与义务。

在国际贸易中,价格谈判是买卖双方交易磋商的核心,买卖双方在交易磋商和合同订立过程中,价格条款包括贸易术语是国际货物买卖合同中不可缺少的核心内容。因此,掌握国际贸易术语及其惯例,对于确定价格和明确双方各自承担的风险、责任和费用具有重要意义。

一、贸易术语的含义和作用

(一) 贸易术语(Trade Terms)

贸易术语又称价格术语或交货条件,它是用一个简短的概念或三个字母的缩写来说明价格的构成及买卖双方有关责任、费用和风险的划分,以确定买卖双方在交接货物过程中应尽的责任和义务。例如,"装运港船上交货"或用英文字母表示的"FOB",就具有特定的责任、费用和风险的归属要求。

"责任"是指因交货地点不同而产生的租船订舱、装货、卸货、投保、申请进出口许可、报关等项事宜;"费用"是指因货物的移动而产生的运杂费、保险费、仓储费、码头捐等;"风险"是指由于各种原因导致货物被盗、串味、锈蚀、水渍、灭失等危险。

(二) 贸易术语的作用

(1) 明确责任,规范、简化手续。
(2) 它影响着买卖合同的性质。
(3) 具有法律作用。

二、有关贸易术语的国际惯例

（一）《2000年国际贸易术语解释通则》(International Rules for the Interpretation of Trade Terms,2000;简称 Incoterms 2000)

《2000年国际贸易术语解释通则》对13种术语做了解释，按其共同特征归纳为E、F、C、D四组，E组属于启运术语，F、C组属于装运术语，D组属于到达术语（如表3-5所示）。

表3-5 INCOTERMS 2000中13种贸易术语的特点

组别	特点	贸易术语	英文名称	中文名称	风险转移	出口清关责任	进口清关责任	适用的运输方式	交货地点	货运保险	运输承担者
E组	发货	EXW	ex works	工厂交货	货物所在地	买方	买方	任何方式	货物所在地	买方	买方
F组	卖方主运费未付	FCA	free carrier	货交承运人	货交承运人	卖方	买方	任何方式	出口国内（内陆或港口）	买方	买方
		FAS	free alongside ship	船边交货	装船港船边	卖方	买方	水上运输	装运港口	买方	买方
		FOB	free on board	装运港船上交货	装船港船舷	卖方	买方	水上运输	装运港口	买方	买方
C组	卖方主运费已付	CFR	cost and freight	成本加运费	装船港船舷	卖方	买方	水上运输	装运港口	买方	卖方
		CIF	cost insurance and freight	成本、保险费加运费	装船港船舷	卖方	买方	水上运输	装运港口	卖方	卖方
		CPT	carriage paid to	运费付至	货交承运人	卖方	买方	任何方式	出口国内（内陆或港口）	买方	卖方
		CIP	carriage and insurance paid to	运费保险费付至	货交承运人	卖方	买方	任何方式	出口国内（内陆或港口）	卖方	卖方
D组	到货	DAF	delivered at frontier	边境交货	货交买方处置时	卖方	买方	任何方式	边境指定点	卖方	卖方
		DES	delivered ex ship	目的港船上交货	货交买方处置时	卖方	买方	水上运输	目的港口	卖方	卖方
		DEQ	delivered ex quay	目的港码头交货	货交买方处置时	卖方	买方	水上运输	目的港口	卖方	卖方
		DDU	delivered duty unpaid	未完税交货	货交买方处置时	卖方	买方	任何方式	进口国内	卖方	卖方
		DDP	delivered duty paid	完税后交货	货交买方处置时	卖方	卖方	任何方式	进口国内	卖方	卖方

☞ **知识链接**

《国际贸易术语解释通则》是国际商会为了统一对各种贸易术语的解释而制定的，是对各种贸易术语解释的正式规则。最早的《通则》是国际商会于1936年制定的，后来为了适应国际贸易业务发展的需要，国际商会先后于1953年、1967年、1976年、1980

年、1990年对该通则进行了五次修改和补充。现行的《2000年通则》是国际商会根据形势的变化和国际贸易发展的需要,在《1990年通则》的基础上修订产生的,并于2000年1月1日起生效。

(二)《2010年国际贸易术语解释通则》(International Rules for the Interpretation of Trade Terms 2010,缩写 Incoterms® 2010)

《2010年国际贸易术语解释通则》是国际商会根据国际货物贸易的发展对《2000年国际贸易术语解释通则》的修订,2010年9月27日公布,于2011年1月1日起实施。

《2010年国际贸易术语解释通则》共有11种贸易术语,按照所适用的运输方式划分为两大类:

第一组:适用于任何运输方式的术语七种:EXW、FCA、CPT、CIP、DAT、DAP、DDP。

EXW(ex works)	工厂交货
FCA(free carrier)	货交承运人
CPT(carriage paid to)	运费付至目的地
CIP(carriage and insurance paid to)	运费/保险费付至目的地
DAT(delivered at terminal)	目的地或目的港的集散站交货
DAP(delivered at place)	目的地交货
DDP(delivered duty paid)	完税后交货

第二组:适用于水上运输方式的术语四种:FAS、FOB、CFR、CIF。

FAS(free alongside ship)	装运港船边交货
FOB(free on board)	装运港船上交货
CFR(cost and freight)	成本加运费
CIF(cost insurance and freight)	成本、保险费加运费

《2010年国际贸易术语解释通则》删去了《2000年国际贸易术语解释通则》中的4个术语:DAF(delivered at frontier),边境交货;DES(delivered ex ship),目的港船上交货;DEQ(delivered ex quay),目的港码头交货;DDU(delivered duty unpaid),未完税交货。新增了2个术语:DAT(delivered at terminal),在指定目的地或目的港的集散站交货;DAP(delivered at place),在指定目的地交货。即用DAP取代了DAF、DES和DDU三个术语,用DAT取代了DEQ,且扩展至适用于一切运输方式。

☞ **知识链接**

DAT(delivered at terminal)　　目的地或目的港的集散站交货

类似于取代了的DEQ术语,指卖方在指定的目的地或目的港的集散站卸货后将货物交给买方处置即完成交货,术语所指目的地包括港口。卖方应承担将货物运至指定目的地或目的港的集散站的一切风险和费用(除进口费用外)。本术语适用于任何运输方式或多式联运。

DAP(delivered at place)　　目的地交货

类似于取代了的 DAF、DES 和 DDU 三个术语,指卖方在指定的目的地交货,只需做好卸货准备无须卸货即完成交货。术语所指的到达车辆包括船舶,目的地包括港口。卖方应承担将货物运至指定的目的地的一切风险和费用(除进口费用外)。本术语适用于任何运输方式、多式联运方式及海运。

修订后的《2010年国际贸易术语解释通则》取消了"船舷"的概念,卖方承担货物装上船为止的一切风险,买方承担货物自装运港装上船后的一切风险。在 FAS、FOB、CFR 和 CIF 等术语中加入了货物在运输期间被多次买卖(连环贸易)的责任义务的划分。考虑到对于一些大的区域贸易集团内部贸易的特点,规定《Incoterms 2010》不仅适用于国际销售合同,也适用于国内销售合同。

三、三种主要贸易术语

(一) FOB

Free On Board(…named part of shipment)——船上交货(……指定装运港),是指货物在指定的装运港越过船舷,卖方即完成交货。这意味着买方必须从该点起承担货物灭失或损坏的一切风险。根据《2010年通则》,买卖双方的主要义务及其注意事项如下:

1. 卖方的义务
(1) 约定期限内,在装运港将货物装上船,并向买方发出交货通知。
(2) 取得出口许可证或其他官方许可,承办出口的海关手续。
(3) 负担货物越过船舷为止的一切费用和风险。
(4) 提供商业发票和证明货物已经交到船上的通常单据或电子讯息。

2. 买方的义务
(1) 支付价款。
(2) 租船或订舱,支付运费,并将船名、装船地点和交货时间通知卖方。
(3) 自费取得进口许可证或其他官方许可,承办进口和过境海关手续。
(4) 负担货物越过船舷后的一切费用和风险。
(5) 收取货物,接受与合同相符的单据。

3. 注意事项
(1) 对船舷为界的理解。
(2) 船货衔接。
(3) 装船费用的负担问题。

议一议

我某外贸公司以 FOB 中国口岸与新西兰 M 公司成交煤炭一批,新西兰商即转手以 CFR 悉尼价售给澳大利亚 C 公司,新西兰商来证价格为 FOB 中国口岸,目的港为悉尼,并提出在提单上表明"运费已付"。

新西兰商为何这样做？我们应如何处理才使我方的利益不受损害？

分析提示：FOB 条件下,由买方租船订舱,支付运费；CFR 条件下,由卖方租船订舱,支付运费。本案例中,由我方和新西兰 M 公司按 FOB 签订的第一份合同,应由新西兰 M 公司办理租船订舱,支付运费；由新西兰 M 公司和澳大利亚的 C 公司按 CFR 条件签订的第二份合同,应由新西兰 M 公司办理租船订舱,支付运费。但是,新西兰 M 公司给我方开来的信用证中要求中方将货物直运悉尼,且在提单中标明"运费已付",新西兰 M 公司这样做的目的是想将运费转嫁由我方承担。

我方的做法：要求新西兰 M 公司改 L/C（信用证）,将"运费已付"改为"运费到付"；要求新西兰 M 公司在装船前将中国口岸到悉尼的运费付给我公司,在此基础上,我方同意在提单上标明"运费已付"。

（二）CFR

Cost Freight（... named port of destination）——成本加运费（……指定目的港）,也称运费在内价,是指货物在装运港越过船舷,卖方即完成交货,并支付货物运至指定目的港所需的运费和必要的费用。但交货后货物灭失或损坏的风险以及由于各种事件造成的额外费用,则转移到买方。

1. 卖方的义务

（1）约定期限内,在装运港将货物装上船,并向买方发出通知。

（2）取得出口许可证或其他官方许可,承办货物出口海关手续。

（3）租船或订舱,支付运费。

（4）负担货物越过船舷为止的一切费用和风险。

（5）提供商业发票、保险单和运输单据或电子讯息。

2. 买方的义务

（1）支付价款。

（2）自办进口许可证或其他官方许可,承办货物进口和过境海关手续。

（3）负担货物越过船舷后的一切费用和风险。

（4）办理运输保险,支付保险费。

（5）收取货物,接受与合同相符的单据。

CFR 与 CIF 的不同之处在于,货运保险由买方办理。卖方装船后应毫不延迟地通知买方,以便买方购买保险。一旦卖方没有及时向买方发出装船通知,致使买方未能投保,由此产生的损失均由卖方承担。

（三）CIF

Cost Insurance and Freight（... named port of destination）——成本、保险费加运费（……指定目的港）,是指货物在装运港越过船舷时卖方即完成交货。卖方支付货物运至目的港的运费和必要的费用,但交货后货物的风险及由于各种事件造成的任何额外费用由买方承担。卖方还须办理保险,支付保险费。

CIF注意事项：

（1）CIF合同属于"装运合同"。

（2）租船或订舱的责任。

（3）办理保险的责任。

（4）卸船费用的负担问题。

① CIF班轮条件（CIF Liner Terms），指卸货费用按班轮条件处理,由支付运费的一方（卖方）负担。

② CIF舱底交货（CIF Ex Ship's Hold），指买方负担将货物从舱底起吊卸到码头的费用。

③ CIF吊钩交货（CIF Ex Tackle），指卖方负担将货物从舱底吊至船边卸扣商品为止的费用。

④ CIF卸到岸上（CIF Landed），指卖方负担将货物卸到目的港岸上的费用,包括驳船费和码头费。

（5）象征性交货。CIF是一种典型的象征性交货,即卖方凭单交货、买方凭单付款,属于单据买卖。至于货物在途中损失或者货到后发现质量不符合要求,买方可根据情况分别向船方、保险公司或卖方提出索赔。

（6）习惯做法。实际业务中,CIF也常被用于陆运和空运。如CIF香港(陆运),FOB上海(机场),CIF巴黎(机场)。

☞ **知识链接**

象征性交货,是针对实际交货（Physical Delivery）而言。象征性交货指卖方只要按期在约定地点完成装运,并向买方提交合同规定的包括物权凭证在内的有关单证,就算完成了交货义务,而无须保证到货。实际交货则是指卖方要在规定的时间和地点,将符合合同规定的货物提交给买方或其指定人,而不能以交单代替交货。在象征性交货方式下,卖方是凭单交货,买方是凭单付款,只要卖方按时向买方提交了符合合同规定的全套单据,即使货物在运输途中损坏或灭失,买方也必须履行付款义务。反之,如果卖方提交的单据不符合要求,即使货物完好无损地运达目的地,买方仍有权拒付货款。由此可见,CIF交易实际上是一种单据的买卖。所以,装运单据在CIF交易中具有特别重要的意义。但是,必须指出,按CIF术语成交,卖方履行其交单义务,只是得到买方付款的前提条件,除此之外,他还必须履行交货义务。如果卖方提交的货物不符合要求,买方即使已经付款,仍然可以根据合同的规定向卖方提出索赔。

案例

我某公司按CIF条件向英国进口商出口一批毛绒玩具,向中国人民保险公司投保了一切险,并规定了用信用证方式结算。我出口公司在规定的期限、指定的我国某港口装船完毕,船公司签发了提单,然后去中国银行议付款项。第二天,出口公司接到客户来电,称装货的海轮在海上失火,毛绒玩具全部烧毁,客户要求我公司出面向中国人民保险公司提出索赔,否则要求我公司退回全部货款。

单元三 国际贸易实务认知与技术

问题：对客户的要求我公司该如何处理？为什么？

分析提示：CIF 是象征性的交货，风险的转移界限，是以船舷为界，即在货物越过船舷时就转移给买方了。客户的要求不合理。

做一做

某口岸出口公司按 CIF Aberdeen（阿伯丁郡）向英商出售一批山楂，由于该货季节性强，双方在合同中规定：买方须于 9 月底前将信用证开到，卖方保证运货船只不得迟于 12 月份到达目的港。如货轮迟于 12 月底到达目的港，买方有权取消合同。如货款已收，卖方应退货款。

这一合同的性质是否属于 CIF 合同？为什么？

 职业能力训练

西安某出口公司于 2010 年 12 月与新西兰某公司签订一份出口 40 吨甘草膏的 FOB 合同，每吨售价 1 800 美元，共 16 箱，总金额为 72 000 美元，即期信用证付款，装运港为天津新港，装运期为 12 月 25 日之前，必须用集装箱装运。该出口公司于 12 月上旬将货物运抵天津，由天津办事处负责订箱装船。不料货物在天津存仓后的第三天，仓库午夜着火，风大火烈，抢救不及，16 箱甘草膏全部被焚。办事处立刻通知内地公司总部并要求尽快补发 40 吨，否则无法按期装船。结果该出口公司因货源不济，只好要求新西兰商将信用证的有效期和装运期各延长 15 天。

问题：该出口公司应吸取哪些教训？该出口公司有无更好的选择？

学习任务二 商品价格

 引导案例

我某公司出口某商品 1 200 箱，对外报价每箱 24 美元 FOBC2% 上海，外商要求将价格改报为每箱 CIFC4% 汉堡。已知运费每箱 1.8 美元，保险费为 CIF 价 110%（即投保加成为110%，投保加成率为 10%）的 0.6%（即保险费率为 0.6%）。要维持出口销售外汇净入不变，CIFC4% 应改报为多少？

案例提示

要理清价格换算的基本思路,从 FOBC2% 开始,依次换算为 FOB 净价、CIF 价、CIFC4%。

> ☞ **知识链接**
>
> **投保加成**
>
> 所谓"投保加成"即被保险人一般把货值、运费、保险费以及转售该笔货物的预期利润和费用的总和作为保险金额,习惯上按 CIF 总值的110%投保,超出的10%即是加成。

 学习目标

1. 熟知进出口货物的价格构成、作价的方法。
2. 能准确合理地选用贸易术语,制定价格条款。
3. 会进行价格核算。

一、货物价格概述

(一)货物的价格表述

货物的价格,通常是指单位商品的价格,简称单价(Unit Price)。货物价格包括四项内容:货币名称、单价金额、计量单位、贸易术语。例:USD1 000.00/doz CIF London,即:USD(货币名称)、1 000.00(单价金额)、doz(计量单位)、CIF London(贸易术语)。

(二)影响价格的因素

在确定进出口商品价格时,除必须高度注意供求关系对国际市场价格的影响外,还必须充分考虑影响价格的因素:

1. 商品的质量和档次

在国际市场上,一般都要贯彻按质论价的原则,好货好价,次货次价。品质的优劣,档次的高低,包装装潢的好坏,样式的新旧,商标、品牌的知名度,都会影响商品的价格。

2. 运输距离

国际货物买卖,一般都要通过长途运输。运输距离的近远,影响运费和保险费的开支,从而影响商品价格。因此,确定商品价格时,必须核算运输成本,做好比价工作,以体现地区差异。

3. 交货地点和交货条件

在国际贸易中,由于交货地点和交货条件不同,买卖双方承担的责任、费用和风险不同,在确定进出口商品价格时,必须考虑这些因素。

4. 成交数量

按照国际贸易的习惯做法,成交量的大小影响价格。成交量大时,应给予价格上的适当优惠,例如采用数量折扣的办法;反之,如成交量过小,甚至低于起订量时,则可适当提高售价。

5. 季节需求的变化

在国际市场上,某些时令性商品,如赶在节令前到货,就能卖上好价。过了节令的商品,往往售价较低,甚至以低于成本的价格售出。因此,我们应充分利用季节性需求的变化,掌握好季节性差价,争取按对我有利的价格成交。

6. 支付条件和汇率变动风险

支付条件是否有利和汇率变动风险的大小,都影响商品的价格。例如,同一商品在其他交易条件相同的情况下,采用预付货款和凭信用证付款方式,其价格应当有所区别。同时,确定价格时,一般应争取采用对自身有利的货币成交。如采用不利的货币成交时,应当把汇率变动风险考虑到货价中去。

此外,交货期的远近、市场销售习惯和消费者的爱好等因素,对确定价格也有不同程度的影响。

(三)货物的作价方法

1. 固定价格

在交易磋商过程中,买卖双方将价格确定下来之后,任何一方不得擅自改动。

2. 非固定价格

(1)具体价格待定:有两种做法,一是规定定价时间和定价方法(如:装运月份前50天,参照当地及国际市场价格,确定正式价格);二是只规定作价时间(如:双方在2011年12月4日确定价格)。

(2)暂定价格:订立一个初步价格,作为开证和初步付款的依据,双方确定最后价格之后再进行清算,多退少补。

(3)部分固定价格,部分非固定价格。

3. 价格调整条款(Price Adjustment Clause)

价格调整条款是按照原料价格和工资的变动来计算合同的最后价格,最后价格与初步价格之间的差额不超过约定的范围(如5%),初步价格可不做调整。

(四)货物的计价货币

货物的计价货币是指合同中规定的用来计算价格的货币。这些货币可以是出口国或进口国的货币,也可以是第三国的货币,但必须是自由兑换货币。出口贸易中,计价和结汇争取使用硬币(Hard Currency)(即币值稳定或具有一定上浮趋势的货币);进口贸易中,计价和付汇力争使用软币(Soft Currency)(即币值不够稳定且具有下浮趋势的货币)。

国际上主要货币的标准符号见表3-6所示。

表3-6 主要货币的标准符号

国家/地区	货币名称		标准符号	国家/地区	货币名称		标准符号
	中文	英文			中文	英文	
美国	美元	U.S. Dollar	USD	加拿大	加元	Canadian Dollar	CAD
欧洲联盟	欧元	Euro	EUR	澳大利亚	澳大利亚元	Australian Dollar	AUD
英国	英镑	Pound, Sterling	GBP	新西兰	新西兰元	New Zealand Dollar	NZD
日本	日元	Japanese Yen	JPY	俄罗斯	俄罗斯卢布	Russian Ruble	SUR
瑞士	瑞士法郎	Swiss Franc	CHF	泰国	泰铢	Thai Baht (Thai Tical)	THP
中国香港	港元	Hong Kong Dollar	HKD	中国	人民币元	Renminbi Yuan（拼音）	CNY
新加坡	新加坡元	Singapore Dollar	SGD	中国澳门	澳门元	Macao Pataca	MOP

（五）计价货币的汇率折算

汇率是用一个国家的货币折算成另一个国家的货币的比率。汇率的折算有直接标价与间接标价两种方法，我国采用直接标价法，即用本国货币来表示外国货币的价格（外币是常数，本币是变量）。例：100美元=657.27元人民币，1美元=6.5727元人民币。

出口结汇是银行付出本国货币，买入外汇，用买入价；进口付汇是银行买入本国货币，卖出外汇，用卖出价。

1. 将本币折成外币用买入价

$$外币 = \frac{本币}{汇率(买入价) \div 100}$$

即学即思

某公司出口一批玩具，价值人民币40 000元，客户要求以美元报价，当时外汇汇率为买入价100美元=657.21元，卖出价100美元=659.69元。

问题：该公司对外美元报价应为多少？

2. 将外币折成本币用卖出价

$$本币 = 外币 \times [汇率(卖出价) \div 100]$$

即学即思

某公司进口一批价值4 835.53美元的货物，当时外汇汇率为买入价100美元=657.21元，卖出价100美元=659.69元。

问题：该公司付汇时需向银行支付人民币多少？

（六）佣金与折扣

佣金是卖方或买方付给中间商作为其代买代卖的酬金。佣金率通常为1%～5%。

折扣是卖方按照原价给予买方一定百分比的减让。

1. 佣金与折扣的表示方法

含有佣金的价格即为含佣价,不含佣金的价格即为净价。

含佣价的表示方法:"每公吨 500 美元 CIF 纽约包括 2% 佣金"(USD500.00 MT CIF N. Y. including commission 2%),通常以"每公吨 500 美元 CIFC2% 纽约"来表示。

折扣的表示方法:"每公吨 300 美元 FOB 上海减 2% 折扣"。

2. 佣金与折扣的计算方法

净价 = 含佣价 × (1 − 佣金率)

$$含佣价 = \frac{净价}{1 - 佣金率}$$

折扣一般按发票金额乘以约定的折扣百分率,即得到应减除的折扣金额。

3. 佣金和折扣的支付办法

佣金往往是在出口商收到全部货款后,再另行支付给中间商,但也有在发票货款中直接扣除的。折扣一般由买方在支付货款时扣除。

做一做

(1) 已知某商品出口报价 CIF 香港 4 000 港元,现外商要求改报 CIFC4% 香港,并保持卖方净收入不变,应报价多少?

(2) 某公司出口东北大豆 1 000 公吨,每公吨 USD580CIFC2% 汉堡,货物装船后,根据共同规定将 2% 的佣金汇给中间商,应付佣金是多少?

(3) 某公司对外报价甲商品每件 400 美元 CIFC3% 伦敦,现外商要求改报 CIFC5% 伦敦,应报价多少?

二、货物的价格核算

(一)货物的价格构成

1. 成本(Cost)

出口货物的成本主要是指采购成本。它是贸易商向供货商采购商品的价格,也称进货成本。

2. 费用(Expenses/Charges)

(1) 包装费(Packing Charges),通常包括在进货成本中,如有特殊要求,则须另加。

(2) 仓储费(Warehousing Charges),提前采购或另外存仓的费用。

(3) 国内运输费(Inland Transport Charges),装货前的内陆运输费用,如卡车、内河运输费、路桥费、过境费及装卸费等。

(4) 认证费(Certification Charges),办理出口许可、配额、产地证及其他证明所支付的费用。

(5) 港区港杂费(Port Charges),货物装运前在港区码头支付的费用。

（6）商检费（Inspection Charges），出口商检机构检验货物的费用。

（7）捐税（Duties and Taxes），国家对出口商品征收、代收或退还的有关税费，有出口关税、增值税等。

（8）垫款利息（Interest），出口商买进卖出期间垫付资金支付的利息。

（9）业务费用（Operating Charges），出口商经营过程中发生的有关费用，也称经营管理费，如通信费、交通费、交际费等。出口商还可根据商品、经营、市场等情况确定一个费用率，这个比率为5%～15%不等，一般是在进货成本基础上核定。定额费用＝进货价×费用定额率。

（10）银行费用（Banking Charges），出口商委托银行向外商收取货款、进行资信调查等支出的费用。

（11）出口运费（Freight Charges），出口商支付的海运、陆运、空运及多式联运费用。

（12）保险费（Insurance Premium），出口商购买货运保险或信用保险支付的费用。

（13）佣金（Commission），出口商向中间商支付的报酬。

3. 利润（Expected Profit）

利润是出口商收到全部货款后，扣除出口货物成本和各项费用后赚的钱。

（二）出口货物的价格核算

1. 成本核算

我国实行出口退税制度，采取对出口商品中的增值税全额退还或按一定比例退还的做法，即将含税成本中的税收部分按照出口退税比例予以扣除，得出实际成本。计算公式：

实际成本＝进货成本－退税金额＝进货成本－$\dfrac{进货成本}{1+增值税率}$×退税率

即学即思

某公司出口陶瓷茶杯，每套进货成本为人民币90元（包括17%的增值税），退税率为8%。这种陶瓷茶杯的实际成本为多少？

2. 运费核算

运费核算方法见项目四。

3. 保险费核算

采用CIF或CIP术语时：

保险费＝保险金额×保险费率

保险金额＝CIF（CIP）价×（1＋投保加成率）

投保加成率一般是10%，保险金额以CIF（CIP）货价或发票金额为基础计算。

4. 佣金核算

佣金是付给中间商的报酬，佣金的计算通常以发票金额作为基础。

5. 利润核算

采用利润率核算利润时，一般是以某一成本或某一销售价格为基数。

6. 盈亏核算

盈亏核算的指标主要有两个：

（1）换汇成本：是出口商品获得每一单位外币的成本，即出口净收入1单位外币所耗费

的人民币数额。换汇成本高于外汇牌价,出口为亏损;反之则为盈利。公式为:

$$换汇成本 = \frac{出口总成本(人民币)}{出口销售外汇净收入(美元)}$$

出口总成本是指实际成本加上出口前的一切费用和税金。出口销售外汇净收入是指出口商品按 FOB 价出售所得外汇收入。

(2) 出口盈(亏)额:出口销售人民币净收入与出口总成本的差额,净收入大于总成本为盈利;反之为亏损。公式为:

出口盈(亏)额 = (出口销售外汇净收入 × 外汇买入价) − 出口总成本

即学即思

出口麻底鞋(expadrilles)36 000 双,出口价每双 0.70 美元 CIF 格丁尼亚(波兰),CIF 总价 28 800 美元,其中海运费 3 400 美元,保险费 160 美元。进货成本每双人民币 4 元,共计人民币 144 000 元(含 17% 增值税),出口退税率 14%,费用定额率 12%。当时银行美元买入价为 1 美元 = 6.87 元人民币。

问题:麻底鞋换汇成本是多少? 盈亏额为多少?

(三) 三种贸易术语的换算

1. FOB 价换算成其他价格

(1) FOB + 运费(F) = CFR 价

(2) FOB + 运费(F) + 保险费 = CIF 价 或: $\dfrac{FOB + 运费(F)}{1 - 投保加成 \times 保险费率} = CIF 价$

2. CFR 价换算成其他价格

(1) CFR − 运费(F) = FOB 价

(2) CFR + 保险费 = CIF 价 或: $\dfrac{CFR}{1 - 投保加成 \times 保险费率} = CIF 价$

3. CIF 价换算成其他价格

(1) CIF 价 − 保险费 − 运费 = FOB 价 或: CIF 价 × (1 − 投保加成 × 保险费率) − 运费 = FOB 价

(2) CIF 价 − 保险费 = CFR 价 或: CIF 价 × (1 − 投保加成 × 保险费率) = CFR 价

做一做

(1) 某公司对外报价乙商品每件 120 美元 FOBC2% 上海,现外商要求改报 CFRC3% 伦敦,在不影响我方自身利益的情况下,应报价多少?(设运费为每件 10 美元)

(2) 某公司对外报价牛肉罐头 2.20 美元/听 CIF 古晋,按发票金额加成 10% 投保一切险,保险费率 0.3%,客户要求改报 CFR 价格,请问该报多少?

三、合同中的价格条款

国际贸易中,作价方法包括固定作价与非固定作价两种方式。在固定作价方式中,价格条款一般包括两项内容:货物单价(Unit Price)和货物总值(Total Amount),其中单价部分必须包含计量单位、单位价格金额、计价货币与贸易术语四部分。与单价有关的佣金和折扣的运用也属于价格条款的内容。必要时,还要加订外汇保值条款。价格条款的内容应该具体、完整、明确,能够真实全面地反映买卖双方价格磋商的结果。

以下是各种不同的价格条款样本示例。

(一)净价条款

(中文)

编号	商品名称与规格	数量	单价	金额
E0001	女士绣花衬衣	550 件	20 美元	11 000 美元
E0002	针织睡衣	1 000 件	12 美元	11 000 美元
E0003	女士家用围裙	1 500 件	5 美元	7 500 美元
				30 500 美元
	共计:叁万零伍佰美元整	CIF 纽约		

(英文)

No.	Name of commodity & Specifications	Quantity	Unit price	Amount
E0001	Lady's Embroidered Blouse(M)	550 pieces	USD 20	USD 11 000
E0002	Knit Pajamas(M)	1 000 pieces	USD 12	USD 12 000
E0003	Ladies'Apron(M)	1 500 pieces	USD 5	USD 7 500
				USD 30 500
	CIF NEWYORK			
	Total Amount in Words:SAY US DOLLARSTHIRTYTHOUSAND FIVE HUNDRED ONLY			

单价:(E0001)每件 20 美元 CIF 纽约
    (E0002)每件 12 美元 CIF 纽约
    (E0003)每件 5 美元 CIF 纽约
总值:30 500 美元(叁万零伍佰美元整)
Unit Price:(E0001)USD 20 per piece CIF New York
    (E0002)USD 12 per piece CIF New York
    (E0003)USD 5 per piece CIF New York
Total Value:USD30 500 (Say US Dollars Thirty Thousand Five Hundred Only)

(二)含佣价条款

(中文)

编号	商品名称及规格	数量	单价	金额
AY0012	茶壶 500ML	200 箱	8.90 美元	1 780.00 美元
AY0015	咖啡壶 800ML	150 箱	14.30 美元	2 145.00 美元
				3 925.00 美元
	含5%佣金			196.25 美元
	CIF 伦敦净价			3 728.75 美元

（英文）

No.	Name of Commodity&Specifications	Quantity	Unit Price	Amount
AY0012	Tea Kettle 500ML	200 Boxes	USD 8.90	SUD 1 780.00
AY0015	Coffee Pot800ML	150 Boxes	USD 14.30	USD 2 145.00
				USD 3 925.00
Less 5% Commission				USD 196.25
CIF London net：				USD 3 728.75

单价：(AY0012)每箱8.90美元CIF伦敦包括5%佣金

（AY0012）每箱14.30美元CIF伦敦包括5%佣金

总值：3 925美元(叁仟玖佰贰拾伍美元整)

Unit Price：(AY0012)SUD8.90per box CIFC5 London

(AY0015) 14.30ox CIFC5 London

Total Value：USD 3 925（Say US Dollars Three Thousand Nine Hundred and Twenty Five Only）

（三）含折扣条款

（中文）

衬衣	单价	金额
3 000 件	3.20 美元	9 600.00 美元
减3%折扣		288.00 美元
CIF新加坡净价		9 312.00 美元

（英文）

Skirts	Unit price	Amount
3 000pieces	USD 3.20	USD 9 600.00
Less 3% Discount		USD 288.00
CIF Singapore net		USD 9 312.00

单价：每件3.20美元新加坡3%折扣

总值：9 312美元(玖仟叁佰壹拾贰美元整)

Unit Price：USD3.20 per piece CIF London less 3% discount

Total Value：USD9 312.00（Say US Dollars Nine Thousand Three Hundred and Twelve Only）

即学即思

某公司业务员小王在给英国客商发盘时，价格表述为："1 000 per metric ton CIF London"。你认为这样的价格表述是否正确？为什么？

职业能力训练

1. 根据英文价格条款写出相关的中文价格条款：

（1）US＄200 per M/T CIF San Francisco including 3% commission

（2）US＄200 per M/T CIF London including 3% discount

（3）US＄200 per M/T CIF London less 3% discount

（4）HKD5.00per dozen net CIF Hong Kong

（5）USD15per set FOB Shanghai including your commission 5% on FOB basis

（6）USD36 per dozen CIF Hong Kong

Remarks：No price increase shall be allowed after conclusion of this contract.

（7）USD0.60 per box CFR Vancouver

Remarks：No price adjustment shall be allowed after conclusion of this contract.

（8）USD2130/T FOB Qingdao including 5% commission. The commission shall be Payable only after seller has received the full amount of all payment due to seller.

2．下列我方出口报价如有问题给予更正：

（1）每码3.50元CIFC多伦多。

（2）每包200英镑CFR英国。

（3）每箱10美元FOB上海。

（4）2 000美元FOB纽约包括5%佣金。

（5）每捆30法国法郎FOB净价减2%折扣。

项目四　商品装运、保险、检验与索赔的技术

学习任务一　商品装运与保险

引导案例

某农产品进出口公司向国外某公司出口一批花生仁，国外客户在合同规定的开证时间内开来一份不可撤销信用证，信用证中装运条款规定："Shipment from Chinese port to Singapore in May, partial shipment prohibited."农产品进出口公司按证中规定，于5月15日将200公吨花生仁在福州港装上"嘉陵"号轮，又用同轮在厦门港继续装300公吨花生仁，5月20日农产品进出口公司同时取得了福州港和厦门港签发的两套提单。农产品公司在信用证有效期内到银行交单议付时，却遭到银行以单证不符为由拒付货款。请问：银行的拒付是否合理？为什么？

单元三　国际贸易实务认知与技术

国际货物买卖是通过货物的交付和货款的支付完成的。因此,就贸易双方而言,货物的交付和货款的支付是其贸易活动中最重要的环节,也是双方最基本的义务。对外磋商和签约时如果忽略运输问题,或脱离运输的实际可能条件,使有关运输条件订得不适当或不明确,就会给装运工作造成困难,甚至影响合同的履行,并引起纠纷,在政治和经济上造成不应有的损失。

1. 认知国际货物运输的不同方式和国际货物运输保险的保障范围、种类,合理地选择运输方式。
2. 把握合同中各项装运条款的内容和规定办法。
3. 会计算保险金额、保险费。

一、运输方式

国际货物买卖中,买卖货物的交接必须通过运输来实现。国际贸易运输有多种方式,其中包括海洋运输、铁路运输、公路运输、航空运输、邮政运输、管道运输、大陆桥运输以及由各种运输方式组合的国际多式联运等。在实际业务中,应根据进出口货物的特点、货运量大小、距离远近、运费高低、风险程度、自然条件和装卸港口的具体情况等因素的不同,选择合理的运输方式。

(一) 海洋运输

海洋运输(Ocean Transport),简称海运,指使用船舶或其他水运工具通过海上航道运送货物和旅客的一种运输方式。它是国际贸易中的主要运输方式,具有运量大、费用低廉、不受道路和轨道的限制、通过能力大等优点,但有着航行速度慢以及易受暴风、巨浪、港口冰封等自然条件影响的缺点,航行日期也不如陆运、空运准确,同时也存在着诸如战争、罢工和贸易禁运等社会风险。海洋运输包括班轮运输和租船运输两种船舶经营方式。

1. 班轮运输(Liner Transport)

班轮运输也叫定期船运输,是指在一定航线上,在一定的停靠港口,定期开航的船舶运输。

(1) 班轮运输的特点。

① 具有"四固定"特点,即航线固定、港口固定、船期固定和费率相对固定。

② 运费中包括装卸费,承运人管装管卸,承托双方不计装卸时间以及滞期费或速遣费。

③ 各类货物都可接受,包括冷冻、易腐、液体等危险品之类的货物,且一般在码头交接

货物,方便货主。

④ 承运人和托运人双方的权利、义务和责任豁免以班轮提单上所载的条款为依据。

(2) 班轮运费(Liner Freight)是承运人为承运货物而向托运人收取的费用。它由基本运费和各种附加费组成。

基本运费是指货物从装运港到目的港的基本费用,它构成班轮运费的主体。

附加费是指对一些需要特殊处理的货物或由于突发情况使运输费用大幅增加,班轮公司为弥补损失而额外加收的费用。例如:港口拥挤附加费(Port Congestion Surcharge)、燃油附加费(Bunker Surcharge)、转船附加费(Transhipment Surcharge)等。

(3) 班轮基本运费的计收标准。

① 重量法:按此计算的基本运费等于计重货物的运费吨乘以运费率。所谓计重货物是指按货物的毛重计算运费的货物。在运价表中用 W 表示,它的计量单位为重量吨,如公吨(Metric Ton M/T)、长吨(Long Ton L/T)和短吨(Short Ton S/T)等。

② 体积法:按此法计算的基本运费等于容积货物的运费吨乘以运费率。所谓容积货物是指按货物的体积计算运费的货物,在运价表中以 M 表示,它的计量单位为容积或称尺码吨。

③ 从价法:按此法计算的基本运费等于物资的离岸价格 FOB 价乘以从价费率。而从价费率常以百分比表示,一般为 1%~5%。按从价法计算的基本运费的货物,在运价表中用 Ad. Val 表示。

④ 选择法:即从上述三种计算运费的方法中,选择一种收费最高的计算方法计算运费。此法适用于难以识别的计重货物、容积货物或价值变化不定的货物。

在运价表中,对按选择法计算的货物常以 W/M or Ad. Val 表示。

⑤ 综合法:指该种货物分别按货物的毛重和体积计算运费,并选择其中运费较高者,再加上该种货物的从价运费。此类货物在运价表中用 W/M Plus Ad. Val 表示。

⑥ 按件法:它是一种按货物的实体件数或个数为单位计算运费的方法,适用于既是非贵重物品,又不需测量重量和体积的货物。如活牲畜按每头计收,车辆按每辆计收等。

⑦ 议定法:指按承运人和托运人双方临时议定的费率计算运费。此类货物通常是低价的货物及特大型的机器等。在运价表中此类货物以 Open 表示。

(4) 班轮运费的计算方法。计算公式为:

班轮运费 = 基本运费 + 各项附加费
　　　　 = 运输吨(重量吨或尺码吨) × 基本费率 × (1 + 附加费率)

第一步:从有关运价表中查出该货物的计费标准及运价等级;
第二步:找出该等级货物的基本费率;
第三步:查出各附加费的费率及计算方法;
第四步:根据以上内容,按班轮运费计算公式进行计算。

> **案例**
>
> 以 CIF 价格条件出口加拿大温哥华一批罐头,共计 1 000 箱。每箱毛重为 40 千克,体积 0.045 立方米,算一算该批货物的运价是多少?

第一步：从货物分类表(Classification of Commodities)中查出罐头的运价等级是八级，计算标准是 W/M，在重量法和体积法中选择。该批货物的单位尺码(0.045 立方米)比单位重量(40/1 000 = 0.04 吨)高，所以按尺码吨计算运费。

第二步：再查中国—加拿大等级费率表得八级货物基本费率为每运费吨210元。

第三步：查得燃油附加费12%。

第四步：计算：

货物总运价 = 1 000 箱 × 0.045 运费吨/箱 × 210 元/运费吨 × (1 + 12%) = 10 584(元)

运费的支付方式主要有预付、到付及部分预付和部分到付相结合三种。

2. 租船运输(Charter Transport)

租船运输又称不定期船运输，是相对于班轮运输而言的另一种远洋船舶营运方式。船舶的营运是根据船舶所有人与需要船舶运输的货主双方事先签订的租船合同来安排的。

(1) 租船运输的特点。

① 租船运输是根据租船合同组织运输的，租船合同条款由船东和租方双方共同商定。

② 一般由船东和租方通过各自或共同的租船经纪人洽谈成交租船业务。

③ 不定航线，不定船期。船东对于船舶的航线、航行时间和货载种类等按照租船人的要求来确定，提供相应的船舶，经租船人同意进行调度安排。

④ 租金率或运费率根据租船市场行情来决定。

⑤ 船舶营运中有关费用的支出，取决于不同的租船方式，由船东和租方分担，并在合同条款中订明。

⑥ 租船运输适宜大宗货物运输。

⑦ 各种租船合同均有相应的标准合同格式。

(2) 租船运输的方式。

租船运输主要包括定程租船、定期租船、光租租船三种方式。

(二) 铁路运输

在国际货物运输中，铁路运输(Rail Transport)是仅次于海洋运输的主要运输方式，海洋运输的进出口货物，也大多是靠铁路运输进行货物的集中和分散的。

铁路运输有许多优点，一般不受气候条件的影响，可保障全年的正常运输，而且运量较大，速度较快，有高度的连续性，运转过程中的风险也较小。办理铁路货运手续比海洋运输简单，而且发货人和收货人可以在就近的始发站(装运站)和目的站办理托运和提货手续。

铁路运输可分为国际铁路联运和国内铁路运输两种。

1. 国际铁路联运

国际铁路联运是指两个或两个以上国家之间进行国际货物运输时只使用一份统一的国际联运票据，两国铁路移交货物时无须发、收货人参加，铁路当局对全程运输负连带责任的运输方式。

☞ **知识链接**

我国通往欧洲的国际铁路联运线有两条：一条是贯通中东、欧洲各国的西伯利亚大陆桥国际铁路联运线，从1980年以来，我国利用其开展集装箱国际铁路联运业务，将出口货物发往俄罗斯、伊朗和匈牙利等国；另一条是从我国连云港出发经新疆出境与哈萨克斯坦铁路连接，贯通俄罗斯、波兰、德国至荷兰鹿特丹的新亚欧大陆桥的国际铁路联运线。

2. 国内铁路运输

国内铁路运输指的是仅在我国范围内按《国内货物运输规程》办理的货物运输。我国的进口货物卸船后经铁路转运到各地，出口货物经铁路运至港口装船。供应港澳地区的货物由产地经铁路运至深圳北站或广东南站，都属于国内铁路运输的范围。

（三）航空运输

航空运输（Air Transport）是一种现代化的运输方式，它与海洋运输、铁路运输相比，具有运输速度快、货运质量高且不受地面条件的限制等优点。但缺点是运量有限，且运费较高。航空运费通常是按重量或体积计算，以其中收费较高者为准。因此，它最适宜运送急需物资、鲜活商品、精密仪器、电子产品和季节性商品等。我国办理航空货物托运的代理是中国对外贸易运输公司在当地的分公司。

（四）邮包运输

邮包运输（Parcel Post Transport）又称邮政运输，是通过邮局寄发进出口的一种较简便的运输方式，只适用于重量轻和体积小的商品。各国邮政部门之间订有协定和合约，通过这些协定和合约，各国的邮件包裹可以相传递，从而形成国际邮包运输网。由于国际邮包运输具有国际多式联运和"门到门"运输的性质，加之手续简便，费用也不高，故其成为国际贸易中普遍采用的运输方式之一。

☞ **知识链接**

国际快递业务主要有：

1. 国际特快专递（International Express Mail Service），由世界各国邮政联合创办，可通达200多个国家和地区，它又可分为信函、文件资料和物品三大类。

2. DHL信使专递（DHL Courier Service），是由Dalsey、Hilbolom和Lind三个老板组建的敦豪国际有限公司的信使专递和民航快递服务（AIP Express Service，AE）。它在全世界140多个国家和地区设有分支公司和代理机构，传递范围遍及世界各地。

（五）集装箱运输

集装箱运输（Container Transport）是以集装箱作为运输单位的一种现代化的先进的运输方式，是成组运输的一种高级运输方式。其优点是装卸量大，装卸效率高，能使船舶、火车、飞机、汽车等各种运输方式衔接在一起,缩短货运时间,降低营运成本。

集装箱运输分整箱货和拼箱货运输。据业务情况,交接方式有四种:
(1) 整装整交(FCL/FCL),交接地点为"门到门"或"场到场"。
(2) 拼装拆交(LCL/LCL),交接地点为"站到站"。
(3) 整装拆交(FCL/LCL),交接地点为"门到站"或"场到站"。
(4) 拼装整交(LCL/FCL),交接地点为"站到门"或"站到场"。

(六) 国际多式联运

国际多式联运(International Combined Transport)是在集装箱运输的基础上产生和发展起来的一种综合性的连贯运输方式,它一般是以集装箱为媒介,把海、陆、空各种传统的单一运输方式有机地结合起来,组成一种国际间的连贯运输。

> ☞ 知识链接
> 《联合国国际货物多式联运公约》对国际多式联运所下的定义是"指按照多式联运合同,以至少两种不同的运输方式,由多式联运经营人把货物从一国境内接运货物的地点运至另一国境内指定交付货物的地点"。

国际多式联运具有手续简单、安全准确、运送迅速、节省费用及提早结汇等一系列优点,是实现"门到门"运输的有效途径。目前在我国,外运和中运等航空公司可经营多式联运。

(七) 其他运输方式

(1) 公路运输(Road Transport),是一种现代化的运输方式,它不仅可以直接运进或运出对外贸易货物,而且也是车站、港口和机场集散进出口货物的重要手段。
(2) 内河运输(Inland Water Transport),是水上运输的重要组成部分,它是连接内陆腹地与沿海地区的纽带,在运输和集散进出口货物中起着重要的作用。
(3) 管道运输(Pipeline Transport),是一种特殊的运输方式,适用于运送液体、气体货物。

二、装运条款

明确、合理地规定装运条款,是保证进出口合同顺利履行的重要条件。合同的装运条款应包括装运时间、装运港、目的港、是否允许转船与分批装运、装运通知,以及滞期、速遣条款等内容。

(一) 装运时间

装运时间,又称装运期(Time of Shipment),是买卖合同的主要条件,如违反这一条件,买方有权撤销合同,并要求卖主赔偿其损失。

(二) 装运港和目的港

装运港(Port of Shipment)是指货物起始装运的港口,一般由卖方提出,经买方同意后确定。目的港(Port of Destination)是指最终卸货的港口,一般由买方提出,经卖方同意后确定。

买卖双方若明确规定装运港或目的港有困难,可采用选择港(Optional Ports)的办法,其规定方法一般是在两个或两个以上港口中选择一个,如 CIF 伦敦/汉堡/鹿特丹。在计算运费时,应按三个中运费最高的一个计算。

(三)分批装运和转船

所谓分批装运(Partial Shipment)是指一笔成交的货物,分若干批装运。根据《跟单信用证统一惯例》规定,同一船只、同一航次中多次装运货物,即使提单表示不同的装船日期及(或)不同装货港口,也不作分批装运论处。在大宗货物交易中,买卖双方根据交货数量、运输条件和市场销价需要等因素,可在合同中规定分批装运条款。

(四)装运通知

装运通知(Shipping Advice)是在采用租船运输大宗进出口货物的情况下,在合同中加以约定的条款。规定这个条款的目的在于明确买卖双方责任,促使买卖双方互相合作,共同做好船货衔接工作。

(五)装卸时间、装卸率和滞期、速遣条款

1. 装卸时间

装卸时间(Lay Time)是指允许完成装卸任务所约定的时间,它一般以天数或小时数来表示。

2. 装卸率

装卸率是指每日装卸货物的数量。

3. 滞期费和速遣费

如果在约定的允许装卸时间内未能将货物装卸完,致使船舶在港内停泊时间延长,给船方造成经济损失,则延迟期间的损失,应按约定每天若干金额补偿给船方,这项补偿金叫滞期费。反之,如按约定的装卸时间和装卸率提前完成装卸任务,使船方节省了船舶在港的费用开支,船方将其获取的利益的一部分给租船人作为奖励,叫速遣费。按惯例,速遣费一般为滞期费的一半。滞期费和速遣费通常约定为每天若干金额,不足一天,按比例计算。

☞ **知识链接**

装运条款实例:

(1) 20××年1/2月份分两批大约平均装运。

Shipment during Jan./Feb. 20… in two about equal lots.

(2) 20××年1/2月份每月各装一批。

Shipment during Jan./Feb. 20… in two monthly lots.

(3) 3/4月份分两次装运,禁止转运。

During Mar./Apr. in two shipment, transhipment is prohibited.

(4) 3月份装500公吨。

During Mar. 500 metric tons.

三、货物运输保险

国际货物运输保险是指保险人与被保险人双方约定由被保险人将国际运输的货物作为保险标的物向保险人投保,当保险标的物遭到意外损失时,保险人按照保险单的规定给予被保险人经济赔偿的一种补偿性措施。

(一)货物运输保险承保的范围

1. 承保的风险

海上货物运输可保险的风险主要有海上风险和外来风险两大类。

(1)海上风险。海上风险(Perils of Sea)并不包括海上的一切危险,它是指海上发生的自然灾害和意外事故。自然灾害并不是泛指一切由于自然力量所造成的灾害,而是仅指恶劣气候、雷电、海啸、地震、火山爆发等人力不可抗拒的灾害;意外事故并不是泛指海上的意外事故,而是仅指运输工具遭受搁浅、触礁、沉没、船舶与流冰或其他物体碰撞以及失踪、失火、爆炸等事故。

(2)外来风险。外来风险(Extraneous Risks)一般是指海上风险以外的其他外来原因所造成的风险,它分为一般外来风险和特殊外来风险两种。前者是指被保险货物在运输过程中由于偷窃、短量、短少和提货不着、雨淋、玷污、渗漏、破碎、受热受潮、串味等外来原因所造成的风险;后者是指由于军事、政治、国家政策法令以及行政措施等特殊外来原因所造成的风险和损失。

货物的内在缺陷、自然损耗、自然变质属于外来风险吗?

2. 承保的损失

承保的损失是指保险人承保哪些性质的损失。由于是海上货物运输保险,因此保险公司承保的损失属于海损。

海损按照损失的程度不同,可分为全部损失与部分损失。

(1)全部损失。全部损失(Total Loss)简称全损,是指运输中整批货物或不可分割的一批被保险货物在运输途中全部遭受损失。全部损失又分实际全损和推定全损。

实际全损(Actual Total Loss)是指该批保险货物完全灭失,或者货物完全变质已失去原有用途。例如,船舶触礁后船货一起沉入海底;水泥经海水浸泡结块丧失原来的使用价值。被保险货物在遭到实际全损时,被保险人可按其投保金额获得保险公司的全部损失的赔偿。

推定全损(Constructive Total Loss)是指货物虽未遭到全部灭失或损坏,但对残损货物的施救、修复、整理或运送到原目的地的费用将超过获救货物的价值。

做一做

（1）我公司出口稻谷一批，因保险事故被海水浸泡多时而丧失其原有价值，货到目的港后只能低价出售，这种损失属于_____。

（2）有一批出口服装，在海上运输途中，因船体触礁导致服装严重受浸，若将这批服装漂洗后运至原定目的港所花费的费用已超过服装的保险价值，这种损失属于_____。

（2）部分损失（Partial Loss）。部分损失是指被保险货物的损失没有达到全部损失的程度，即不属于实际全损和推定全损。部分损失从性质上可分为共同海损和单独海损。

① 共同海损（General Average）。共同海损是指载货船舶在海运途中，船舶、货物和其他财产遭遇共同危险，为了共同安全，有意采取合理的措施而引起的特殊损失和额外费用。这些损失和费用由船、货、运等各利害关系方共同分担。这种做法叫共同海损分摊（General Average Contribution）。

共同海损的成立，应具备以下条件：1）危险必须是危及共同安全并实际存在的或不可避免的，而不是主观想象的。2）采取消除货物共同危险的措施是有意的和合理的。3）损失具有特殊性，支付的费用是额外的，损失和费用的支出最终必须是有效的。

② 单独海损（Particular Average）。单独海损是指除共同海损以外的部分损失，即仅由各受损者单独负担的一种损失。例如，载货船舶在海上航行中遇到大风浪，海水入舱造成部分货物受损。

共同海损与单独海损均属部分损失，两者的主要区别为：单独海损是由海上风险直接造成的货物损失，没有人为的因素在内，而共同海损则是因为采取人为的故意的措施而导致的损失；单独海损的损失由受损方自行承担，而共同海损的损失由各受益方按获救财产价值的多少，按比例共同分摊。

除上述海损外，还有货物在运输途中由于外来风险造成的损失，按不同的原因又分为一般外来风险损失（如偷窃行为所遭受的损失）和特殊风险损失（如战争所遭受的损失）。

案例

某货物从天津新港驶往新加坡，在航行途中船舶货舱起火，大火蔓延到机舱，船长为了船和货的共同安全，决定采取紧急措施，往舱中灌水灭火。火虽被扑灭，但由于主机受损，无法继续航行，于是船长决定雇用拖轮将货船拖回新港修理。检修后重新驶往新加坡。事后调查，这次事件造成的损失有：① 1 000 箱货被火烧毁；② 600 箱货由于灌水灭火受到破坏；③ 主机和部分甲板被烧毁；④ 拖船费用；⑤ 额外增加的燃料和船长、船员工资。

· 从上述各项损失性质来看，哪些属单独海损？哪些属共同海损？

3. 承保的费用

承保的费用是指保险人（即保险公司）承保的费用。被保险货物遭遇保险责任范围内的事故，除了会使货物本身受到损毁导致经济损失外，还会产生费用方面的损失。这种费用保险人也给予赔偿。

(1) 施救费用。施救费用(Sue and Labour Expenses)是指保险标的遭遇保险责任范围内的自然灾害或意外事故,被保险人及其代表为防止扩大损失而进行抢救行为所支出的、可由保险人给予赔偿的合理费用。但保险人仅对保险责任范围内的事故进行施救所支出的合理费用负责赔偿。

(2) 救助费用。救助费用(Salvage Charges)是指保险标的发生保险事故后,需由保险人和被保险人之外的第三者来解救危险而向其支付的费用。这种救助费用作为费用损失,属于保险赔付范围。

(3) 特别费用。特别费用(Special Charges)是指运输工具遭遇海难后在避难港由于卸货所引起的损失及在中途港、避难港由于卸货、存仓以及运送货物所产生的费用。这类费用也属于保险人赔付范围。

(二)保险金额和保险费的计算

1. 保险金额的确定

保险金额是被保险人对保险标的实际投保金额,它是保险人承担保险责任和损失赔偿的最高限额。

保险金额一般按CIF加成10%计算,这样既弥补了被保险人货物的损失,又可以使运费和保险费的损失得到补偿。如果国外商人要求将加成率提高到20%或30%,其差额部分应由国外买方负担。

保险金额的计算公式是:

保险金额 = CIF总值(或CIP总值)×(1+投保加成率)

2. 保险费的计算

保险费是用于支付保险赔款的保险金额的主要来源,它以保险金额为基础,按一定保费率计算出来。公式如下:

保险费 = 保险金额 × 保险费率

如按CIF加成投保,则公式为:

保险费 = CIF总值×(1+投保加成率)×保险费率

(三)国际贸易货物运输保险程序

(1) 确定投保国际运输保险的金额;
(2) 填写国际运输保险投保单;
(3) 支付保险费,取得保险单;
(4) 提出索赔手续。

职业能力训练

(1) 我国一批花生油出口到日本,成本价为人民币1 500元,运费为180元,保险费率为1%,客户要求加一成投保,试计算保险费?

(2) 某外贸公司按CIF价格条件出口一批冷冻商品,合同总金额为10 000美元,加一

成投保平安险与短量险,保险费率分别为0.8%和0.2%,问保险金额和保险费各为多少?

学习任务二　商品检验与索赔

我方售货给加拿大的甲商,甲商又将货物转售给英国的乙商。货抵甲国后,甲商已发现货物存在质量问题,但仍将原货运往英国,乙商收到货物后,除发现货物质量问题外,还发现有80包货物包装破损,货物短少严重,因而向甲商索赔,甲商又向我方提出索赔。问,我方是否应负责赔偿? 为什么?

根据各国的法律、国际惯例及国际公约规定,除双方另有约定外,当卖方履行交货义务后,买方有权对所收到的货物进行检验,经检验认为与合同不符,而且确属卖方责任,买方有权要求卖方损害赔偿或采取其他补救措施,甚至可以拒收货物。

1. 认知商品报检的范围、程序、标准、方法和要求。
2. 把握索赔对象的确定、索赔条款的拟定和索赔的方法。

一、商品检验(Commodity Inspection)

国际货物买卖合同中检验条款的主要内容有:检验时间和地点、检验机构、检验标准和方法以及检验证书等。

(一)检验时间和地点

根据国际上的习惯做法和我国的业务实践,关于买卖合同中检验时间和地点的规定方法,主要有以下几种:

1. 在出口国检验

(1)在产地检验。即货物离开生产地点(如工厂、农场或矿山)之前,由卖方或其委托的检验机构人员或买方的验收人员对货物进行检验或验收。货物离开产地之前的责任,由卖方承担。

(2)在装运港(地)检验。货物在装运港(地)装运前,由双方约定的检验机构对货物进行检验,该机构出具的检验证书作为决定交货质量、重量或数量的最后依据。

2. 在进口国检验

（1）在目的港（地）检验。在货物运抵目的港（地）卸货后的一定时间内，由双方约定的目的港（地）的检验机构进行检验，该机构出具的检验证书作为决定交货质量、重量或数量的最后依据。

（2）在买方营业处所或最终用户所在地检验。对一些需要安装调试进行检验的成套设备、机电仪产品以及在卸货口岸开件检验后难以恢复原包装的商品，双方可约定将检验时间和地点延伸和推迟至货物运抵买方营业所或最终用户的所在地后的一定时间内进行，并以该地约定的检验机构所出具的检验证书作为决定交货质量、重量或数量的依据。

3. 出口国检验、进口国复验

这种做法是装运港（地）的检验机构进行检验后，以其出具的检验证书作为卖方收取货款的依据，货物运抵目的港（地）后由双方约定的检验机构复验，并出具证明。如发现货物与合同规定不符，并证明这种不符情况系属卖方责任，买方有权在规定的时间内凭复验证书向卖方提出异议和索赔。这一做法对买卖双方来说比较公平合理，它既承认卖方所提供的检验证书是有效的文件，作为双方交接货物和结算货款的依据之一，又给予买方复验权。因此，我国进出口贸易中一般都采用这一做法。

即学即思

某合同商品检验条款中规定以装船地商检报告为准。但在目的港交付货物时却发现品质与约定规格不符。买方经当地商检机构检验并凭其出具的检验证书向卖方索赔，卖方以装船地商检报告拒赔。

问题：卖方拒赔是否合理？

（二）检验机构

在国际货物买卖中，商品检验工作通常都由专业的检验机构负责办理。各国的检验机构，从组织性质来分，有官方的，有同业公会、协会或私人设立的，也有半官方的；从经营的业务来分，有综合性的，也有只限于检验特定商品的。

在具体交易中确定检验机构时，应考虑有关国家的法律法规、商品的性质、交易条件和交易习惯。检验机构的选定还与检验时间、地点有一定的关系。一般来讲，规定在出口国检验时，应由出口国的检验机构进行检验；在进口国检验时，则由进口国的检验机构负责。但是，在某些情况下，双方也可以约定由买方派出检验人员到产地或出口地点验货，或者约定由双方派员进行联合检验。

> **知识链接**
>
> 我国的检验检疫机构：1949 年成立的中华人民共和国商品检验局→1982 年成立的中华人民共和国进出口商品检验局→1998 年成立的中国出入境检验检疫局（CIQ）：主管卫生检疫、动植物检疫和商品检验（三检合一）→2001 年成立的中国质量监督检验检疫总局（简称质检总局，AQSIQ）→2018 年成立的中华人民共和国国家市场监督管理总局（简称市场监督局，SAMR）。

根据我国《商检法》，我国商检机构在进出口商品检验方面的基本任务有三项：实施法定检验；办理检验鉴定业务；对进出口商品的检验工作实施监督管理。

> **重要提示**：新《商检法》第 22 条对提供检验服务的检验机构的资格，修改为统一由国家商检部门认定，规定：国家商检部门可以按照国家有关规定，通过考核，许可符合条件的国内外检验机构承担委托的进出口商品检验鉴定业务。

（三）检验标准和方法

根据《商检法》规定，凡列入目录的进出口商品，按照国家技术规范的强制性要求进行检验；没有国家技术规范强制性要求的，可以参照国家商检部门指定的国外有关标准进行检验。法律、行政法规规定由其他检验机构实施检验的进出口商品或者检验项目，依照有关法律、行政法规的规定办理。此外，买卖合同中规定的质量、数量和包装条款通常也是进出口商品检验的重要依据。

商品检验的方法主要有感官检验、化学检验、物理检验、微生物检验等。

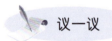

某公司从国外采购一批特殊器材，该器材指定由国外某检验机构负责检验合格后才能收货。后接到此检验机构的报告，报告称质量合格，但在其报告附注内说明，此项报告的部分检验记录由制造商提供。买方可以接受货物吗？

（四）检验证书

检验证书(Inspection Certificate)是商检机构对进出口商品实施检验或鉴定后出具的证明文件。常用的检验证书有：品质检验证书、重量检验证书、数量检验证书、兽医检验证书、卫生检验证书、消毒检验证书、植物检验证书、价值检验证书、产地检验证书等。在具体业务中，卖方究竟需要提供哪种证书，要根据商品的种类、性质、贸易习惯以及政府的有关法律法规而定。

商品检验证书的作用主要为：

（1）作为买卖双方交接货物的依据。

（2）作为索赔和理赔的依据。

（3）作为买卖双方结算货款的依据。

二、索赔(Claim)

索赔是指合同一方当事人因另一方当事人违约使其遭受损失而向对方提出损害赔偿要求的行为。理赔(Settlement of Claim)则是指一方提出索赔后，违约方受理对方提出的赔偿要求。因此，索赔与理赔是一个问题的两个方面，对受害方来说是索赔，对违约方来说是理赔。

（一）违约责任

国际货物买卖合同是确定买卖双方权利和义务的法律依据。根据各国法律和国际公约规定，当事人一方不履行合同或履行合同义务不符合约定，就构成违反合同，应承担继续履行、采取补救措施或者赔偿损失等违约责任。

> ☞ 知识链接
>
> 《联合国国际货物销售合同公约》规定："一方当事人违反合同的结果，如使另一方当事人蒙受损害，以致实际上剥夺了他根据合同规定有权期待得到的东西，即为根本违反合同，除非违反合同的一方并不预知，而且一个同等资格、通情达理的人处于相同情况下也没有理由预知会发生这种结果。"

根据《公约》规定，如果一方当事人的违约构成根本违反合同，另一方当事人可以宣告合同无效，并要求损害赔偿。如违约程度尚未达成根本违反合同，则另一方当事人只能要求损害赔偿而不能宣告合同无效。

我国《合同法》规定，当事人一方迟延履行合同义务或者有其他违约行为致使不能实现合同目的，对方当事人可以解除合同；《合同法》又规定，合同解除后，尚未履行的，终止履行；已经履行的，根据履行情况和合同性质，当事人可以要求恢复原状、采取其他补救措施，并有权要求赔偿损失。

（二）索赔条款

国际货物买卖合同中的索赔条款可根据不同的业务需要做不同的规定，通常采用的有"异议与索赔条款"和"罚金条款"两种。

1. 异议与索赔条款（Discrepancy and Claim Clause）

异议与索赔条款一般是针对卖方交货质量、数量或包装不符合合同规定而订立的，主要内容包括索赔依据、索赔期限等。有的合同还规定索赔金额和索赔方法。

（1）索赔依据。主要规定索赔时必须具备的证明文件以及出证的机构。索赔依据包括法律依据和事实依据两个方面。前者是指买卖合同和有关国家的法律规定；后者是指违约的事实真相及其书面证明。如果证据不全、不清，出证机构不符合要求，都可能遭到对方拒赔。

（2）索赔期限。这是指受损害一方有权向违约方提出索赔的期限。按照法律和国际惯例，受损害一方只能在一定的索赔期限内提出索赔，否则即丧失索赔权利。索赔期限有约定的与法定的之分。① 约定索赔期限：双方合同中明确规定的买方有权对货物进行检验和索赔的时间。索赔期限的长短应根据货物本身的特点而定。还要规定索赔期限起算时间，约定索赔期限的长短，须视货物的性质、运输、检验的繁简等情况而定。② 法定索赔期限：国际国内法律规定的索赔期限。《公约》规定：买方向卖方索赔的最迟期限为买方实际收到货物起两年内。我国法律规定为 4 年。

重要提示：索赔期限的规定方法通常有："货物到达目的港(地)后××天内"；"货物到达目的港(地)卸离海轮或运输工具后××天内"；"货物到达买方营业所或用户所在地××天内"；等等。如合同未规定索赔期限的，则按法定索赔期限。例如，根据《公约》规定，自买方实际收到货物之日起两年之内。我国《合同法》也规定，买方自标的物收到之日起两年中，但如标的物有质量保证期的，适用质量保证期。

做一做

根据《公约》规定，买方向卖方提出索赔的最后期限是（　　）；根据《海牙规则》的规定，向船运公司提出索赔的期限是（　　）；而通常对保险的赔偿向保险公司提出索赔的一般是（　　）

A. 货物到达目的港卸离海轮起两年

B. 买方实际收到货物起两年

C. 货物到达目的港交货后1年

（3）索赔金额。《公约》规定："一方当事人违反合同应负的损害赔偿额，应与另一当事人因他违反合同而遭受的包括利润在内的损失额相等。"即损害赔偿的数额应当与受害人的损失相等，法律不允许受害人得到超过其损失的损害赔偿。然而，在实际业务中，由于商品品质、数量方面的情况比较复杂，可能发生损失的程度也各有不同，无法事先确定具体的赔偿金额，只能约定损失赔偿的方法。

2. 罚金条款（Penalty Clause）

罚金条款亦称违约金条款，主要规定一方未按合同规定履行其义务时，应向对方支付一定数额的约定罚金，以补偿对方的损失。

罚金条款一般适用于一方当事人迟延履约，如卖方延期交货、买方延期接货或延迟开立信用证等违约行为。罚金的数额通常取决于违约时间的长短，并规定罚金的最高限额。

我国《合同法》规定，当事人可以在合同中约定，一方违约时，向对方支付违约金；也可以约定因违约产生的损失赔偿额的计算方法。但约定的违约金若低于或过分高于违反合同所造成的损失，当事人可以请求法院或者仲裁机构予以增加或适当减少。《合同法》还规定，当事人就迟延履行约定违约金的，违约方支付违约金后，还应当履行义务。

（三）索赔中应注意的问题

（1）必须在索赔期内提出。

（2）索赔时须提供的证件：

① 向出口商提出的索赔，包括检验证书、索赔清单等。

② 向运输公司提出的索赔，包括进口货物检验证书、索赔清单、有关的证书、提单（海运提单）、商业发票等。

③ 向保险公司提出的索赔，包括保险单的正本或副本、索赔清单、损失报告书、发票、提单等。

我国某公司向某国出口一批冷冻食品,收到货后,买方在合同规定的索赔有效期内向我方提出品质索赔,索赔额达数十万元人民币。买方附来的证件有:(1)法定商品检验证,注明该商品有变质现象,但未注明货物的详细批号,也未注明变质货物的数量或比例。(2)官方化验机构根据当地某食品零售商店送验食品而做出的变质证明书。我方公司未经详细研究就函复对方,没有否认商品变质问题,只是含糊其词地要求对方减少索赔金额,对方不应允,双方函件往来一年没有结果,对方遂派代表来华当面交涉,并称如得不到解决,将提交仲裁。

问题:对此索赔案我方应不应受理?试问双方各有什么漏洞?我方应如何本着实事求是精神和公平合理的原则来处理此案?

项目五 支付结算技术

学习任务一 汇付与托收

宁波市某进出口公司对外推销某种货物,该商品在新加坡市场销售情况日趋看好,逐渐成为抢手货。新加坡公司来电订购大批商品,但坚持使用汇付方式结算货款。此时,宁波公司内部就货款支付方式产生了不同意见。一些业务员认为汇付方式风险较大,不宜采用,主张使用信用证。但有些人认为汇付方式可行,也有些业务员主张用托收方式。试问,如果你是该公司的业务员,应选择哪种恰当的支付方式?并说明理由。

本案例中,要了解三种支付方式的含义及其应用特点,针对实际业务情况进行正确的选择。由于该商品销售情况良好,并且逐渐成为抢手货,作为出口方的宁波公司可以要求对方预付货款,等收到货款后再发货。

学习目标

1. 认知汇付、托收的含义及其当事人。
2. 了解汇付、托收的种类。
3. 能把握汇付、托收的流转程序。
4. 能理解汇付、托收的特点,并能根据具体贸易的特点进行汇付的应用。

一、汇付

(一) 汇付的含义及其当事人

汇付也称汇款,是指汇款人(进口人)通过银行向收款人(出口人)汇寄货款的一种结算方式。在一笔汇款业务中有四个当事人:

(1) 汇款人(Remitter),也即汇出款项的人,在国际贸易中,汇款人一般是进口商。
(2) 收款人(Payee),也即收取款项的人,在国际贸易中,收款人一般是出口商。
(3) 汇出行(Remitting Bank),指受汇款人的委托汇出款项的银行,通常是进口地银行。
(4) 汇入行(Paying Bank),指受汇出行的委托支付汇款的银行,通常是出口地银行。

(二) 汇付种类

1. 电汇(缩写成 T/T,Telegraphic Transfer)

电汇是进口人请求当地银行(汇出行)用电报或电传等电讯手段发出付款委托通知书,委托出口人所在地银行(汇入行)向出口人付款的一种结算方式。

2. 信汇(缩写成 M/T,Mail Transfer)

信汇是进口人请求当地银行(汇出行)以信函方式发出付款委托,委托出口人所在地银行(汇入行)向出口人付款的一种结算方式。

电/信汇业务程序如图3-8所示。

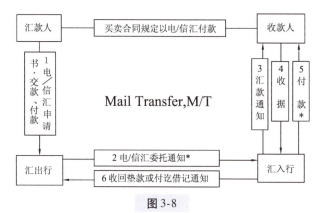

图3-8

3. 票汇(简称 D/D,Demand Draft)

票汇是进口人请求当地银行(汇出行)开出以出口地银行(汇入行或付款行)为付款人的银行即期汇票后,进口人自行将其寄交出口人,再由出口人到汇入行取款的结算方式。票汇的支付工具是银行即期汇票。

票汇业务程序如图 3-9 所示。

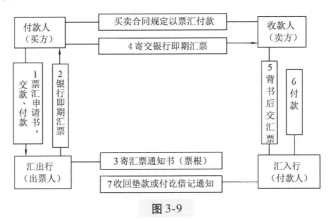

图 3-9

即学即思

电汇、信汇、票汇的特点分别是什么?

趣味讨论

信汇、电汇和票汇的区别。

(三) 汇付方式的支付程序

前提:双方在买卖合同中规定以电汇或信汇的方式支付货款。

第一步:汇款人(进口商)向汇出行递交电汇或信汇申请书,交付货款并支付汇款手续费。

第二步:汇出行受理汇款人的委托,用电讯的方式或信函通知汇入行付款给出口方。

第三步:汇入行接到汇出行通知后,立即通知收款人。

第四步:收款人向汇入行递交收款收据。

第五步:汇入行向收款人解付货款。

第六步:汇入行向汇出行发出付讫借记通知书。

 议一议

你能准确画出电汇、信汇流程图中的箭头指向吗?你能准确叙述出每个步骤的具体业务吗?

前提:双方在买卖合同中规定以票汇的方式支付货款。

第一步:汇款人(进口商)向汇出行递交电汇或信汇申请书,购买以汇入行为付款人、金额相等于货款的汇票并支付票汇手续费。

第二步:汇出行开立即期汇票交给汇款人,汇票的受票人为汇入行即出口地银行,收款人为出口方。

第三步:汇出行向汇入行发出票汇通知书,附所开汇票副本。

第四步:付款人自行将汇票寄交给收款人(出口方)。

第五步:收款人将汇票背书后交给汇入行。

第六步:汇入行审核汇票无误后,将货款支付给收款人。

第七步:汇入行向汇出行发出付讫借记通知书。

你能准确画出票汇流程图中的箭头指向吗?

你能准确叙述出每个步骤的具体业务吗?

(四)汇付的特点

1. 顺汇法

汇付采用的是顺汇支付方式,在支付过程中,资金的流动方向与支付工具的流动方向相同,是付款人的一种主动付款行为。

2. 灵活简便

汇付是付款人的主动支付行为,所以操作起来非常简便,并且不受货物的约束。

3. 风险大

在汇付方式下,付款与交货之间完全失去相互的约束。预付货款时,卖方收到货款后,是否按合同交货完全取决于出口方的信用,同样,货到付款时,买方收到货物后,是否按期付款也没有任何直接的约束。汇付带有一定的风险。

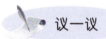

2017年10月,我国甲外贸公司与香港乙商社首次签订一宗买卖合同,合同规定中方提供一批货物,采用电汇方式。

中方表示同意,并请其先把汇款凭证传真给中方,在收到货款后再发货。第二天,港商便传来了银行的汇款凭证(银行汇票),中方业务人员把传真送财务部门,并转银行审核,经核对签字无误。此时,中国港口及运输部门又多次催促装箱、装船。中方有关人员认为款已汇出,不必等款到再发货,否则错过装船期影响装运,于是即装船,并及时发出装船电。发货后1个月财务人员查询时发现了问题。原来港商在中方要求修改好信用证才能装货的情况下,到银行买了张银行汇票传真过来作为汇款凭证,中方业务人员不了解情况。港商就利用一张有银行签字的汇票促使中方发货,待收到装船电后,便立即撤销这笔汇款,把本应寄给中方的正本汇票退回银行。因其正本汇票还未寄出,汇付又仅属商业信用,银行是准予撤销的,只收少量手续费。港商这种欺诈行为使中方公司钱、货两空,损失惨重。

结合上述所学知识,分析该案例。你得出什么教训?

二、托收

案例

上海家纺公司曾多次向美国物源公司售货,同时将物权单证通过上海浦发银行交与美国F银行按付款交单方式托收。F银行在未向物源公司收妥货款的情况下,将单证交给了物源公司。现物源公司宣告破产,家纺公司因此向美国联邦地区法院新墨西哥管区起诉F银行,以挽回损失。美国地区法院首席法官审理认为,F银行在未收货款的情况下将物权凭证交给物源公司是一种总体上的疏忽行为,由于这一疏忽,造成了家纺公司的损失。F银行的抗辩试图将责任转至家纺公司坏的商业决策上。嗣后,家纺公司与F银行达成和解协议,F银行支付了相应款项。

案例提示:该案例中,遇到的是跟单托收方式结算的时候指定代收行的问题。在托收结算方式中,作为出口方的上海家纺公司,还缺少特别强的风险意识。对于代收行的选定和考察,都是托收方式中不可缺少的风险防范步骤。

(一)托收的含义及其当事人

1. 托收的含义

托收是指出口人开具以进口人为付款人的汇票,委托当地银行通过它在国外的分支行或代理行向进口人收取货款的结算方式。

2. 托收的当事人

(1)委托人(Principal),委托银行办理代收货款的人,委托人为债权人,即出口人或收款人。

(2)托收银行(Remitting Bank),接受委托人的委托,办理代收货款业务的银行。

(3)代收银行(Collecting Bank),接受托收银行的委托,代向付款人收款的银行。

(4)付款人(Payer),即商业汇票的付款人,也是主债务人或进口人。代收银行应将商业汇票等票据向其提示并要求其承兑或付款。

(二)托收的种类

1. 光票托收

光票托收是指出口人仅开立汇票交给银行托收,并不附带任何装运票据;或虽然有时也附带单据,如发票、付款清单等,但因这些单据不是装运单据,所以也属于光票托收。光票托收的汇票可以是即期汇票,也可以是远期汇票。

2. 跟单托收

跟单托收是指出口人将汇票和装运单据一同交给银行,委托银行代收。

(1) 付款交单(Document Against Payment,简称 D/P),是指出口人装运之后,开具汇票,连同装运单据一起交给当地银行,当地银行通过国外的分支行或代理行(代收银行)向进口人提示,进口人在付清货款后才能从代收银行那里取得装运单据,即通常所说的"一手交钱,一手交货"。

付款交单又分为即期付款交单和远期付款交单两种。

即期付款交单(D/P at sight)是指托收的汇票是即期汇票,在经代收银行(或提示银行)提示时,进口人必须见票付款,然后领取装运单据。

远期付款交单(D/P after sight)是指托收的汇票是远期汇票,在经代收银行(或提示银行)提示时,进口人先承兑汇票,然后等汇票到期时再付款赎单。

即学即思

即期付款交单和远期付款交单有什么不同?在实际使用中,你将如何选择这两种方式?

(2) 承兑交单(Document Against Acceptance,简称 D/A),是指出口人装运之后,开具远期汇票,连同装运单据一起交给当地银行,当地银行通过国外的分支行或代理行(代收银行或提示银行)向进口人提示,待进口人承兑远期汇票之后,即可取得装运单据,提取货物,待汇票到期再付清货款。

即学即思

光票托收、跟单托收、承兑交单的特点分别是什么?

趣味讨论

付款交单和承兑交单有什么不同?实际运用中你将如何选择?

(三)托收的流转程序

前提:进出口双方在买卖合同中规定采用即期付款交单的方式付款。

(1) 出口方按合同规定发货后,填写托收委托书,开立以进口商为付款人的即期汇票,连同全套货运单据交托收行,委托代其收款。

(2) 托收行将托收委托书、汇票和全套货运单据寄交代收行,委托代收货款。

(3) 代收行向付款人(进口商)做付款提示。

(4) 付款人审核单据无误后,向代收行付款赎单。

(5) 代收行收款后交单。

(6) 代收行向托收行转账,发出付讫通知。

(7) 托收行将货款交委托人。

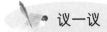

你能准确画出付款交单流程图(如图3-10所示)中的箭头指向吗?
你能准确叙述出每个步骤的具体业务吗?

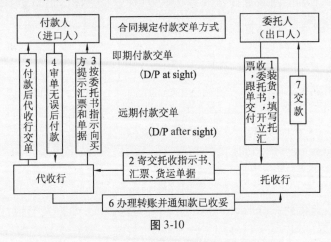

图3-10

前提:进出口双方在买卖合同中规定采用承兑交单的方式付款。

(1)出口方按合同规定发货后,填写承兑交单托收委托书,开立以进口商为付款人的远期汇票,连同全套货运单据交托收行,委托代其收款。

(2)托收行将托收委托书、汇票和全套货运单据寄交代收行,委托代收货款。

(3)代收行向进口商做出承兑提示。进口商审核单据无误后,承兑汇票,取得全套货运单据,代收行保留汇票。

(4)汇票到期后,代收行向付款人做出付款提示,付款人付清货款。

(5)代收行向托收行转账,发出付讫通知。

(6)托收行将货款交委托人。

你能准确画出承兑交单流程图(如图3-11所示)中的箭头指向吗?
你能准确叙述出每个步骤的具体业务吗?

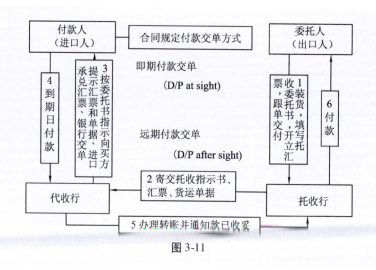

图 3-11

(四) 托收方式的特点

(1) 托收是商业信用。托收方式是以进口人为付款人,委托人与银行之间是委托代理关系,银行不负责保证付款;银行办理托收业务时,只是作为委托人代理行事,既无检查装运单据是否齐全或正确的义务,也无承担付款的责任。

(2) 在付款交单的情况下,进口人在没有付清货款之前,货物的所有权仍属出口人。在承兑交单的情况下,进口人只要在汇票上履行承兑手续后,即可取得货运单据,所以承兑交单的风险比付款交单更大。

重要提示:托收与汇款的区别:一是两者的委托人不同,前者是出口人(债权人),后者是进口人(债务人);二是动机不同,前者是收款,后者是主动付款;三是结算工具和资金的传送方向不同,前者的方向是"逆汇",后者的方向是"顺汇"。

☞知识链接

国际商会《托收统一规则》

《托收统一规则》(国际商会第 522 号出版物)是托收业务使用的国际惯例。

以下是该规则所涉及的部分内容:

1. 在托收业务中,银行除了检查所收到的单据是否与委托书所列一致外,对单据并无审核的责任。但银行必须按照委托书的指示行事,如无法照办时,应立即通知发出委托书的一方。

2. 未经代收银行事先同意,货物不能直接发给代收银行。如未经同意就将货物发给银行或以银行为收货人,该银行无义务提取货物,仍由发货人承担货物的风险和责任。

3. 远期付款交单下的委托书,必须指明单据是凭承兑还是凭付款交单。如未指明,银行只能凭付款交单。

4. 银行对于任何在传递中发生的遗失或差错概不负责。

5. 提示银行对于任何签字真实性或签字人的权限概不负责。

6. 托收费用应由付款人或委托人负担。

7. 委托人应受国外法律和惯例规定的义务和责任所约束,并对银行承担该项义务和责任负赔偿职责。

8. 汇票如被拒付,托收银行应在合理时间内做出进一步处理单据的指示。如提示银行发出拒绝通知书后60天内未接到指示,可将单据退回托收银行,而提示银行不再承担进一步的责任。

职业能力训练

某公司出口纺织类产品到欧洲某国家,客人要求做D/P托收,并且指定××银行作为代收行。由于买卖双方做业务也不是第一次了,以前也通过××银行托收过,所以此次业务还是重复过去的做法。但是这次单据寄到××银行之后,6个多月也没有收到货款,而客人其实早就把货物提走卖掉了。原来是××银行私自将提货单据放给了买方。该出口商非常着急,聘请了律师专门飞到欧洲,好不容易才把货款追回。后来该出口商仔细核对过去的收款记录,发现以前历次托收虽然都收到了货款,但是每次都是银行先将单据放给了客人,客人都要滞后至少一个星期才付款。

试分析代收行的行为有何不妥。

学习任务二 信用证

引导案例

我国A公司向加拿大B公司以CIF术语出口一批货物,合同规定4月份装运。B公司于4月10日开来不可撤销信用证。此证按《UCP 600》规定办理。证内规定:装运期不得晚于4月15日。此时我方已来不及办理租船订舱,立即要求B公司将装船期延至5月15日。随后B公司来电称同意展延船期,有效期也顺延一个月。我国A公司于5月10日装船,提单签发日5月10日,并于5月14日将全套符合信用证规定的单据交银行办理议付。

试问:我国A公司能否顺利结汇?为什么?

案例提示

该案例中,涉及两个关键文件,即合同和信用证。在实际业务履行中,双方通过电话联系交流,达成了船期的修改,形成了一致意见。这是对贸易合同的修改。但对于信用证的内容,双方并未进行相关的交流和修订。实际业务行为不符合信用证相关内容。

结汇是按合同的履行还是信用证的履行呢?

对于该案例的问题,只有在了解信用证的特点后,才能顺利解答。

1. 认知信用证的含义及其当事人。
2. 了解信用证的内容。
3. 能把握信用证的流转程序。
4. 能理解信用证的特点,并能根据具体贸易的特点进行信用证的应用。

一、信用证的含义及其当事人

(一)信用证含义

信用证(Letter of Credit,L/C)是指开证银行应申请人(多为进口商)的请求,开给第三者(多为出口商)的一种保证凭规定单据付款的书面文件。

(二)信用证当事人

信用证当事人之间的关系如图3-12所示。

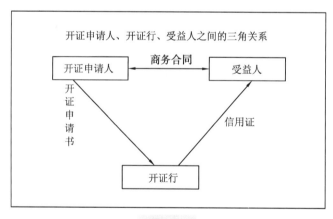

图 3-12

(1)开证申请人(Applicant):又称开证人(Opener),一般为进口人,是信用证交易的发起人。

(2)开证行(Opening Bank/Issuing Bank):一般是进口地的银行,开立信用证后,承担第一付款责任。

(3)受益人(Beneficiary):一般为出口人,是信用证的收件人(Addressee)和信用证的使用者。可以按信用证要求,签发汇票向付款行索取货款。

(4)通知行(Advising Bank/Notifying Bank):一般为出口人所在地的银行,通常是开证行的代理行。仅承担通知收件人和鉴别信用证表面真实性的义务。

（5）议付行（Negotiating Bank）：又称押汇银行、购票银行或贴现银行，作为善意持票人对出票人（受益人）具有追索权。议付可分为限制议付和自由议付。

（6）付款行（Paying Bank/Drawee Bank）：又称受票银行，开证行一般兼为付款行。

> **重要提示：**
> （1）商务合同、开证申请书和信用证三者是相互独立的。
> （2）开证行受两个合同的制约，即开证申请书和信用证本身，但与商务合同无关。
> （3）开证申请人受两个合同的制约，即商务合同和开证申请书，但与信用证没有直接关系。
> （4）受益人与开证行的关系源于信用证。

信用证当事人之间的关系：
（1）开证申请人与开证行：合同关系。
（2）开证行与受益人：合同关系（不可撤销）。
（3）通知行与开证行：委托代理关系。
（4）通知行与受益人、开证申请人：无直接合同关系。
（5）开证行与付款行、议付行：银行间合同关系。
（6）受益人与付款行：债权和债务关系。
（7）受益人与议付行之间：票据转让关系。

二、信用证的内容

（1）对信用证本身的说明：
① 信用证的当事人：开证申请人、开证行、受益人、通知行等的名称和地址，有的信用证还指定议付行、付款行、偿付行、保兑行等。
② 信用证种类性质和编号：是即期付款、延期付款、承兑，还是议付信用证，以及可否撤销、可否转让、是否经另一银行保兑等。
③ 信用证金额：规定信用证应支付的最高金额及支付货币。
④ 信用证开证日期、到期日和到期地点、交单期限。
（2）货物条款：货物的名称、规格、数量、包装、价格等。
（3）装运和保险条款：如装运港或启运地、卸货港或目的地、装运期限、可否分批装运、可否转运等，CIF 或 CIP 条件下的投保金额和险别等。
（4）单据条款：通常要求提交货物单据（商业发票、装箱单、重量单、产地证、检验证书等）、运输单据（海运提单、联合运输提单、简式运输单据等）、保险单据（保险单）。
（5）汇票条款：包括汇票的种类、出票人、受票人、付款期限、出票条款及出票日期等。
（6）特殊条款：视具体交易的需要各异。如要求通知行加保兑，限制由某银行议付，限装某船或不许装某船，不准在某港停靠或不准采取某条航线，待具备某条件后信用证方始生效等。

(7) 开证行责任条款:开证行签字和密押等。

三、信用证收付程序

信用证收付程序如图 3-13 所示。

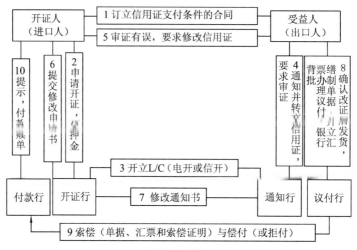

图 3-13

(1) 进出口双方订立信用证支付条件的合同。

(2) 进口方(开证申请人)根据合同规定填写开证申请书,向进口地银行(开证行)申请开立信用证,同时交纳开证保证金。

(3) 开证行审核开证申请书,收妥保证金后,开立信用证(电开或信开)。

(4) 经通知行审核信用证真伪后通知出口人并转交信用证,要求审证。

(5) 出口人审核信用证发现信用证内容有误差,要求开证人修改信用证。

(6) 开证人向开证行提交信用证修改申请书。

(7) 开证行重新修改后向通知行寄发修改通知书。

(8) 出口商确认改证审核无误后发货,并缮制全套单据,开立汇票,在信用证规定的期限内,送交议付行办理议付,议付行按信用证条款审核单据无误后,扣除利息及手续费,把货款垫付给出口商。

(9) 议付行将全套单据或汇票寄给开证行索偿(单据、汇票和索偿证明)与偿付(或拒付)。

(10) 开证行通知进口商付款赎单(发现单证不符,也可以拒绝赎单)。

做一做

你能准确画出信用证流程图中的箭头指向吗?
你能准确叙述出每个步骤的具体业务吗?

四、信用证的特点

（一）信用证是一项独立文件

信用证虽以贸易合同为基础，但它一经开立，就成为独立于贸易合同之外的另一种契约。信用证是自足文件（Self-sufficient Instrument）。

（二）信用证是一种银行信用，开证行负首要付款责任（Primary Liabilities for Payment）

信用证支付方式是一种银行信用，由开证行以自己的信用做出付款保证，开证行提供的是信用而不是资金，其特点是在符合信用证规定的条件下，首先由开证行承担付款的责任。

（三）信用证业务处理的是单据

信用证业务是一种纯粹的凭单据付款的单据业务。单据成为银行付款的唯一依据，这也就是说，银行只认单据是否与信用证相符。所以，在使用信用证支付的条件下，受益人要想安全、及时收到货款，必须做到"单单一致""单证一致"。

趣味讨论

前述引导案例你会分析吗？

☞ 知识链接

环球电协（SWIFT）

Society for World wide Inter bank Financial Telecommunication（环球银行金融电讯协会），1973年成立，总部设在比利时的布鲁塞尔。环球电协从事传递各国之间非公开性的金融电讯业务，包括外汇买卖、证券交易，开立信用证，办理信用证项下的汇票业务和托收，国际间财务清算和银行间资金调拨。网址为http://www.swift.com/。

环球电协依据国际商会制订的电讯信用证格式，利用SWIFT网络系统设计的特殊格式，并通过该网络系统传递信用证信息。

采用SWIFT开证使信用证具有标准化、固定化和统一格式的特性，且传递速度快捷，成本较低。

重要提示：使用信用证的重要注意事项：

第一，出口企业必须慎重选择贸易伙伴。

第二，接到买方开来的信用证要仔细核对是否和合同条款一致，如果有不符之处应尽快要求对方改证。

第三,出口企业或工贸公司在与外商签约时,应平等、合理、谨慎地确立合同条款。

第四,出口商应提高自身制单水平,避免中间环节的失误。

案例

我国某公司对南非出口一批化工产品 2 000 公吨,采用信用证支付方式。国外来证规定:"禁止分批装运,允许转运。"该证并注明:按《UCP 600》办理。现已知:装期临近,已订妥一艘驶往南非的"黄石"号货轮,此时,该批化工产品在新港和青岛各有 1 000 公吨尚未集中在一起。

如你是这笔业务的经办人,最好选择哪种处理方法?为什么?

 职业能力训练

我国 A 外贸公司向英国 B 公司出口茶叶 600 公吨,合同规定:4 月至 6 月份分批装运。B 公司按时开来信用证。证内规定:"Shipment during April/June, April shipment 100 M/T, May shipment 200 M/T, June shipment 300 M/T."我国 A 公司实际出运情况是:4 月份装出 100 M/T,并顺利结汇。5 月份因故未能装出,6 月份装运 500 M/T。

试问:我方外贸公司 6 月份出运后能否顺利结汇?为什么?

项目六 商订与履行合同的技术

学习任务一 合同商订环节

 引导案例

美国客户 A 商来到中国南方某厂洽购一批设备,客人先去厂房查验设备,不时地询问产品的质量、规格及生产情况,对我方产品表示了极大的兴趣,并决定当日下午举行会谈。双方开始会谈时气氛良好,美国客户将他们的要求做了详细的介绍,厂方代表对此做了相应的答复并发出报盘。客户对我方所报价格非常惊讶,同时指出韩国同类设备拥有的优点及低廉的报价,希望厂方予以解释。遗憾的是厂方代表对该设备的主要竞争者——韩国产品却一无所知,回答不了客户的提问。在接下来的询问中,客户更为吃惊,厂方代表竟然不清楚客户购买我方 40 台设备所需的生产时间。无奈之中,客户拂袖而去。

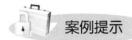

案例提示

出口交易磋商的目的是订立合同,磋商的效果决定了交易的成败和合同质量的高低,因此是外贸业务活动中最重要的环节。我国南方该厂家对国际市场行情、竞争对手、自营产品的不了解,导致本应达成交易的美国客户离开谈判桌,遗憾而去。

学习目标

1. 认知交易磋商的程序,重点理解发盘和接受两大关键环节。
2. 把握交易磋商的准备工作和合同签订的相关内容。
3. 会运用合同商订知识解决交易磋商与合同签订中的实际问题。

一、交易磋商准备

(一)市场调研

市场调研应对商品、销售、服务等问题进行系统的收集、记录和分析,着重对自身的产品、销售渠道、目标市场、国外客户、竞争者的状况等方面进行调研,这些信息是经营者比较、分析问题,制订经营决策的依据。

市场调研的内容一般包括:
(1)熟知自身经营的产品;
(2)对目标市场的调研;
(3)对国外客户的调研;
(4)掌握竞争者的状况;
(5)对销售渠道的调研。

(二)制订进出口经营方案

进出口经营方案是在市场调研基础上,对市场信息进行筛选、分析、归纳,结合本企业的经营战略目标、企业本身特点而制订的行动方案。进出口经营方案是企业进出口经营的行动指南,是对外洽商交易、推销商品和安排进出口业务的依据。进出口经营方案有文字叙述和表格两种形式。

二、交易磋商程序

在国际货物买卖合同商订过程中,交易磋商程序主要包括询盘、发盘、还盘和接受四个环节,如图3-14所示。其中发盘和接受是达成交易、合同成

询盘 ⇒ 发盘 ⇒ 还盘 ⇒ 接受

图3-14

立不可缺少的两个基本环节和必经的法律步骤。

(一) 询盘(Inquiry)

询盘就是交易的一方向对方询问买卖商品的有关条件,表达交易意愿,邀请对方发盘。询盘的内容可以是价格、规格、品质、数量、包装、装运以及索取样品等,而多数只是询问价格,所以,询盘又称作询价。

询盘可以由卖方也可由买方发出,对买卖双方均无法律约束力。

(1) Can supply men shirt 1,000 M/T please bid.
(2) Interested in THREE GUNS brand bicycles December shipment please quotes.

试分析上述询盘分别由哪方发出?

(二) 发盘(Offer)

发盘是交易的一方(发盘人)向另一方(受盘人)提出购买或出售某种商品的各项条件,并愿意按照这些条件与对方达成交易、订立合同的行为。发盘在法律上称为"要约"。发盘既可由卖方提出,也可由买方提出。发盘具有法律约束力。

☞ **知识链接**

《联合国国际货物销售合同公约》(以下简称《公约》)第14条第一款规定:"凡向一个或一个以上的特定的人提出的订立合同的建议,如果其内容十分确定并且表明发盘人有在其发盘一旦得到接受就受其约束的意思,即构成发盘。"

1. 构成发盘的条件

(1) 发盘要有特定的受盘人。发盘必须向指定的受盘人发出,即要向有名有姓的公司或个人提出,受盘人可以是一个,也可以是明确的几个。

☞ **知识链接**

《公约》第14条第二款规定:"非向一个或一个以上特定的人提出的建议,仅应视为邀请发盘,除非提出意见的人明确地表示相反的意向。"

根据《公约》规定,某出口商为招揽用货单位而向一些国外客户寄发的商品目录、报价单、价目表或刊登的商品广告等,是否属于发盘?

(2) 发盘的内容十分确定。发盘内容的确定表现为发盘中的交易条件必须是完整的、明确的和终局的。《公约》规定,发盘至少包括商品的名称、数量、价格才可以认为发盘内容是"完整"的。发盘的"确定"和"终局"是指发盘没有含糊不清、模棱两可的字样,没有保留性或限制性条款。

> **重要提示**:《公约》关于发盘内容的上述规定,只是对构成发盘的起码要求。在实际业务中,如发盘的交易条件太少或过于简单,会给合同的履行带来困难,甚至引起争议。因此,在对外发盘时,最好将品名、品质、数量、包装、价格、交货时间、地点和支付办法等主要交易条件一一列明。

即学即思

可供应货号 103 运动衫 600 打,每打 CIF 纽约价 92 美元,每 10 打装一纸箱,5/6 月装船,以不可撤销信用证支付,限 18 日复到有效。

上述是否为一项有效的发盘?为什么?

(3) 发盘要表明发盘人受其约束。必须表明发盘人对其发盘一旦被受盘人接受即受约束的意思,即受盘人只要接受发盘的条件,发盘人就要承担与受盘人订立合同的法律责任。

(4) 发盘必须送达受盘人。《公约》规定,发盘于送达受盘人时生效。如发盘由于在传递过程中遗失以致受盘人未能收到,则该发盘无效。

2. 发盘的撤回与撤销

发盘的撤回与撤销如表 3-7 所示。

表 3-7 发盘的撤回与撤销

发盘撤回	发盘撤销
发盘尚未送达受盘人之前(发盘未生效),由发盘人阻止其生效的行为	发盘送达受盘人之后(发盘已生效),而受盘人做出接受前,发盘人取消发盘的行为

《公约》规定,如果发盘人的撤回通知在发盘送达受盘人之前或同时到达受盘人,发盘得以撤回;如果发盘人的撤销通知在受盘人发出接受通知前送达受盘人,发盘得以撤销。但下列情况下不得撤销:

(1) 发盘注明有效期,或以其他方式表示发盘不可撤销的;

(2) 受盘人有理由信赖该发盘是不可撤销的,并且已本着对该发盘的信赖行事(如受盘人接到发盘以后没有声明接受就通过银行开来了信用证,则该发盘不可撤销)。

即学即思

我国某公司 3 月 12 日向美商发盘,提供货号 103 运动衫 600 打,每打 CIF 纽约价 92 美元,以不可撤销信用证支付,限 18 日复到有效。该盘于当日到达。次日该公司发现该发盘有问题,向美商发传真要求撤销该发盘。

问题:试分析该发盘可否撤销。

（三）还盘（Counter Offer）

还盘又称还价，在法律上称为"新要约"。

还盘是对发盘的拒绝和否定。一项发盘一旦被受盘人还盘，原发盘即告失效，原发盘人就不再受其约束。还盘实质上是一项新的发盘。在实际业务中，还盘可以用"还盘"字样表示，也可以只用与原发盘条件不同的内容通知对方。例如：

"你方20日电还盘65美元CIF洛杉矶限8日复到。"（用"还盘"字样）

"你15日电报价难接受希减价3%，17日我方时间复到有效。"（未用"还盘"字样，直接提出降价要求）

重要提示：从法律上讲，还盘并非交易磋商的必经环节，但在实际业务中，往往要经过多次还盘才能最后达成交易。

即学即思

我方某公司于5月20日以电传发盘，并规定"限5月25日复到"。国外客户于5月23日复电至我方，要求将即期信用证改为远期信用证见票后30天。我方公司正在研究中，次日又接到对方当天发来的电传，表示无条件接受我5月20日的发盘。

问题：此项交易是否达成？

（四）接受（Acceptance）

接受是指受盘人在发盘规定的时限内，以声明或行为表示同意发盘提出的各项条件。接受在法律上称为"承诺"。接受具有法律约束力，因为受盘人对发盘一旦表示接受，合同即告成立。接受是交易磋商过程中必不可少的环节。

1. 构成接受的条件

（1）必须由受盘人做出。发盘是对特定的人提出，因此只有受盘人才能对发盘做出接受。

由第三者做出的接受是否具有法律效力？其应被视为接受还是新的发盘？为什么？

（2）必须明确表示。接受必须由受盘人以一定的方式表示出来。接受的方式通常有两种：一是声明，可以采用口头或书面形式；二是行动，本着对发盘的信赖采取相应的行动，如受盘人收到发盘后且在发盘有效期内，出口方发运货物，进口方支付货款或开出信用证，均属于用行为表示接受。

重要提示：沉默和不行动不能视为接受。

（3）必须与发盘内容一致。原则上讲，受盘人必须无条件地同意发盘的全部内容，才能构成有效的接受。但为了促进成交,《公约》将接受中对发盘内容的修改分为实质性变更和非实质性变更,前者构成还盘,而后者除非由发盘人及时提出反对仍构成有效的接受。

> **知识链接**
>
> **实质性变更与非实质性变更**
>
> 按照《公约》第19条第3款规定:
>
> **实质性变更**:对货物的价格、付款、质量和数量、交货时间和地点、赔偿责任范围、解决争端等的添加、限制或更改。
>
> **非实质性变更**:除上述情形外对发盘内容的变更,如要求增加提供重量单、装箱单、商检证和原产地证书等单据,或要求增加单据的份数,或要求分两批装运等。

案例

我方某公司向英国A公司发盘出售一批大宗商品,对方在发盘有效期内复电表示接受,同时指出:"凡发生争议,双方应通过友好协商解决;如果协商不能解决,应将争议提交中国国际经济贸易仲裁委员会仲裁。"第三天,我方收到A公司通过银行开来的信用证。因获知该商品的国际市场价格已大幅度上涨,我方公司当天将信用证退回,但A公司认为其接受有效,合同成立。双方意见不一。

问题:试问按照《公约》的规定,合同是否成立?为什么?

做一做

某月18日,我方向德国A商发盘"可供一级红枣100公吨,每公吨500美元CIF纽约,适合海运包装。订购后即装船,不可撤销即期信用证付款,请速复电"。A商立即电复:"你18日电我方接受,用麻袋包装,内加一层塑料袋。"我方收到复电后着手备货。数日后,一级红枣的国际市场价格猛跌。A商来电称:"我方对包装条件做了变更,你方未确认,合同并未成立。"而我公司坚持合同已成立。

试按照《公约》的规定对此案进行分析。

(4)必须在有效期内送达。《公约》对于接受生效采用"到达生效"的原则,即接受送达发盘人时生效。受盘人必须在发盘规定的有效期内(若发盘未规定有效期,则在"合理时间"内)做出接受并送达发盘人,才具有法律效力。

2. 逾期接受

如果接受通知未在发盘规定的有效期或超过合理时间送达发盘人,则该项接受即构成逾期接受,又称"迟到的接受"。按各国法律规定,逾期接受一般无效。但根据《公约》规定,逾期接受在下列两种情况下仍然具有效力:

(1)如果发盘人毫不迟延地用口头或书面的形式将此种意思通知受盘人,表明接受有效;

（2）如果载有逾期接受的信件或其他书面文件表明，在传递正常的情况下，本来能够及时送达发盘人，由于出现传递不正常的情况而造成了延误，这种逾期接受仍可被认为是有效的，除非发盘人毫不延迟地用口头或书面形式通知受盘人声明发盘已经失效。

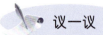

我方某外贸公司与一外商洽商一笔交易，我方发盘电报中明确5月20日复到有效，但由于市场发生急剧变化，外商5月22日才发来传真表示接受，试分析我方可以如何处理？

3．接受的撤回

由于《公约》在接受生效问题上采用"到达生效"原则，因此，接受在发出后而未到达发盘人之前可以撤回。根据《公约》规定："接受可以撤回，只要撤回的通知能于该项接受生效之前或与其同时到达发盘人。"

重要提示：接受不可以撤销，因为接受通知一经到达发盘人即生效，合同即告成立，如果撤销接受，就属于毁约行为。

三、进出口合同签订

（一）合同有效成立的条件

（1）合同当事人必须具有订立合同的行为能力。
（2）合同必须有对价或约因，即合同双方当事人必须互为有偿。
（3）合同的内容必须合法。
（4）合同必须符合法律规定的形式。
（5）合同当事人的意思表示必须真实。

（二）合同的形式

在国际贸易中，合同的形式可以采用书面形式、口头形式和其他形式。其中，书面形式是指合同书、信件和数据电文（包括电报、电传、传真、电子数据交换和电子邮件）等可以有形地表现所载内容的形式。

> **知识链接**
>
> 我国在加入《联合国国际货物销售合同公约》时，对《公约》中关于"销售合同无须以书面订立或书面证明，可以采用任何形式订立"的规定提出了保留，即我国对外订立、修改或终止合同，必须采取书面形式。

（三）合同的内容

1. 约首部分

约首部分是指合同的序言部分，包括合同的名称、合同编号、订约双方的名称和地址（要求写明全称）、电传号码、双方订立合同的意愿和执行合同的保证等内容。

2. 基本条款

基本条款是合同的主体部分，具体列明各项交易条款，通常有品名、品质规格、数量、单价、包装、交货时间与地点、运输与保险条件、支付方式以及商品检验、异议与索赔、不可抗力和仲裁等条款。

3. 约尾部分

约尾部分一般列明合同份数、订约日期、订约地点、生效时间和双方当事人签字等项内容。

职业能力训练

澳大利亚某公司与我国某机械设备公司就车床进行交易磋商的来往函电如下：
(1) 8月4日来电：欲购SW335型车床两台，请报最低价格和最快交货期。
(2) 8月7日去电：你4日电每台5 500美元CIF悉尼10月份交货，即期L/C支付。
(3) 8月12日来电：你7日电最高每台5 000美元，10月份交货，D/P支付。
(4) 8月16日去电：你12日电每台5 000美元接受，即期L/C支付。
(5) 8月20日来电：你16日电接受SW335型车床两台，每台5 000美元CIF悉尼，10月份装船，即期L/C支付，包装箱内加塑料袋，请拟合同。

问题：试分析上述函电各属于交易磋商的哪个环节，并说明原因。

学习任务二　合同履行程序

 引导案例

某合同规定采购某产品500吨，并须于当年1月30日以前开来信用证，2月15日以前装船。买方于1月28日开来信用证，有效期到2月10日。到期卖方无法装运，电请信用证延至2月20日。买方电报同意改证。卖方2月16日交单后被买方拒付，事后卖方与买方进行交涉，但买方却人走楼空。

 案例提示

履行合同既是经济行为，又是法律行为，出口商必须严格按照出口合同的程序切实履

行,建立信誉,同时规避陷阱。卖方轻信买方电报改证承诺,未等改证到达,就贸然发货,结果遭到拒付。

学习目标

1. 认知出口合同履行的程序与进口合同履行的程序。
2. 把握进口合同履行与出口合同履行的内在联系。
3. 会运用相关知识解决进出口合同履行中的实际问题。

一、出口合同的履行

在我国的出口业务中,多数采用 CIF 价格条件成交,并且一般争取采用信用证付款方式。履行出口合同时,一般包括备货、催证、审证、改证、租船订舱、报验、报关、保险、装船、制单结汇等工作环节。其中,货(备货)、证(催证、审证、改证)、船(租船订舱)、款(制单结汇)四个环节的工作最为重要。

(一)备货与报验

1. 备货

备货工作是指卖方根据出口合同的规定,按质、按量地准备好应交付的货物,保证按时发运货物。

重要提示:备货的注意事项:
(1) 货物的质量、规格应与合同、信用证规定一致。
(2) 货物的数量应符合合同与信用证规定且要适当多备。
(3) 货物的包装和唛头应符合合同与信用证规定及运输要求。
(4) 备货时间应与合同或信用证规定的交货时间和期限相适应。

在备货过程中,为什么备货数量须在符合合同与信用证规定的基础上适当多备一些?

2. 报验

凡属合同约定或国家规定必须实施法定检验的商品,在备妥货物后,应向我国质检机构申请检验。只有取得商检局发给的合格检验证书,海关才准放行。经检验不合格的货物,一律不得出口。

☞ **知识链接**

我国进出口商品检验检疫工作的主管机关是中华人民共和国国家质量监督检验检疫总局,各省、自治区、直辖市检验检疫局及其分支机构负责管理该地区的进出口商品检验工作。另外,对于出口船舶、药品、计量工具、锅炉及压力容器等商品还设有专门的检验部门。

(二)催证、审证和改证

1. 催证

在实际业务中,有时国外进口商在遇到市场发生变化或资金发生短缺的情况时,往往会拖延开证。对此,出口商应催促对方迅速办理开证手续,特别是大宗商品交易或按买方要求而特制的商品交易,更应结合备货情况及时进行催证,以利合同的履行。如果我方根据备货和承运船舶的情况可以提前装运时,则可商请对方提前开证。

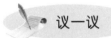

在实际出口工作中,国外进口商在遇到市场发生什么变化时会拖延开证?

2. 审证

由于信用证的内容直接影响到出口商能否安全收汇,因此必须认真审核,保证信用证的内容与合同内容一致。实际业务中,审核信用证的工作一般由银行(通知行)和出口商共同进行,但两者审核的侧重点不同(如表3-8所示)。

表3-8 银行与出口商审核信用证内容比较

银行审核的内容	出口商审核的内容
1. 政治性、政策性审核(来证内容应符合我国方针政策,不得有歧视性内容) 2. 开证行资信情况审核(对开证行所在国家的政治经济状况、开证行的资信和经营作风等进行审查) 3. 信用证生效及付款责任审核(信用证必须是"不可撤销"和无保留条款)	1. 信用证的金额与货币审核 2. 商品品名、品质、数量、包装和单价等条款审核 3. 装运条款审核 4. 有效期与到期地点审核 5. 单据审核 6. 开证申请人、受益人审核 7. 其他特殊条款审核

3. 改证

通过审证,如果发现影响合同履行和影响安全收汇的问题,必须要求客户改证,并在收到银行改证通知后,才能对外发货。

改证的一般流程如下:

卖方审证
↓
函电要求买方修改
↓
买方通知开证行改证
↓
开证行改证并转交通知行
↓
通知行再将改证转交卖方

重要提示:

(1) 凡需修改的内容应一次向开证申请人提出,否则,不仅增加对方的费用,而且延误装运期。

(2) 对信用证修改书的内容,要么全部接受,要么全部拒绝,不能只接受其中一部分,拒绝另一部分。

(3) 可改可不改的,或经过适当努力可以做到的,尽量不要改。

案例

我方与某外商签订一份出口合同,其中规定装运期为8月,外商按期开来信用证,但交货时间与合同规定不符,加上我方货未备妥,直到9月下旬对方来电催装时,才向对方提出改证要求,并要求延展装运期。不久,外商复电"证已改妥",我方据此发货,但信用证修改始终未到。待我方交单议付时,议付行以"证已过期"为由拒付。

问题:试分析我方有哪些失误。

(三) 租船订舱、投保和报关

1. 租船订舱

在 CIF 或 CFR 条件下,出口方负责租船订舱,其基本程序如下:

出口商(托运人)填写托运单
↓
船公司或其代理人在接受托运单后发给托运人装货单
↓
货物装船之后即由船长或大副签发收货单(大副收据)
↓
出口商(托运人)凭收货单交付运费后换取正式提单

2. 投保

凡按 CIF 价格成交的出口合同,在货物装船前,出口方须及时向保险公司办理投保手续,填制投保单。出口商品的投保手续,一般逐笔办理。办理时出口方(投保人)应填制投保单,将货物名称、保险金额、运输路线、运输工具、开航日期、投保险别等逐一列明。保险公司接受投保后,即签发保险单。

3. 报关

出口货物在装船出运前,必须向海关办理报关手续。办理出口报关手续时须填写出口货物报关单,必要时还需交验出口合同副本、发票、装箱单或重量单、商品检验证书及其他有关证件。海关查验后,即在装货单上盖章放行,出口商凭此装船出口。

☞ 知识链接

海　关

海关是国家进出境监督管理机关,监管进出境的运输工具、货物、行李物品、邮寄物品和其他物品,征收关税和其他税费,查缉走私,并编制海关统计和办理其他海关业务。

(四) 制单结汇

1. 主要结汇单据

主要结汇单据有汇票、发票、提单、保险单、产地证明书、普惠制单据、装箱单和重量单、检验证书等。

2. 制单的基本要求

在进出口实务中,提高单证质量对安全收汇具有十分重要的意义。特别是在信用证付款条件下,议付结汇只凭单据,不管货物,因此对单据的要求更为严格。缮制单据必须符合"正确、完整、及时、简明、整洁"的要求。

3. 结汇方法

我国出口结汇的方法主要有:

(1) 收妥结汇。收妥结汇是指议付行审核单据无误后,将单据寄交国外付款行索汇,待收到货款后,即按当日外汇牌价折成人民币拨付给出口商。

(2) 出口押汇。出口押汇是指议付行审核单据无误后,按信用证条款买入出口商的汇票和单据,从票面金额中扣除从议付日到估计收到票款之日的利息,将余款按议付日外汇牌价折成人民币拨付给出口商。

(3) 定期结汇。定期结汇是指议付行根据向国外付款行索汇所需时间,预先确定一个固定的结汇期限,到期后主动将货款折成人民币拨付给出口商。

议一议

在上述三种出口结汇方法中,议付行是否需要垫付资金?

☞ 知识链接

"四排""三平衡"

"四排"是指以买卖合同为对象,根据信用证是否开到、货源能否落实的情况,进行分析排队，归纳为"有证有货、有证无货、无证有货、无证无货"四类情况，以便及时采取有效措施。

"三平衡"是指以信用证为依据，根据信用证规定的货物装船期和信用证的有效期远近，结合货源和运输能力的具体情况，分轻重缓急，力求做到"证、货、船"三方面的衔接和平衡。

做好"四排""三平衡"工作，做到环环相扣，有利于提高履约率和经济效益。

二、进口合同的履行

在我国的进口业务中，多数采用 FOB 价格条件成交并采用信用证付款方式，一般包括开证、租船订舱、投保、审单付汇、报关提货、验收等工作环节，必要时还须索赔。

（一）开证

进口合同签订后，进口方应按照合同规定填写开立信用证申请书，向开证行办理开证手续。信用证的内容应与合同条款一致，例如品质、规格、数量、价格、交货期、装货期、装运条件及装运单据等，应以合同为依据，并在信用证中详细列明。

（二）租船订舱

在 FOB 条件下的进口合同，由进口方负责租船订舱，派船接运货物。为了便于船货衔接，出口方应将预计装运时间通知进口方。进口方办妥租船订舱手续后，应及时通知出口方，以便按期装运。出口方装船后，须及时发出装船通知，以便进口方及时投保和接运货物。

（三）投保

在 FOB 和 CFR 条件交易中，由进口方负责办理货运保险。进口货物运输保险一般有预约保险和逐笔投保两种方式，目前我国进口货物保险主要采用预约保险方式。

> ☞ 知识链接
>
> **预约保险**
>
> 进口商与保险公司事先签订预约保险合同，每批进口货物，进口商在接到对方的装船通知后，将船名、船期、提单号、商品名称、数量、装运港、目的港和价格等项内容通知保险公司，即办妥投保手续，保险公司即按照预保合同的规定对货物负自动承保的责任。

在进口数量不大时，进口方可采用逐笔投保方式。进口方接到出口方的装船通知后，必须立即向保险公司投保。

（四）审单付汇

开证行收到国外寄来的汇票及全套单据后，对照信用证的规定，核对单据的份数和内容。为慎重起见,通常还将单据交进口方审核。经审核无误后,则由银行对国外付款,同时通知进口方付款赎单。

(五)报关

进口货物到达目的港后,由进口方填制进口货物报关单,连同相关单据和必要文件向海关申报进口。海关在对货物、单据、证件查验合格后,并在进口商按规定缴纳关税后,在货运单据上签章放行。

(六)验收

进口货物运达港口卸货时,要进行卸货核对,如发现短缺,应及时填制"短卸报告"交由船方确认,并根据短缺情况向船方提出保留索赔权的声明。

> **重要提示**:对于法定检验的进口商品,必须向卸货地检验检疫机构报验,如发现有残损短缺,应凭检验检疫机构出具的证明对外索赔。

(七)进口索赔

进口货物到货后,进口商如果发现出口方不完全履行合同,或承运人的过失责任和自然灾害及意外事故致使货物残损、数量短少、品质不符合合同规定,须分清原因,确定索赔对象。索赔对象适用的主要情形如表3-9所示。

表3-9 索赔对象适用的主要情形

索赔对象	适用的主要情形
出口商	货物原装数量不足;货物品质规格与合同不符;包装不良导致货物受损;未按期交货或拒不交货;不交单、逾期交单或所交单据不符合要求而影响货物转售等
承运人	货物少于提单所载数量;提单是清洁提单而货物有残损,并且属于船方过失所致;货物所受的损失,根据租船合约应由船方负责的
保险公司	由于自然灾害、意外事故或运输中其他事故的发生致使货物受损,并且属于承保险别范围以内的;凡承运人不予赔偿或赔偿金额不足抵补损失的部分,并且属于承保险别范围以内的

做一做

> 某国公司以CIF鹿特丹出口食品1 000箱,即期信用证付款,货物装运后,凭已装船清洁提单和已投保一切险及战争险的保险单,向银行托收货款。货到目的港后经进口人复验发现下列情况:(1)该批货物共有10个批号,抽查20箱,发现其中2个批号涉及200箱内含沙门氏细菌超过进口国的标准;(2)收货人实收998箱,短少2箱;(3)有15箱货物外表情况良好,但箱内货物共短少60千克。
> 试分析以上情况,指出进口人应分别向谁索赔,并说明理由。

 职业能力训练

我方A公司在2017年11月与阿联酋迪拜的B公司签订了一份出口合同,货物为1×20集装箱一次性打火机。不久B公司即开来一份不可撤销即期信用证,来证规定装船期限为2009年1月31日,要求提供"Full set original clean on board ocean Bill of Lading……"(全套正本清洁已装船海运提单)。由于装船期太紧,A公司便要求B公司展期,装船期限改为2009年3月31日。B公司接受了A公司的要求修改了信用证。收到信用证并经全面审查后未发现问题,A公司在3月30日办理了货物装船,4月13日向议付行交单议付。

4月27日接到议付行转来的开证行的拒付通知:"你第××××号信用证项下的单据经我行审查,发现如下不符点:提单上缺少'已装船'批注。以上不符点已经与申请人联系,开证申请人声明不同意付款。单据暂代保管,听候你方的处理意见。"

A公司的有关人员立即复查了提单,同时与议付行一起翻阅与研究了《跟单信用证统一惯例》的有关规定,证实了开证行的拒付是合理的。A公司立即电洽申请人,提单缺少"已装船"批注是我方业务人员的疏忽所致,货物确实是被如期装船的,而且货物将在5月3日左右如期到达目的港,我方同意B公司在收到目的港的提货通知书后再向开证行付款赎单。B公司回复由于当地市场上一次性打火机的售价大幅下降,只有在我方降价30%后方可向开证行赎单。我方考虑到自己理亏在先,同时通过国内同行与其他客户又了解到,进口国当地市场价格确实已大幅下降,我方处于十分被动的地位,只好同意降价30%,了结此案。

试分析我们应该从中吸取哪些教训。